師顧堂叢書

蔣鵬翔 沈楠 編

宋蜀刻本

論語注疏

〔魏〕何晏 集解

〔唐〕陸德明 音義

〔宋〕邢昺 疏

广西师范大学出版社
GUANGXI NORMAL UNIVERSITY PRESS
·桂林·

Song Shu Keben Lunyu Zhu Shu

出 品 人：賓長初
策劃編輯：馬豔超
責任編輯：馬豔超
助理編輯：劉 揚
責任校對：肖承清
責任技編：郭 鵬
美術編輯：楊 威

圖書在版編目（CIP）數據

宋蜀刻本論語注疏 /（魏）何晏集解；（唐）陸德明音義；（宋）邢昺疏．—桂林：廣西師範大學出版社，2019.8
（師顧堂叢書）
ISBN 978-7-5598-1747-1

Ⅰ．①宋… Ⅱ．①何…②陸…③邢… Ⅲ．①儒家②《論語》—注釋 Ⅳ．①B222.22

中國版本圖書館 CIP 數據核字（2019）第 076276 號

廣西師範大學出版社發行
（廣西桂林市五里店路 9 號 郵政編碼：541004
網址：http://www.bbtpress.com）
出版人：張藝兵
全國新華書店經銷
廣西廣大印務有限責任公司印刷
（桂林市臨桂區秧塘工業園西城大道北側廣西師範大學出版社集團有限公司創意産業園内 郵政編碼：541199）
開本：880 mm ×1 240 mm 1/32
印張：17.5 字數：560 千字
2019 年 8 月第 1 版 2019 年 8 月第 1 次印刷
定價：268.00 元

師顧堂叢書編纂委員會

叢書編委

蔣鵬翔　沈　楠

喬秀岩　張麗娟　史　睿　吴　飛　華　喆　蘇枕書　董婧宸

本書編輯（按姓氏筆畫爲序）

沈　楠　張　琦　蔣鵬翔　蘇枕書

師顧堂據宋蜀刻本景印
原書框高二三七毫米寬
一二六毫米

影印説明

論語注疏，魏何晏（？—二四九）集解，北宋邢昺（九三二—一〇一〇）等疏。

論語無單疏本存世，宋元以來論語集解正義合刻本，大致有三個版本系統：一是以南宋蜀大字十卷本論語注疏爲代表，此本現藏日本宫内廳書陵部，一九二九年中華學藝社曾據以珂羅版印刷，一九三〇年日本澀澤榮一再次影印，二〇〇一年綫裝書局又據以影印，二〇〇六年北京大學出版社出版的儒藏（精華編）本即據此本整理；二是以南宋紹熙浙東庾司刻二十卷本論語注疏解經爲代表，此本據刻地稱越刻本，又因其半葉八行稱宋八行本，今上海圖書館、重慶圖書館、台灣「國家圖書館」均藏後十卷殘本，傳世元十行本、明李元陽刻本、北監本、毛晉汲古閣刻本、清武英殿刻本、阮元刻本均屬這一系統，在中國歷史上影響最大；三是以元元貞十卷本論語注疏解經爲代表，此本爲楊守敬自日本携回的海内孤本，光緒三十年（一九〇四），劉世珩委托陶子麟據以影刻入玉海堂景宋元本叢書（以下簡稱「玉海堂本」）。

蜀大字本論語注疏捺有「槜李顧然雝叔」「顧氏定齋藏書」「辛丑」「定齋」「誌書精舍」及「金澤文庫」「秘閣圖書之章」「御府圖書」等印。槜李指浙江嘉興一帶，江南通志卷一二〇載紹定進士有崑山人顧然，則此本原爲崑山顧然所藏，後流出至東瀛，遂爲金澤文庫所藏，遞經楓山官庫（森立之經籍訪古志卷二），終入宫内廳書陵部。今天看來，蜀大字本主要有以下幾個優點：

一是刊刻最早，體式古雅，近於原貌。

此本書中敬、弘、殷、匡、恒、讓、貞、桓、慎、敦、惇等字缺末筆，傅增湘認爲刻於宋光宗朝，島田翰認爲刻於寧宗朝，張麗娟據此書卷三不避寧宗名諱「廓」字推測其刊刻於光宗紹熙年間（張麗娟《宋代經書注疏刊刻研究》，北京大學出版社，二〇一三年，第三九〇頁），今覈此書卷六第三葉釋文「椁，古廓反」亦不缺筆，則張麗娟推測爲是。此本刊刻時間要早於寧宗嘉泰、開禧年間刊刻的宋八行本，爲今存最早的論語注疏刻本。

從蜀大字本的題名來看，此本與宋八行本、元元貞本皆名「論語注疏解經」不同，而是每卷皆題「論語注疏」；從蜀大字本作十卷來看，與崇文總目、郡齋讀書志所著録邢昺論語正義單疏本的卷次一致，而與越刻本、元十行本等作二十卷不同。兩方面説明，蜀大字本論語注疏可能更接近邢昺疏的原貌。

此本板框高六寸二分，寬四寸三分，白口，無書耳，上下單邊，左右雙邊，上單黑魚尾。魚尾下刻「侖亢×」以標示卷次，之下爲葉次。版心下方偶見刻工姓名，可辨者有「先」「昌」二字（島田翰古文舊書考卷二）。半葉八行，經大字單行，行十六字；注、疏、釋文小字並雙行，行二十五字。此本屬於典型的南宋蜀刻大字本版式。

此本每卷兩篇，篇内不分段，每章按經、注、疏、釋文順序排列。雖然此本每篇篇名下不列章數、篇内不按章分段，但是也不難區分各章，這種分章反映的是邢昺疏的分章，與南朝梁皇侃的論語義疏和朱熹的論語集注分章並不一致。具體到每章，經文之下緊連着注文，經與注以大小字區别；經注與疏文之間以大「疏」字隔開；疏文與釋文之間以大「釋」字隔開。至於疏文内部，出文與疏之間用空格隔開，這與宋八行本相同，至元十行本時改用「〇」隔開更爲直觀清晰。蜀大字本這樣的行款也是比較早的。

此本卷首爲論語序。首葉第一行爲「論語序」，第二行爲「翰林侍講學士朝請大夫守國子祭酒上柱國賜紫金魚袋邢昺疏」，第三行爲「唐國子博士兼太子中允贈齊州刺史吴縣開國男陸德明釋」。由於宋八行本均爲後十卷無法對照此本，但出於宋八行本系統的元十行本卷首第一行爲「論語注疏解經序」，第二三行爲「翰林侍講學士朝請大夫守國子祭酒上柱國賜紫金魚袋臣邢昺等奉敕校定」，可基本推定宋八行本也是這樣，後明李元陽刻本、北監本、毛晉汲古閣刻本、清阮元刻本亦同。對於此序，陸德明經典釋文作「論語序」，並云「此是何晏上集解之序」，唐開成石經作「論語序」，邢昺疏亦言「故曰『論語序』」，正可證邢昺所據何晏集解本作「論語序」。蜀大字本作「論語序」是保存了原貌。這是因爲何晏作集解時名書之習尚未固定，「集解」是解經方式，某人經解也可以稱爲「某氏經」，「序」是提要，所以他上書時用「論語序」之名來指他爲論語集解撰寫的提要。「論語注疏解經序」的名稱是不明古人這個行爲的妄改。

二是文字具足，有較高校勘價值。

蜀大字本刊刻優良，文字工整，校勘精審，可以稱得上是校勘性善本，其校勘價值主要有：

傳世本有脱文，可據以補足。如楊守敬、繆荃孫、姜殿揚均指出學而之不患人之不己知章，蜀大字本、元貞本有注文「王曰徒患己之無能」，而自元十行本至清阮元刻本皆無注文，當補。島田翰指出陽貨之古者民有三疾章疏文元十行本等脱二十四字，蜀大字本、元貞本不脱，實際上此二十四字宋八行本已脱，毛本、武英殿本臆補二十九字，非是，今可據蜀大字本、玉海堂本補。沙志利指出八佾之子語魯大師樂章疏文「曰『樂其可知也』者，言作正樂之法可得而知也，謂如下文。『始作翕如也』者，言正樂始作，則五音翕然盛也。翕，盛貌。如，皆語辭」，阮元刻本作「曰『樂其可知也』者，言五音翕然盛也。翕，盛貌。如，皆語辭」，脱二十六字，實際上此脱始自元十行本，玉海堂本有，當據補。此外，顔淵之樊遲從遊於舞雩之下章疏文「『樊遲從遊於舞雩之下』者，舞雩之處有壇、墠、樹木，故弟子樊遲隨從孔子遊於其下也」，宋八行本少「下者舞雩之」五字，蜀大字本、玉海堂本有。類似的蜀大字本、元貞本有而國内傳世本脱的例子（尤其是脱一二字者）還頗有一些，不贅。

其實，還應指出的是宋八行本、元十行本、元貞本等同脱而蜀大字本不脱的情况，這些地方更能見出蜀大字本的珍貴。如學而之其爲人也孝弟章疏文引注起訖語「鮮少至少也」，元十行本、玉海堂本並脱「至少」二字，蜀大字本不脱；爲政之攻乎異端章疏文引何注「善道有統，故殊塗而同歸；異端不同歸」，元十行本、玉海堂本並脱「異端不同歸」五字，蜀大字本不脱；堯曰之咨爾舜章疏文「此堯戒舜，以爲君子之法於汝也。允，信也」，宋八行本、元十行本、玉海堂本並脱「於汝」二字，蜀大字本不脱。這些地方更能凸顯其校勘價值。傳世本有訛誤，可據以校正。姜殿揚曾指出子張之叔孫武叔毁仲尼章疏文「言人毁仲尼」至「不能傷其賢也」三十六字，元十行本、明李元陽本、北監本空十八字，至毛本、武英殿本、阮刻本均補上，却與蜀大字本、元貞本不同，認爲此正證「後人臆補」。此外，如爲政之首章「爾雅釋天云北極謂之北辰」，宋八行本、元十行本、玉海堂本均誤「釋天」爲「釋文」，蜀大字本不誤；先進之司馬牛問仁章疏文引注起訖語「孔曰至馬犂」，宋八行本、元十行本、玉海堂本「孔曰」誤作「孔子曰」，此「孔曰」指孔安國，蜀大字本不誤；衛靈公之臧文仲其竊位者與章疏文「竊，偷也。魯大夫臧文仲知賢不舉，偷安於位，故曰『竊位』」，宋八行本、元十行本、玉海堂本等「竊，偷也」誤作「竊，盗也」，蜀大字本不誤。類似的例子多有，不贅。

與傳世本有異文，可資研究。姜殿揚、沙志利均指出堯曰之子張問於孔子章疏文「若未嘗教告而即殺之謂之殘虐」下，元十行本等盡九十一字，蜀大字本作二百一十六字；不知命章「正義曰此章」下，元十行本等僅八十七字，蜀大字本則有一百六十五字，異文明顯。姜殿揚認爲元十行本等有殘缺，沙志利認爲蜀大字本更接近疏文原貌。其實，宋八行本、玉海堂本這兩處均同元十行本及其以後各本，可見元十行本這兩處應是淵源有自。今天看來，蜀大字本這兩處文字與皇侃論語義疏更爲接近，而宋八行本、玉海堂本等這樣的文字更爲簡潔，這樣的異文爲我們探討邢昺疏的編訂及修改提供了材料，值得深入研究。類似的異文還有多處，只是多是一兩個字或數字，不如這兩處文字差異那麼明顯，限於篇幅，不贅。

三是附有釋文，意義突出。

傳世的宋八行本、元貞本論語注疏解經均只有論語的經、注和疏，而沒有陸德明之釋文，出於宋八行本的元十行本及此後的明李元陽刻本、北監本、毛晉汲古閣刻本、清阮元刻本論語注疏解經也均無釋文，這和十三經注疏中周易、尚書、詩經等均附有釋文不同。這是令人遺憾的，所以清乾隆初年武英殿重新刊刻論語注疏時又綴合進釋文，形成經、注、音義、疏這樣的結構；但是，武英殿本論語注疏釋文據通志堂經解本綴入，時代較晚，採入時有刪節，對釋文出文也有刪削，因此致錯的地方不少。後來，清内府發現有宋刻宋元遞修本經典釋文，是目前比較好的本子，但是其中錯誤也不少。蜀大字本論語注疏附有釋文，每章按經、注、疏、釋文的順序排列，其收入的釋文來源要早於宋刻本經典釋文，意義突出。舉一個比較典型的例子，先進之柴也愚章「子曰『其回也屢空』」，武英殿本出釋文「空，力從反」，按：宋本、通志堂本經典釋文於此出「屢空」

二字，言「屢空，力從反」。元盱郡刊廖氏本論語集解和摛藻堂四庫全書薈要本論語注疏作「力縱反」，岳珂九經三傳沿革例言「空」音「力縱反」，吴承仕經典釋文疏證指出「空」無「力從」「力縱」之音，黄焯經典釋文彙校引錢大昕語「閲談階平讀論語一篇云，釋文『屢空，力從反』，似『空』有『龍』音。予檢詩釋文『屢盟』『削屢』『婁豐』三條，皆音『力住反』，乃知『力從』爲『力住』之訛，陸氏爲『屢』音，非爲『空』音也」，並認爲「錢説最爲近理」，然黄氏又疑此處陸氏爲「空」音，疑「力縱」爲「口縱」之訛。今蜀大字本正作「屢空，力住反」，可知陸氏確爲「屢」音，無與於「空」字，「力從」當爲「力住」之訛，「力縱」又「力從」之再訛，錢氏之説爲確，黄氏之疑至此可釋矣！類似的例子還有一些，如沙志利曾舉出蜀大字本釋文好的兩例，今人已有專門從音韻學角度研究此本釋文的文章，其中的學術價值還有待進一步發掘。

當然，毋庸諱言，此本也有不足，主要有二：

一是存在一些形訛字。如論語序疏文「又從夏侯勝問論語、禮服」，蜀大字本「又」誤「文」；疏文「復團圓似水蟲之科斗」，蜀大字本「科斗」誤「利」；疏文「義在謙退」，蜀大字本「謙」誤「講」；學而之道千乘之國章疏文「水旮正而栽」，蜀大字本「栽」誤「裁」；爲政首章疏文「環之匡衛十二星」，蜀大字本「衛」誤「衡」。等等。

二是偶有脱字。如論語序疏文起訖語「叙曰至傳之」後「正義曰」，蜀大字本脱「正」字；學而之有子曰其爲人也孝弟章疏文「今案注云上謂凡在己上者」，蜀大字本脱上一「上」字；君子食無求飽章疏文「有道謂有道德者」，蜀大字本無「者」字，等等。此外，蜀大字本有多處脱去邢疏引經或注時所用的「云」字、

「者」字、「也」字等，不一一羅列。

此外，此本多有俗字、今字。蜀大字本用俗字如「答」作「荅」，「萬」作「万」，「辭」作「辞」「辤」，「氣」作「炁」，「無」作「无」，「於」作「于」，「禮」作「礼」，「爾」作「尔」，「備」作「俻」，「體」作「躰」等。蜀大字本用今字如「説」作「悦」，「弟」作「悌」，「鄉」作「嚮」，「大」作「太」等。這種情況在宋代其他作品的蜀刻本中也比較常見。

總的來看，蜀大字本刊刻精良，除去偶有殘缺外，文字的訛脱多屬一個字的情況，且不是太多，倒文和竄亂的情況亦僅一二見，可以稱得上是校勘性善本。

蜀大字本論語注疏有明顯的蜀刻本特徵，行格舒朗，字大如錢，且鎸刻十分精美，字體娟秀，有歐體、柳體相結合的特點，爲宋刻之上品。

楊新勛書於南京寓所

二〇一九年三月十日

目録

論語序

翰林侍講學士朝請大夫守國子祭酒上柱國賜紫金魚袋邢昺疏

唐國子博士兼太子中允贈齊州刺史吳縣開國男陸德明釋

序解 疏

正義曰案漢書藝文志云論語者孔子應荅弟子時人及弟子相與言而接聞於夫子之語也當時弟子各有所記夫子既卒門人相與輯而論纂故謂之論語然則夫子既終微言已絕弟子恐離居已後各生異見而聖言永滅故相與論撰因採時賢及古明王之語合成一法謂之論語也鄭玄云仲弓子游子夏等撰定論者綸也輪也理也次也撰也以此書可以經綸世務故曰綸也圓轉無窮故曰輪也蘊含萬理故曰理也篇章有序故曰次也羣賢集定故曰撰也鄭玄周禮注云荅述曰語以此書所載皆仲尼應荅弟子及時人之辭故曰語而在論下者必經論撰然後載之以示非妄謬也以其口相傳授故經[illegible]

百而獨存也漢興傳者則有三家魯論語者魯人所傳即今所行
篇次是也常山都尉龔奮長信少府夏侯勝丞相韋賢及子玄成
魯扶卿太子太傅夏侯建前將軍蕭望之並傳之各自名家齊論
語者齊人所傳別有問王知道二篇凡二十二篇其二十篇中章句
頗多於魯論昌邑中尉王吉少府宋畸琅邪王卿御史大夫貢禹
尚書令五鹿充宗膠東庸生並傳之唯王吉名家古論語者出自
孔氏壁中凡二十一篇有兩子張篇次不與齊魯論同孔安國爲
傳後漢馬融亦注之安昌侯張禹受魯論于夏侯建又從庸生王
吉受齊論擇善而從號曰張侯論最後而行於漢世禹以論授成
帝後漢包咸周氏並爲章句列於學官鄭玄就魯論張包周之篇
章考之齊古爲之注焉魏吏部尚書何晏集孔安國包咸周氏馬
融鄭玄陳羣王肅周生烈之說并下己意爲集解正始中上之盛
行於世今以爲主焉序者何晏次序傳授訓說之
人乃己集解之意序爲論語而作故曰論語序

敘曰漢中壘校尉劉向言魯論語二十篇

皆孔子弟子記諸善言也太子太傅夏侯

勝前將軍蕭望之丞相韋賢及子玄成等

傳之 疏 敘曰至傳之　義曰此敘魯論之作及傳授之人也
敘與序音義同曰者發語辭也案漢書百官公卿表

云中壘校尉掌北軍壘門內外掌西域顏師古曰掌北軍壘門之
內而又外掌西域劉向者高祖少弟楚元王之後辟彊之孫德之

字子政本名更生成帝即位更名向數上疏言得失以向爲中
壘校尉向爲人簡易專精思於經術成帝詔向校經傳諸子詩賦每

一書已向輒條其篇目撮其旨意録而奏之著別録新序此言魯
論語二十篇皆孔子弟子記諸善言也蓋出於彼故何晏引之對

文則直言曰言荅述曰語散則言語可通故此論夫子之語而謂
之善言也表又云太子太傅古官秩二千石傳云夏侯勝字長公

東平人少好學爲學精熟善說禮服徵爲博士宣帝立太后省政
宜以尚書授太后遷長信少府坐議廟樂事下獄繫再更冬會赦

出爲諫大夫上知勝素直復爲長信少府遷大子大傅受詔撰尚
書論語說賜黃金百斤年九十卒官賜冢塋葬平陵太后賜錢二
百萬爲勝素服五日以報師傅之恩儒者以爲榮始勝每講授常
謂諸生曰士病不明經術經術苟明其取青紫如俛拾地芥耳學
經不明不如歸耕表又云前後左右將軍皆周末官秦因之位上
卿金印紫綬漢不常置或有前後或有左右皆掌兵及四夷傳云
蕭望之字長倩東海蘭陵人也好學治齊詩事同縣后倉又從夏
侯勝問論語禮服以射策甲科爲郎累遷諫大夫後代丙吉爲御
史大夫左遷爲太子太傅及宣帝寢疾選大臣可屬者引至禁中
拜望之爲前將軍元帝即位爲弘恭石顯等所害飲鴆自殺天子
聞之驚拊手爲之卻食涕泣哀慟左右長子伋嗣爲關内侯表又
云相國丞相皆秦官金印紫綬掌丞天子助理萬機應劭曰丞承
也相助也秦有左右高帝即位置一丞相十一年更名相國綠綬
孝惠高后置左右丞相文帝二年一丞相哀帝元壽二年更名大
司徒傳曰韋賢字長孺魯國鄒人也賢爲人質朴少欲篤志於學
兼通禮尚書以詩教授號稱鄒魯大儒徵爲博士給事中進授昭

帝詩稍遷光祿大夫及宣帝即位以先帝師甚見尊重本始三年代蔡義爲丞相封扶陽侯年七十餘爲相五歲至地節三年以老病乞骸骨賜黃金百斤罷歸加賜第一區丞相致仕自賢始年八十二薨謚曰節侯少子玄成字少翁復以明經歷位至丞相鄒魯諺曰遺子黃金滿籯不如一經玄成爲相七年建昭三年薨謚曰共侯此四人皆傳魯論語〔釋〕壘力軌反校户教反向舒尚反大音太夏户雅反勝音升或外證反相息亮反傳直專反下同

齊論語二十二篇其二十篇中章句頗多於魯論琅邪王卿及膠東庸生昌邑中尉王吉皆以教授〔疏〕齊論至教授　正義曰此叙齊論語之與及傳授之人也齊論語凡二十二篇其二十篇篇名與魯論正同其篇中章句則頗多於魯論篇者積章而成篇徧也言出情鋪事明而徧者也積句以成章章者明也揔義包體所以明情者也句必聯字而言句者局也

聯字分疆所以爲言者也琅邪膠東郡國名王吉天漢元年由濟南太守爲御史大夫庸生名譚生蓋古謂有德者也昌邑中尉者表云諸侯王高帝初置金璽盭綬掌治其國有太傅輔王內史治國民中尉掌武職丞相統衆官景帝中五年改丞相曰相成帝綏和元年省內史更名相治民如郡太守中尉如郡都尉傳云王吉字子陽琅邪皐虞人也少好學明經以郡吏舉孝廉爲郎補若盧右丞遷滎陽令舉賢良爲昌邑中尉此三人皆以齊論語教授於人也（釋）頗破可反琅音郎本或作瑯邪似嗟反又也差反膠音交琅邪膠東皆郡名

故有魯論有齊論（疏）故有魯論有齊論　正義曰既叙魯論齊論之作及傳述之人乃以此言結之也

魯共王時嘗欲以孔子宅爲宮壞得古文論語（疏）魯共至論語　正義曰此叙得古論之所由也嘗曾也壞毀也言魯共王時嘗欲以孔子宅爲宮乃毀之於壁中得此古文論語也傳曰魯共王餘景帝子程姬所生以孝景前二

年立爲淮陽王前三年徙王魯二十八年薨謚曰恭王初好治宫室壞孔子舊宅以廣其宫聞鍾磬琴瑟之聲遂不敢復壞於其壁中得古文經傳即謂此論語及孝經爲傳也故漢武帝謂東方朔云傳曰時然後言人不厭其言又成帝賜翟方進策書云傳曰高而不危所以長守貴也是漢世通謂論語孝經爲傳以論語孝經非先王之書是孔子所傳説故謂之傳所以異於先王之書也言古文者科斗書也所謂蒼頡本體周所用之以今所不識是古人所爲故名古文形多頭麤尾細狀復團圓似水蟲之科故曰科斗也【釋】壞音怪

齊論有問王知道多於魯論二篇古論亦無此二篇分堯曰下章子張問以爲一篇有兩子張凡二十一篇篇次不與齊魯論同【疏】齊論至魯論同　正義曰此辨三論篇章之異也齊論有問王知道多於魯論二篇

所謂齊論語二十二篇也古論亦無此問王知道二篇非但魯論無之古論亦無也古論雖無此二篇而分堯曰下章子張問以爲一篇有兩子張凡二十一篇如淳曰分堯曰篇後子張問何如可以從政以下爲篇名曰從政其篇次又不與齊魯論同新論云文異者四百餘字

安昌侯張禹本受魯論兼講齊說善者從之號曰張侯論爲世所貴包氏周氏章句出焉

【疏】安昌侯至出焉　正義曰此言張禹擇齊魯之善者從之爲世所重包周二氏爲章句訓說此張侯論語也傳曰張禹字子文河内軹人也從沛郡施讎受易王陽庸生問論語既皆明習舉爲郡文學久之試爲博士初元中立皇太子令禹授太子論語由是遷光祿大夫數歲出爲東平内史成帝即位徵禹以師賜爵關内侯給事中領尚書事河平四年代王商爲丞相封安昌侯爲相六歲乞骸骨就第建平二年薨謚曰節侯禹本受魯論於夏侯建又從庸生王吉受齊論故兼

講齊說也傳又云始魯扶卿及夏侯勝王陽蕭望之韋玄成皆說論語篇第或異禹先事王陽後從庸生采獲所安最後出而尊貴諸儒爲之語曰欲爲論念張文由是學者多從張氏餘家寖微是其善者從之號曰張侯論爲世所貴之事後漢儒林傳云包咸字子良會稽曲阿人也少爲諸生習魯詩論語舉孝廉除郎中建武中入授皇太子論語又爲其章句拜諫議大夫永平五年遷大鴻臚周氏不詳何人章句者訓解科段之名包氏周氏就張侯論爲之章句訓解以出其義理焉不言名而言氏者蓋爲章句之時義在講退不欲顯題其名但欲傳之私族故直云氏而已謂杜元凱集解春秋謂之杜氏也或曰以何氏諱咸故沒其名但言包氏連言周氏耳

古論唯博士孔安國爲之訓解而世不傳至順帝時南郡太守馬融亦爲之訓說

（疏）古論至訓說　正義曰此敘訓說古文論語之人也史記世家安國孔子十一世孫爲武帝博士時魯共王壞

孔子舊宅壁中得古文虞夏商周之書及傳論語孝經悉還孔氏故安國承詔作書傳又作古文孝經傳亦作論語訓解釋詁云訓道也然則道其義釋其理謂之訓解以傳述言之曰傳以釋理言之曰訓解其實一也以武帝末年遭巫蠱事經籍道息故世不傳自此安國之後至後漢順帝時有南郡太守馬融亦爲古文論語訓説案後漢紀孝順皇帝諱保安帝之子也地理志云南郡秦置高帝元年更爲臨江郡五年復故景帝二年復爲臨江郡中二年復故屬荆州表云郡守秦官掌治其郡秩二千石景帝中二年更名太守傳云馬融字季長扶風茂陵人也爲人美辭貌有俊才博通經籍永初中爲校書郎陽嘉二年拜議郎梁商表爲從事中郎轉武都太守三遷爲南郡太守注孝經論語詩易尚書三禮年八十八延熹九年卒於家

漢末大司農鄭玄就魯論篇章考之齊古爲之註

【疏】漢末至之註　正義曰言鄭玄亦爲論語之註也鄭玄字康成北海高密縣人師事馬融大司農徵不起居家教授當後漢桓靈時故云

漢末注易尚書三禮論語尚書大傳五經緯候箋毛詩作毛詩譜破許愼五經異義鍼何休左氏膏肓發公羊墨守起穀梁廢疾可謂大儒作注之時就魯論篇章謂二十篇也復考校之以齊論古論擇其善者而爲之注注與註音義同○釋註本又作注之戍反又張注反

近故司空陳羣太常王肅博士周生烈皆爲義說

○疏近故至義說　正義曰此叙魏時注說論語之人也年世未遠人已殁故是近故也司空古官三公也表云奉常秦官掌宗廟禮儀景帝中六年更名太常博士秦官掌通古今魏志云陳羣字長文潁川許昌人也太祖辟羣爲司空西曹屬文帝即位遷尚書僕射明帝即位進封潁陰侯頃之爲司空青龍四年薨王肅字子邕東海蘭陵人魏衛將軍太常蘭陵景侯甘露元年薨注尚書禮喪服論語孔子家語述毛詩注作聖證論難鄭玄周生烈燉煌人七録云字文逸本姓唐魏博士侍中此三人皆爲論語義說謂作注而說其義故云義說也

前世傳受師說雖

有異同不爲訓解中間爲之訓解至于今多矣所見不同互有得失疏前世至得失　正義曰將作論語集解故須言先儒有得失不同之說也據今而道往古謂之前世上教下曰傳下承上曰受謂張禹以上至夏侯勝以來但師資誦說而已雖說有異者同者皆不著篇簡以爲傳注訓解中間爲之訓解謂自古至今中間包氏周氏等爲此論語訓解有二十餘家故云至于今多矣以其趣舍各異故得失互有也今集諸家之善記其姓名有不安者頗爲改易名曰論語集解疏今集至集解　正義曰此叙集解之體例也今謂何晏時諸家謂孔安國包咸周氏馬融鄭玄陳羣王肅周生烈也集此諸家所說善者而存之示無勦說故各記其姓名注言包曰馬曰之類是也注但記其姓而此連言名者曰著其姓所以名其人非謂名字之名也

有不安者謂諸家之説於義有不安者也頗爲改易者言諸家之善則存而不改其不善者頗多爲改易之注首不言包曰馬曰及諸家説下言一曰者皆是何氏自下己意改易先儒者也名曰論語集解者何氏注解既畢乃自題之也杜氏注春秋左氏傳謂之集解者謂聚集經傳爲之作解也此乃聚集諸家義理以解論語言同而意異也【釋】頗爲于僞反論如字綸也輪也理也次也撰也荅述曰語撰次孔子荅弟子及時人之語也鄭玄云仲弓子游子夏等撰解佳買反何晏集孔安國馬融包氏周氏鄭玄陳群王肅周生烈之義并下己意故謂之集解

光祿大夫關內侯臣孫邕光祿大夫臣鄭冲散騎常侍中領軍安鄉亭侯臣曹羲侍中臣荀顗尚書駙馬都尉關內侯臣何晏等上【疏】光祿至等上　正義曰此叙同集解之人也表云大

夫。論議有太中大夫中大夫諫大夫皆無員多至數十人太初元年更名中大夫爲光祿大夫秩比二千石無印綬爵級十九曰關內侯顏師古曰言有侯號而居京畿無國邑孫邕字宗儒樂安青州人也晉書鄭沖字文和滎陽開封人也起自寒微卓爾立操魏文帝爲太子命爲文學累遷尚書郎出補陳留太守曹爽引爲從事中郎轉散騎常侍光祿勳表又云侍中散騎中常侍皆加官應劭曰入侍天子故曰侍中晉灼曰魏文帝合散騎中常侍爲散騎常侍也又曰所加或列侯將軍鄉大夫將都尉尚書太醫太官令至郎中亡員多至數十人如淳曰將謂都郎將以下也自列侯下至郎中皆得有散騎及中常侍也又曰侍中中常侍得入禁中散騎並乘輿車顏師古曰並音步浪切騎而散從無常職也此言中領軍者表無文安鄉亭侯者亦不在爵級二十之數蓋漢末及魏置亭侯列侯之論也曹羲沛國譙人魏宗室曹爽之弟荀顗字景倩荀彧之子詵之弟也咸熙中爲司空表又云少府秦官屬官有尚書成帝建始四年初置尚書員五人駙馬都尉掌駙馬武帝初置秩比二千石顏師古曰駙副也非正駕車皆爲副馬一曰駙近

也疾也何晏字平叔南陽宛人也何進之孫咸之子曹爽秉政以晏為尚書又尚公主著述凡數十篇正始中以五人共上此論語集解

也

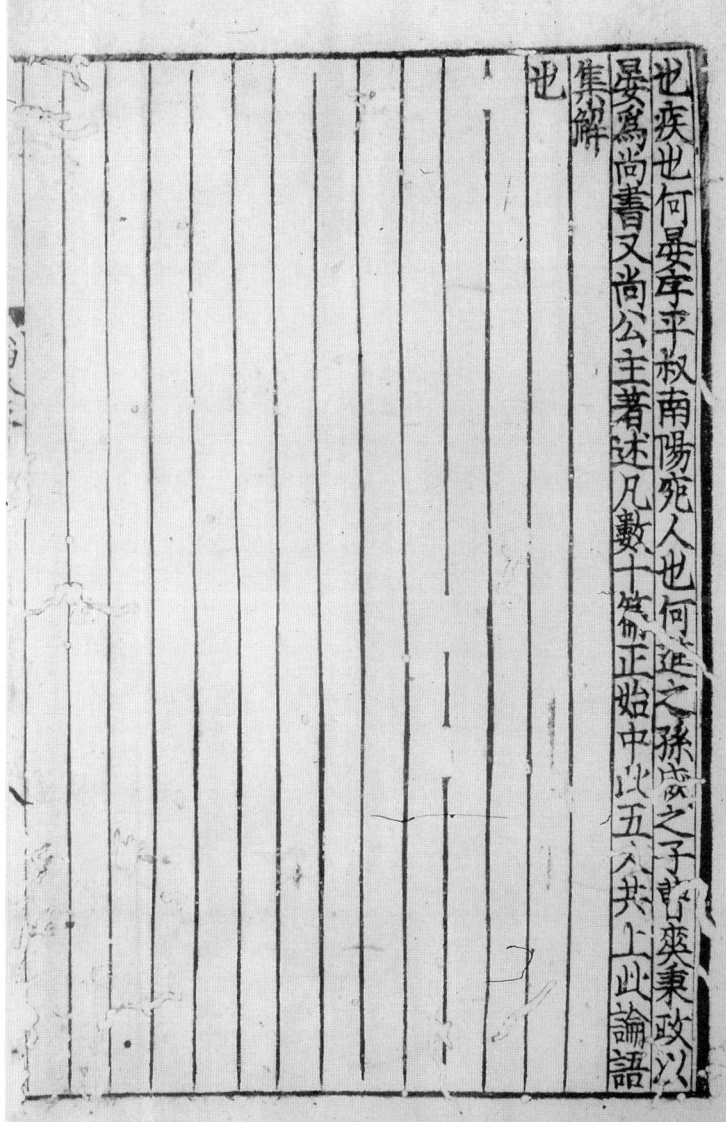

論語註疏卷第一

學而第一　何晏集解　邢昺疏

疏　正義曰自此至堯曰是魯論語二十篇之名及第次也當弟子論撰之時以論語爲此書之大名學而以下爲當篇之小目其篇中所載各記舊聞意及則言不爲義例或亦以類相從此篇論君子孝悌仁人忠信道國之法主友之規聞政在乎行德由禮貴於用和無求安飽以好學能自切磋而樂道皆人行之大者故爲諸篇之先既以學爲章首遂以名篇言人必須學也爲政以下諸篇所次先儒不無意焉當篇各言其指此不煩說第訓次也一數之始也言此篇於次當一也

子曰學而時習之不亦說乎　馬曰子者男子之通稱謂孔子也王曰時者學者以時誦習之誦習以時學無廢業所以爲說懌　釋　說音悅稱尺證切懌音亦　有朋自遠

方來不亦樂乎包曰同門曰朋（釋）有朋蒲弘切□□或作友非樂音洛譙周云悅深而樂淺

云自內曰悅自外曰樂人不知而不慍不亦君子乎慍怒也凡人有所不知君子不怒

（疏）子曰學而至君子乎　正義曰此章勸人學爲君子也子者古人稱師曰子子男子之通稱此言子

者謂孔子也曰者說文云詞也從口乙聲亦象口氣出也然則曰
者發語詞也以此下是孔子之語故以子曰冠之或言孔子曰者
以記非一人各以意載無義例也白虎通云學者覺也覺悟所未
知也孔子曰學者而能以時誦習其經業使無廢落不亦說懌乎
學業稍成能招朋友有同門之朋從遠方而來與己講習不亦樂
乎既有成德凡人不知而不怒之不亦君子乎言誠君子也君子
之行非一此其一行耳故云亦也　注馬曰子者至說懌　正義
曰云子者男子之通稱者經傳凡敵者相謂皆言吾子或直言子
稱師亦曰子是子者男子有德之通稱也云謂孔□者嫌爲他師
故辨之公羊傳曰子沈子曰何休云沈子稱子冠氏上者著其

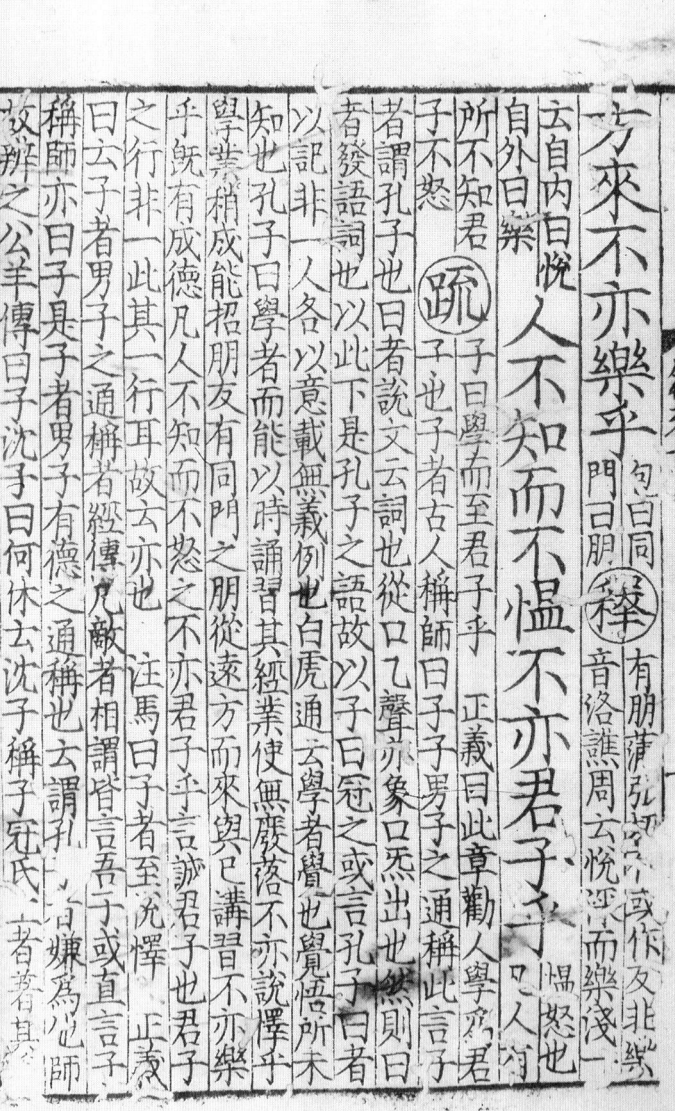

師也不但言子曰者辟孔子也其不冠子者他師也然則書傳直言
言子曰者皆指孔子以其聖德著聞師範來世不須言其氏人盡
知之故也若其他傳受師說後人稱其先師之言則以子冠氏上
所以明其爲師也子公羊子子沈子之類是也若非己師而稱他
有德者則不以子冠氏上直言其子若高子孟子之類是也云時
者學者以時誦習之者皇氏以爲凡學有三時一身中時學記云
發然後禁則扞格而不勝時過然後學則勤苦而難成故內則云
十年出就外傅居宿於外學書計十有三年學樂誦詩舞勺十五
成童舞象是也二年中時王制云春秋教以禮樂冬夏教以詩書
鄭玄云春夏陽也詩樂者聲聲亦陽也秋冬陰也書禮者事事亦
陰也互言之者皆以其術相成又文王世子云春誦夏弦秋學禮
冬讀書鄭玄云誦謂歌樂也弦謂以絲播詩陽用事則學之以聲
陰用事則學之以事因時順炁於功易也三日中時學記云故君
子之於學也藏焉脩焉息焉遊焉是日日所習也言學者以此時
誦習所學篇簡之文及禮樂之容日知其所亡月无忘其所能所
以爲說懌也譙周云悅深而樂淺也一曰在內曰說在外曰樂云

亦者凡外境適心則人心說樂可說可樂之事其類非一此學者
時習有朋自遠方來亦說樂之一事耳故云亦猶易云亦可醜也
亦可喜也　注包曰同門曰朋　正義曰鄭玄注大司徒云同師
曰朋同志曰友然則同門者同在師門以授學者也朋即群黨之
謂故子夏曰吾離群而索居鄭玄注云群謂同門朋友也此言有
朋自遠方來者即學記云三年視敬業樂群也同志謂同其心意
所趣鄉也朋疏而友親朋來既樂友即可知故略不言也　注愠
怒至不怒　正義曰云凡人有所不知君子不怒者其說有二一
云古之學者爲己已得先王之道含章內映而他人不見不知而
我不愠也一云君子易事不求備於一人故爲教誨之道若有人
鈍根不能知解者君子怒之而不愠怒也　釋　愠紆問反鄭云怨也　有子曰　孔子弟子有若　其爲
人也孝弟而好犯上者鮮矣　鮮少也上謂凡在己上者言孝弟之人必
恭順好欲犯其上者少也　釋　弟大計反本或作悌下同好呼報反
下及注同鮮仙善反鄭云寡也下同　不好

犯上而好作亂者未之有也君子務本本立而道生本基也基立而後可大成孝弟也者其爲仁之本與先能事父兄然後仁道可大成疏有子曰至本與　正義曰此章言孝弟之行也弟子有若曰其爲人也孝於父母順於兄長而好陵犯凡在己上者少矣言孝弟之人性必恭順故好欲犯其上者少也既不好犯上而好欲作亂爲悖逆之行者必無故云未之有也是故君子務脩孝弟以爲道之基本基本既立而後道德生焉恐人未知其本何謂故又言孝弟也者其爲仁道之本與禮尚謙退不敢質言故云與也　注孔曰弟子有若　正義曰史記弟子傳云有若少孔子四十三歲鄭玄曰魯人　注鮮少云少也　正義曰釋詁云鮮罕也故得爲少皇氏熊氏以爲上謂君親犯謂犯顏諫爭今案注云謂凡在己上者則皇氏熊氏違背注意其義恐非也釋與音餘　子曰巧言令色鮮矣仁包曰

巧言好其言語令色善其顏（疏）子曰巧言令色鮮矣仁　正義
色皆欲令人說之少能有仁曰此章論仁者必直言正色其
若巧好其言語令善其顏色欲
令人說愛之者少能有仁也（釋）欲令力呈反說音悅曾子曰馬曰
曾參弟子（釋）參所金反又七南反吾日三省吾身爲人謀而不
忠乎與朋友交而不信乎傳不習乎言凡所傳之事
得無素不講
習而傳之也（疏）曾子曰至習乎　正義曰此章論曾子省身慎
行之事弟子曾參嘗曰吾每日三自省察已身
爲人謀事而得無不盡忠心乎與朋友結交而得無不誠信乎凡所
傳授之事得無素不講習而妄傳乎以謀貴盡忠朋友主信傳惡
穿鑿故曾子省慎之　注馬曰弟子曾參　正義曰史記弟子傳
云曾參南武城人字子輿少孔子四十六歲孔子以爲能通孝道
故授之業作（釋）三息暫反又如字省悉井反視也鄭云思察已
孝經死於魯之所行也爲于僞反又如字傳直專反注同鄭

注云魯讀傳爲專今從古案鄭校周之本以齊古讀正凡五十事鄭本或無此注者然皇覽引魯讀六事則無者非也後皆放此

子曰道千乘之國 馬曰道謂爲之政教司馬法六尺爲步步百爲畝畝百爲夫夫三爲屋屋三爲井井十爲通通十爲成成出革車一乘然則千乘之賦其地千成居地方三百一十六里有畸唯公侯之封乃能容之雖大國之賦亦不是過焉包曰道治也千乘之國者百里之國也古者井田方里爲井十井爲乘百里之國適千乘也融依周禮包依王制孟子義疏故兩存焉 釋 道音導本或作導注及下同乘繩證反注同司馬法齊景公時有司馬田穰苴善用兵周禮司馬掌征伐六國時齊威王使大夫追論古者兵法附穰苴於其中凡一百五十篇號曰司馬法畸居宜反田之殘也封甫用反又如字雖大國之賦一本或云雖大賦包依王制孟子王制及孔子皆以百里爲大國

敬事而信 包曰爲國者舉事必敬慎與民必誠信

節用而愛人 包曰節用不奢侈國以民爲本故愛養之 釋 侈尺紙反

又尺氐反使民以時包曰作使民必以其時不妨奪農務疏子曰道至以時正義曰此章論治大國之法也馬融以為道謂為之政教千乘之國謂公侯之國方五百里四百里者也言為政教以治公侯之國者舉事必敬慎與民必誠信省節財用不奢侈而愛養人民以為國本作事使民必以其時不妨奪農務此其為政治國之要也包氏以為道治也千乘之國百里之國也夏即公侯殷周惟上公也餘同注馬曰道至存焉正義曰以下篇子曰道之以政故云道謂為之政教史記齊景公時有司馬田穰苴善用兵周禮司馬掌征伐六國時齊威王使大夫追論古者兵法附穰苴於其中凡一百五十篇號曰司馬法此六尺曰步至成出革車一乘皆彼文也引之者以證千乘之國為公侯之大國也云然則千乘之賦其地千成者以成出一乘千乘故千成云居地方三百一十六里有畸者以方百里者一為方十里者百方三百里者三三而九則為方百里者九合成方十里者九百得九百乘也計千乘猶少百乘方百里者一也又以此方百里者一六分破之每分得廣十六里長百里引而接之

則長六百里廣十六里也半折之各長三百里將埤前三百里南西兩邊是方三百一十六里也然西南角猶缺方十六里者一也方十六里者一爲方一里者二百五十六然則割方百里者爲六分餘方一里者四百今以方一里者二百五十六埤西南角猶餘方一里者一百四十四又復破而埤三百一十六里兩邊則每邊不復得半里故云三百一十六里有畸也云唯公侯之封乃能容之者案周禮大司徒云諸公之地封疆方五百里諸侯之地封疆方四百里諸伯之地封疆方三百里諸子之地封疆方二百里諸男之地封疆方百里此千乘之國居地方三百一十六里有畸伯子男自方三百而下則莫能容之故云唯公侯之封乃能容之云雖大國之賦亦不是過焉者坊記云制國不過千乘然則地雖廣大以千乘爲限故云雖大國之賦亦不是過焉司馬法兵車一乘甲士三人步卒七十二人計千乘有七萬五千人則是六軍矣周禮大司馬序官凡制軍萬有二千五百人爲軍王六軍大國三軍次國二軍小國一軍魯頌閟宮云公車千乘明堂位云封周公於曲阜地方七百里革車千乘設坊記與此文皆與周禮不合者禮

天子六軍出自六鄉萬二千五百家爲鄉萬二千五百人爲軍地
官小司徒云凡起徒役無過家一人是家出一人鄉爲一軍此則
出軍之常也天子六軍旣出六鄉則諸侯三軍出自三鄉閟宫云
公徒三萬者謂鄉之所出非千乘之衆也千乘者自謂計地出兵
非彼三軍之車也二者不同故數不相合所以必有二法者聖王
治國安不忘危故令所在皆有出軍之制若從王伯之命則依國
之大小出三軍二軍一軍也若其前敵不服用兵未已則盡其境内
皆使從軍故復有此計地出軍之法但鄉之出軍是正故家出一人
計地所出則非常故成出一車以其非常故優之也包曰道治也
者以治國之法不惟政教而已下云道之以德謂道德故易之但
云道治也云千乘之國百里之國也者謂夏之公侯殷周上公之
國也云古者井田方里爲井者孟子云方里而井井九百畝是也
云十井爲乘百里之國適千乘也者此包以古之大國不過百里
以百里賦千乘故計之每十井爲一乘是方一里者十爲一乘則
方一里者百爲十乘開方之法方百里者一爲方十里者百每方
十里者一爲方一里者百其賦十乘方十里者百則其賦千乘地

與乘數適相當故曰適千乘也云鄭依周禮包依王制孟子者馬融依周禮大司徒文以爲諸公之地方五百里侯四百里以下也包氏依王制云凡四海之内九州州方千里州建百里之國三十七十里之國六十　五十里之國百有二十凡二百一十國也又孟子云天子之制地方千里公侯之制皆方百里伯七十里子男五十里包氏據此以爲大國不過百里不信周禮有方五百里四百里之封也馬氏言名包氏不言名者何氏避其父名也云義疑故兩存焉者以周禮者周公致太平之書爲一代大典王制者漢文帝令博士所作孟子者鄒人也名軻師孔子之孫子思治儒術之道著書七篇亦命世亞聖之大才也今馬氏包氏各以爲據難以質其是非莫敢去取於義有疑故兩存其說也　包曰作使至農務　正義曰云作使民必以其時者謂築都邑城郭也以都邑者人之聚也國家之藩衛百姓之保郭不固則敗不修則壞故雖不臨寇必於農隙備其守禦無妨農務春秋莊二十九年左氏傳曰凡土功龍見而畢務戒事也注云謂今九月周十一月龍星角亢晨見東方三務始畢戒民以土功事火見而致用注云大火心

星次角亢見者致築作之物水昏正而裁注云謂今十月定星昏而中於是樹板幹而興作日至而畢注云日南至微陽始動故土功息若其門戶道橋城郭牆塹有所損壞則特隨壞時脩之故僖二十年左傳曰凡啓塞從時是也王制云用民之力歲不過三日周禮均人職云凡均力政以歲上下豐年則公旬用三日焉中年則公旬用二日焉無年則公旬用一日焉是皆重民之力而不妨奪農務也

子曰弟子入則孝出則弟謹而信汎愛衆而親仁行有餘力則以學文 馬曰文者古之遺文

疏 子曰弟子至學文 正義曰此章明人以德爲本學爲末男子後生爲弟言爲人弟與子者入事父兄則當孝與弟也出事公卿則當忠與順也弟順也入不言弟出不言忠者互文可知也下孔子云出則事公卿入則事父兄孝經云事父孝故忠可移於君事兄弟故順可移於長是也謹而信者理兼出入言恭謹而誠信也汎愛衆者汎者寬博之語君子尊賢而容衆故博愛衆人也而親仁

者有仁德者則親而友之能行已上諸事仍有閒暇餘力則可以學先王之遺文若徒學其文而不能行上事則爲言非行僞也注言古之遺文者則詩書禮樂易春秋六經是也【釋】弟本亦作悌汎敷劍反行下孟反下云觀其行并注同鄭云文道藝也

子夏曰賢賢易色孔曰子夏弟子卜商也言以好色之心好賢則善【釋】夏戶雅反好呼報反下至好學同事父母能竭其力事君能致其身孔曰盡忠節不愛其身【釋】盡律忍反下注同與朋友交言而有信雖曰未學吾必謂之學矣【疏】子夏曰至學矣　正義曰此章論生知美行之事賢賢易色者上賢謂好尚之也下賢謂有德之人易改也色女人也女有美色男子悦之故經傳之文通謂女人爲色人多好色不好賢者能改易好色之心以好賢則善矣故曰賢賢易色也事父母能竭其力者謂小孝也言爲子事父雖未能不匱但竭

盡其力服其勤勞也事君能致其身者言爲臣事君雖未能將順其美匡救其惡但欲盡忠節不愛其身若童汪踦也與朋友交言而有信者謂與朋友結交雖不能切磋琢磨但言約而每有信也雖曰未學吾必謂之學矣者人生知行此四事雖曰未嘗從師伏膺學問然此爲人行之美者雖學亦不是過故吾必謂之學矣

注孔曰子夏弟子卜商　正義曰案史記仲尼弟子傳云卜商字子夏衛人也少孔子四十四歲孔子旣没居西河教授爲魏文侯師

子曰君子不重則不威學則不固孔曰固蔽也一曰言人不能敦重旣無威嚴學又不能堅固識其義理主忠信無友不如己者過則勿憚改鄭曰主親也憚難也

疏子曰至憚改　正義曰此章勉人爲君子也君子不重則不威學則不固者其説有二孔安國曰固蔽也言君子當須敦重若不敦重則無威嚴又當學先王之道以致博聞強識則不固蔽也一曰固謂堅固言人不能敦重旣無威嚴學又不能堅固識其道理也

明須敬重也主忠信者主猶親也言凡所親狎皆須有忠信者也
無友不如己者言無得以忠信不如己者爲友也過則勿憚改者
勿無也憚猶難也言人誰無過過而不改是謂過
矣過而能改善莫大焉故苟有過無得難於改也（釋）無本亦作毋音無下
同憚徒旦反難乃旦反曾子曰慎終追遠民德歸厚矣孔曰
慎終者喪盡其哀追遠者祭盡其敬君
能行此二者民化其德皆歸於厚也（疏）曾子曰至厚矣正義曰此章言民化君
德也慎終者終謂父母之喪也以死者人之終故謂之終執親之
喪禮須慎謹盡其哀也追遠者遠謂親終既葬日月已遠也孝子
感時念親追而祭之盡其敬也民德歸厚矣言君能行
此慎終追遠二者民化其德皆歸厚矣言不偷薄也子禽
問於子貢曰夫子至於是邦也必聞其政
求之與抑與之與鄭曰子禽弟子陳亢也子貢弟子姓端木名賜亢怪孔子所至之邦

必與聞其國政求而得之釋貢本亦作贛音同之與音餘下之
邪抑人君自願與之爲治與同抑於力反亢音剛又苦浪反
必與音預
治直吏反子貢曰夫子溫良恭儉讓以得之
夫子之求之也其諸異乎人之求之與鄭曰
言夫子行此五德而得之與疏子禽至求之與　正義曰此章
人求之異明人君自與之明夫子由其有德與聞國政之
事子禽問於子貢曰夫子至於是邦也必聞其政求之與抑與之
與者子禽疑怪孔子所至之邦必與聞其國之政事故問子貢曰
此是孔子求於時君而得之與抑人君自願與孔子爲治與抑與
皆語辭子貢曰夫子溫良恭儉讓以得之夫子之求之也其諸異
乎人之求之與者此子貢荅辭也敦柔潤澤謂之溫行不犯物謂
之良和從不逆謂之恭去奢從約謂之儉先人後己謂之讓言夫
子行此五德而得與聞國政他人則就君求之夫子則脩德人君
自願與之爲治故曰夫子之求之也其諸異乎人之求之與諸與

皆語辭　注鄭曰至爲治　正義曰云子禽弟子陳亢子貢弟子姓端木名賜者家語七十二弟子篇云陳亢陳人字子禽少孔子四十歲史記弟子傳云端木賜字子貢少孔子三十一歲云求而得之邪者邪未定之辭

子曰父在觀其志父没觀其行孔曰父在子不得自專故觀其志而已父没乃觀其行三年無改於父之道可謂孝矣孔曰孝子在喪哀慕猶若父存無所改於父之道

疏子曰至孝矣　正義曰此章論孝子之行父在觀其志者在心爲志父存子不得自專故觀其志而已父没觀其行者父没可以自專乃觀其行也三年無改於父之道可謂孝矣者言孝子在喪三年哀慕猶若父存無所改於父之道可謂爲孝矣

有子曰禮之用和爲貴先王之道斯爲美

小大由之有所不行知和而和不以禮節

之亦不可行也馬曰人知禮貴和而每事從和不以禮爲節亦不可行【疏】有子至行也

正義曰此章言禮樂爲用相須乃美禮之用和爲貴者和謂樂也樂主和同故謂樂爲和夫禮勝則離謂析居不和也故禮貴用和使不至於離也先王之道斯爲美者斯此也言先王治民之道以此禮貴和美禮節民心樂和民聲樂至則無怨禮至則不爭揖讓而治天下者禮樂之謂也是先王之美道也小大由之有所不行者由用也言每事小大皆用禮而不以樂和之則其政有所不行也知和而和不以禮節之亦不可行也者言人知禮貴和而每事從和不以禮爲節亦不可行也

有子曰信近於義言可復也復猶覆也義不必信信非義也以其言可反覆故曰近義【釋】近附近之近下及注同又如字覆芳服反下同

恭近於禮遠恥辱也恭不合禮非禮也以其能遠恥辱故曰近禮

因不失其親亦可宗也孔曰因親也言所親不失其親

亦可宗敬【疏】有子曰至宗也　正義曰此章明信與義恭與禮不同及人行可宗之事信近於義言可復也者復猶覆也人言不欺爲信於事合宜爲義若爲義事不必守信而信亦有非義者也信雖非義以其言可反覆不欺故曰近義恭近於禮遠恥辱也者恭惟卑巽禮貴會時若巽在牀下是恭不合禮則非禮也恭雖非禮以其能遠恥辱故曰近禮因不失其親亦可宗也者因親也所親不失其親言義之與比也既能親仁比義不有所先則有知人之鑒故可宗敬也言亦者人之善行可宗敬者非一於其善行可宗之中此爲一行耳故曰亦也　注義不必信信非義也　正義曰云義不必信者若春秋晉士匄帥師侵齊聞齊侯卒乃還春秋善之是合宜不必守信也云信非義也者史記尾生與女子期於梁下女子不來水至不去抱柱而死是雖守信而非義也

子曰君子食無求飽居無求安鄭曰學者之志有所不暇敏於事而慎於言就有道而正焉可謂好學

也已孔曰敏疾也有道有道德者正謂問事是非〔疏〕子曰君子至也已　正義曰此章述好學之事君子食無求飽居無求安者言學者之志樂道忘飢故不暇求其安飽也敏於事而慎於言者敏疾也言當敏疾於所學事業則有成功說命曰敬孫務時敏厥修乃來是也學有所得又當慎言說之就有道而正焉者有道謂有道德正謂問其是非言學業有所未曉當就有道德之人正定其是之與非易文言曰問以辨之是也可謂好學也已者揔結之也言能行在上諸事則可謂之為好學也

子貢曰貧而無諂富而無驕何如子曰可也孔曰未足多〔釋〕諂勑檢反未若貧而樂富而好禮者也鄭曰樂謂志於道不以貧為憂苦〔釋〕樂音洛好呼報反下同子貢曰詩云如切如磋如琢如磨其斯之謂與孔曰能貧而樂道富而好禮者

能自切磋琢磨

（釋）治骨曰切治象曰磋磋七多反治玉曰琢治石曰磨磨木多反一本作摩與音餘

子曰賜也始可與言詩已矣告諸往而知來者孔曰

諸之也子貢知引詩以成孔子義善取類故然之往告之以貧而樂道來答以切磋琢磨

（疏）子貢至來者

正義曰此章言貧之與富皆當樂道自脩也貧而無諂富而無驕何如者乏財曰貧佞說為諂多財曰富傲逸為驕言人貧多佞說富多傲逸若能貧無諂佞富不驕逸子貢以為善故問夫子曰其德行何如子曰可也者此夫子荅子貢也時子貢富志怠於學故發此問意謂不驕已為美德故孔子抑之云可也言未足多未若貧而樂富而好禮者也樂謂志於善道不以貧為憂苦好謂閑習禮容不以富而倦略此則勝於無諂無驕故云未若言不如也子貢曰詩云如切如磋如琢如磨其斯之謂與者子貢知師勵己故引詩以成之此衛風淇奧之篇美武公之德也治骨曰切象曰磋玉曰琢石曰磨道其學而成也聽其規諫以自修如玉石之見琢磨子貢言貧而

樂道富而好禮其此能切磋琢磨之謂與子曰賜也始可與言詩已矣者子貢知引詩以成孔子義善取類故呼其名而然之告諸往而知來者此言可與言詩之意諸之也謂告之往以貧而樂道富而好禮則知來者切磋琢磨所以可與言詩也

子曰不患人之不己知患不知人也 王曰徒患己之無能 疏 子曰至人也 正義曰此章言人當責己而不責人凡人之情多輕易於知人而怨人不知己故孔子訓之云我則不耳不患人之不己知但患己不能知人也 釋 患不知也本或作患己不知人也俗本妄加字今本患不知人也

為政第二

疏 正義曰左傳曰學而後入政故次前篇也此篇所論孝敬信勇為政之德也聖賢君子為政之人也故以為政冠於章首遂以名篇

子曰爲政以德譬如北辰居其所而衆星共之包曰德者無爲猶北辰之不移而衆星共之

疏子曰至共之　正義曰此章言爲政之要爲政以德者言爲政之善莫若以德德者得也物得以生謂之德淳德不散無爲化清則政善矣譬如北辰居其所而衆星共之者譬況也北極謂之北辰北辰常居其所而不移故衆星共尊之以況人君爲政以德无爲清靜亦衆人共尊之也　注包曰至共之　正義曰案爾雅釋天云北極謂之北辰郭璞曰北極天之中以正四時然則極中也辰時也以其居天之中故曰北極以正四時故曰北辰漢書天文志云中宮天極星其一明者泰一之常居也旁三星三公環之匡衛十二星藩臣皆曰紫宮北斗七星所謂璇璣玉衡以齊七政斗爲帝車運於中央臨制四海分陰陽建四時均五行移節度定諸紀皆繫於斗是衆星共之也

釋共求用反鄭作拱居勇反拱手也本或作譬猶北辰之不移

子曰詩三百孔曰篇之大數一言以蔽

之包曰蔽猶當也釋蔽必世反鄭云塞也當丁浪反又如字曰思無邪包曰歸於正

疏子曰至無邪　正義曰此章言爲政之道在於去邪歸正故舉詩要當一句以言之詩三百者言詩篇之大數也一言以蔽之者蔽猶當也古者謂一句爲一言詩雖有三百篇之多可舉一句當盡其理也曰思無邪者此詩之一言魯頌駉篇文也詩之爲體論功頌德止僻防邪大抵皆歸於正故此一句可以當之也

○注孔曰篇之大數　正義曰案今毛詩序凡三百一十一篇内篇亡今其存者有三百五篇今但言三百篇故曰篇之大數釋邪似嗟反子曰道之以政孔曰政謂法教釋道音導下同齊之以刑馬曰齊整之以刑罰民免而無恥孔曰免苟免道之以德包曰德謂道德釋鄭云六德謂智仁聖義忠和齊之以禮有恥且格格正也

疏子曰至且格　正義曰此章言爲政以德之效也道之以政者

政謂法教道謂化誘言化誘於民以法制教民也齊之以刑者齊謂齊整刑謂刑罰言道之以政而民不服者則齊整之以刑罰也民免而無耻者免苟免也言君上化民不以德而以法制刑罰則民皆巧詐苟免而心無愧耻也道之以德齊之以禮有耻且格者德謂道德格正也言君上化民以道德民或未從化則制禮以齊整使民知有禮則安失禮則耻如此則民有愧耻而不犯禮且能自脩而歸正也

子曰吾十有五而志于學三十而立有所成立四十而不惑孔曰不疑惑五十而知天命孔曰知天命之終始六十而耳順鄭曰耳聞其言而知其微旨七十而從心所欲不踰矩馬曰矩法也從心所欲無非法

疏 子曰至踰矩　正義曰此章明夫子隱聖同凡所以勸人也吾十有五而志于學者言成童之歲識慮方明於是乃至於學也三十而立者有所成立也四十而不惑者志强學廣不疑惑也五十而知天命

者命天之所稟受度也孔子四十七學易至五十窮理盡性知天命之終始也六十而耳順者順不逆也耳聞其言則知其微旨而不逆也七十而從心所欲不踰矩者矩法也言雖從心所欲而不踰越法度也孔子輒言此者盖所以欲勉人志學而善始全終者也

孟懿子問孝孔曰魯大夫仲孫何忌懿謚也子曰無違樊遲御子告之曰孟孫問孝於我我對曰無違鄭曰恐孟孫不曉無違之意將問於樊遲故告之樊遲弟子樊須樊遲曰何謂也子曰生事之以禮死葬之以禮祭之以禮

疏孟懿至以禮　正義曰此章明孝必以禮孟懿子問孝者魯大夫仲孫何忌問孝道於孔子也子曰無違者此夫子荅辭也言行孝之道無得違禮也樊遲御者弟子樊須爲夫子御車也子告之曰孟孫問孝於我我對曰無違者孟孫即懿子也孔子恐孟孫不曉無

違之意而懿子與樊遲友善必將問於樊遲故夫子告之樊遲曰何謂也者樊遲亦未達無違之旨故復問曰何謂也子曰生事之以禮死葬之以禮祭之以禮者此夫子爲説無違之事也生事之以禮謂冬温夏凊昏定晨省之屬也死葬之以禮謂爲之棺椁衣衾而舉之卜其宅兆而安厝之之屬也祭之以禮謂春秋祭祀以時思之陳其簠簋而哀慼之之屬也不違此禮是無違之理也不即告孟孫者初時意在簡要欲使思而得之也必告樊遲者恐孟孫以爲從父之令是無違故既與別後告於樊遲將使復告孟孫也　注孔曰至謚也　正義曰春秋定六年經書仲孫何忌如晉傳曰孟懿子往是知孟懿子即仲孫何忌也謚法曰温柔賢善曰懿　注鄭曰恐孟孫不曉無樊須　正義曰案史記弟子傳云樊須字子遲齊人少孔子三十六歲

孟武伯問孝子曰父母唯其疾之憂　馬曰武伯懿子之子仲孫彘武謚也言孝子不妄爲非唯疾病然後使父母憂　疏　孟武伯至之憂　正義曰此章言孝子不妄爲非也武伯懿子之子仲孫彘也

問於夫子爲孝之道夫子荅之曰子事父母唯其疾病然後可使
父母憂之疾病之外不得妄爲非法貽憂於父母也　注馬曰至
父母憂　正義曰案春秋懿子以哀十四年卒而武伯嗣哀公十
七年左傳曰公會齊侯于蒙孟武伯相武伯問於高柴曰諸侯盟
誰執牛耳季羔曰鄫衍之役吳公子姑曹發陽之役衛石魋武伯
曰然則彘也是武伯爲懿子之子仲孫彘也謚法剛強直理曰武

釋　彘直例反　妄亡尚反

子游問孝　孔曰子游弟子姓言名偃　子曰今之孝者是謂能養至於犬馬皆能有養不敬何以別乎　包曰犬以守禦馬以代勞皆養人者一曰人之所養乃至於犬馬不敬則無以別孟子曰食而不愛豕交之愛而不敬獸畜之

疏　子游至別乎　正義曰此章言爲孝必敬子游問孝者弟子子游問行孝之道於孔子也子曰今之孝者是謂能養者此下孔子爲子游說須敬之事今之人所謂孝者是唯謂能以飲食供養者也言皆無敬心至於犬馬皆能

有養不敬何以別乎者此爲不敬之人作譬也其說有二一曰犬以守禦馬以代勞皆能有以養人者但畜獸無知不能生敬於人若人唯能供養於父母而不敬則何以別於犬馬乎一曰人之所養乃至於犬馬同其飢渴飲之食之皆能有以養之也但人養犬馬資其爲人用耳而不敬此犬馬也人若養其父母而不敬則何以別於養犬馬乎言無以別明孝必須敬也　注孔曰至名偃　正義曰史記弟子傳曰言偃吳人字子游少孔子四十五歲　注包曰至畜之　正義曰云孟子曰者案孟子盡心篇孟子曰食而不愛豕交之也愛而不敬獸畜之也趙岐注云人之交接但食之而不愛若養豕也愛而不敬若人畜禽獸但愛而不能敬也引之以證孝必須敬彼言豕交之此作豕畜之者所見本異或傳寫誤　釋　養羊尚反下及注養人同　別彼列反注同食音嗣

子夏問孝子曰色難　包曰色難者謂承順父母顏色乃爲難　有事弟子服其勞有酒食先生饌　馬曰先生謂父兄饌飲食也　釋

饌士眷反鄭作餕音俊食餘曰餕**曾是以為孝乎**馬曰孔子喻子夏服勞先食汝謂此為孝乎未孝也承順父母顏色乃為孝也（疏）子夏問至孝乎　正義曰此章言為孝必須承順父母顏色也子夏問孝者弟子子夏問於孔子為孝之道也子曰色難者荅之也言承順父母顏色乃為難也有事弟子服其勞有酒食先生饌曾是以為孝乎者孔子又喻子夏服勞先食不為孝也先生謂父兄饌飲食也曾猶則也言家有勞辱之事或弟或子服其勤勞有酒有食進與父兄飲食汝則謂是以為孝乎言此未孝也必須承順父母顏色乃為孝也（釋）曾音增馬云作皇

子曰吾與回言終日不違如愚孔曰回弟子姓顏名回字子淵魯人也不違者無所怪問於孔子之言默而識之如愚**退而省其私亦足以發回也不愚**孔曰察其退還與二三子說釋道義發明大體知其不愚（疏）子曰至不愚　正義曰此章美顏回之德子曰吾與

回言終日不違如愚者回弟子顔淵也違猶怪問也愚無智之稱孔子言我與顔回言終竟一日亦無怪問於我之言默而識之如
無知之愚人也退而省其私亦足以發回也不愚者言回既退還而省察其在私室與二三子說釋道義亦足以發明大體乃知其
回也不愚　注孔曰至如愚　正義曰史記弟子傳云顔回者魯人也字子淵少孔子三十歲年二十九髮盡白蚤死　子
曰視其所以以用也言視其所行用觀其所由由經也言觀其所經從
察其所安人焉廋哉人焉廋哉孔曰廋匿也言觀人終始安所
匿其情　疏　子曰至廋哉　正義曰此章言知人之法也視其所以者以用也言視其所行用觀其所由者由經也言觀其
所經從察其所安者言察其所安處也人焉廋哉人焉廋哉者廋匿也焉安也言知人之法但觀察其終始則人安所隱匿其情哉
再言之者深明情不可隱也　釋　焉於虔反下同廋所留反匿女力反　子曰溫故而知

新可以爲師矣温尋也尋繹故者又知新者可以爲師矣疏子曰至師矣○正義曰此章言爲師之法温尋也言舊所學得者温尋使不忘是温故也素所未知者學使知之是知新也既温尋故者又知新者則可以爲人師矣 注温尋也 正義曰案中庸云温故而知新鄭注云温讀如燖温之温謂故學之孰矣後時習之謂之温案左傳哀十二年公會吴于橐皋太宰嚭請尋盟子貢對曰盟可尋也亦可寒也賈逵注云尋温也又有司徹云乃燅尸俎是燖爲温也言人舊學已精孰在後更習之猶若温尋故食也釋温於門反繹音亦

子曰君子不器包曰器者各周其用至於君子無所不施疏子曰君子不器 正義曰此章明君子之德也器者物象之名形器既成各周其用若舟楫以濟川車輿以行陸反之則不能君子之德則不如器物各守一用言見幾而作無所不施也

子貢問君子子曰先行其言而後從之孔曰疾小人多言而行之不周

疏 子貢至從之　正義曰此章疾小人多言而行之不周也子貢問於夫子曰君子之德行何如夫子荅之曰君子先行其言而後以行從之言行相副是君子也

子曰君子周而不比 孔曰忠信爲周阿黨爲比 釋 比毗志反下同 小人比而不周

疏 子曰至不周　正義曰此章明君子小人德行不同之事忠信爲周阿黨爲比言君子常行忠信而不私相阿黨小人則反是　注忠信爲周　正義曰魯語文也

子曰學而不思則罔 包曰學不尋思其義則罔然無所得 釋 罔本又作冈 思而不學則殆 不學而思終卒不得徒使人精神疲殆

疏 子曰至則殆　正義曰此章言教學法也學而不思則罔者言爲學之法既從師學則自思其餘蘊若雖從師學而不尋思其義則罔然無所得也思而不學則殆者言但自尋思而不從師學終卒不得其義則徒使人精神疲勞倦怠也 釋 殆音待依義當作怠

子曰攻乎

異端斯害也已攻治也善道有統故殊塗而同歸異端不同歸〔疏〕子曰攻乎至也已

正義曰此章禁人雜學攻治也異端謂諸子百家之書也言人若不學正經善道而治乎異端之書斯則爲害之深也巳以其善道有統故殊塗而同歸異端則不同歸也　注攻治至同歸　正義曰云善道有統故殊塗而同歸異端不同歸者五經是善道也皆以忠孝仁義爲本是有統也四術爲教是殊塗也皆是去邪歸正是同歸也異端之書則或粃糠堯舜戕毁仁義是不同歸也殊塗同歸易下繫辭文也

子曰由誨女知之乎孔曰弟子姓仲名由字子路〔釋〕女音汝後可以意求之知之爲知之不知爲不知是知也〔疏〕子曰至知也　正義曰此章明知也由誨女知之乎者孔子以子路性剛好以不知爲知故此抑之呼其名曰由我今教誨女爲知之乎此皆語辭知之爲知之不知爲不知是知也者此誨辭也言女實知之事則爲知之實不知之事則爲不知此是真知也若其

知之反隱曰不知及不知妄言我知皆非知也　注孔曰至子路
正義曰史記弟子傳云仲由字子路卞人也少孔子九歲子路
性鄙好勇力志伉直冠雄雞佩豭豚陵暴孔子孔子
設禮稍誘子路子路後儒服委質因門人請爲弟子子張學
干禄鄭曰弟子姓顓孫名師字子張干求也禄禄位也釋知也如字又音智顓音専子曰多
聞闕疑慎言其餘則寡尤包曰尤過也疑則闕之其餘不疑猶愼言之則
少過釋尤于求反多見闕殆慎行其餘則寡悔包曰殆危也所
見危者闕而不行則少悔言寡尤行寡悔禄在其中矣鄭曰言行如此
雖不得禄亦同得禄之道疏子張至中矣　正義曰此章言求禄之法子張學干禄者干求也弟子子張師事孔子學求禄
位之法子曰多聞闕疑慎言其餘則寡尤者此夫子教子張求禄
之法也尤過也寡少也言雖博學多聞疑則闕之猶須愼言其餘

不疑者則少過也多見闕殆慎行其餘則寡悔者殆危也言雖廣覽多見所見危者闕而不行猶須慎行其餘不危者則少悔恨也言寡尤行寡悔祿在其中矣者言若少過行又少悔必得祿位設若言行如此雖偶不得祿亦同得祿之道 注鄭曰至位也 正義曰史記弟子傳云顓孫師陳人字子張少孔子四十八歲 【釋】行下孟反注同

哀公問曰何為則民服 包曰哀公魯君謚 孔子對曰舉直錯諸枉則民服 包曰錯置也舉正直之人用之廢置邪枉之人則民服其上 【釋】錯七路反鄭本作措投也枉紆往反邪似嗟反 舉枉錯諸直則民不服 【疏】哀公至不服 正義曰此章言治國使民服之法哀公問曰何為則民服者哀公魯君也問於孔子曰何所云為則萬民服從也時哀公失德民不服從哀公患之故有此問孔子對曰舉直錯諸枉則民服者此孔子對以民服之法也錯置也舉正直之人用之廢置諸邪枉之人則民服其上也

舉枉錯諸直則民不服者舉邪枉之人用之廢置諸正直之人則民不服上也於時羣邪秉政民心厭棄故以此對之也　注包曰哀公魯君謚　正義曰魯世家云哀公名蔣定公之子周敬王二十六年即位謚法恭仁短折曰哀

季康子問使民敬忠以勸如之何　孔曰魯卿季孫肥康謚　子曰臨之以莊則敬　包曰莊嚴也君臨民以嚴則民敬其上　孝慈則忠　包曰君能上孝於親下慈於民則民忠矣　舉善而教不能則勸　包曰舉用善人而教不能者則民勸勉

疏　季康至則勸　正義曰此章明使民敬忠勸善之法季康子問使民敬忠以勸如之何者季康子魯執政之上卿也時已僭濫故民不敬忠勸勉故問於孔子曰欲使民人敬上盡忠勸勉爲善其法如之何子曰臨之以莊則敬者此答之也自上涖下曰臨莊嚴也言君臨民以嚴則民敬其上孝慈則忠者言君能上孝於親下慈於民則〻作忠舉敬而教不能則

勸者言君能舉用善人置之祿位教誨不能之人使之材能如此則民相勸勉爲善也於時魯君蠶食深宫季氏專執國政則如君矣故此荅皆以人君之事言之也注魯卿季孫肥康諡正義曰康者據左傳及世家文也諡法云安樂撫民曰康

或謂孔子曰子奚不爲政包曰或人以爲居位乃是爲政子曰書云孝乎惟孝友于兄弟施於有政是亦爲政奚其爲爲政包曰孝乎惟孝美大孝之辭友于兄弟善於兄弟施行也所行有政道即與爲政同

疏 或謂至爲政 正義曰此章言孝友與爲政同或謂孔子曰子奚不爲政者奚何也或有一人云其姓名謂孔子曰子既多才多藝何不居官爲政或人以爲居位乃是爲政也子曰書云孝乎惟孝友于兄弟施於有政者此周書君陳篇文引之以荅或人爲政之事彼云王若曰君陳惟尔令德孝恭惟孝友于兄弟克施有政孔安國云言其有令德善事父母行已以恭言善事父母

者必友于兄弟能施有政令與此少異此云孝乎惟孝者美大孝之辭也友于兄弟者言善於兄弟也施行也行於此二者即其爲政之道也是亦爲政奚其爲爲政者此孔子語也是此也言此孝友亦爲政之道此外何事其爲爲政乎言所行有政道即與爲政同不必居位乃是爲政

〔釋〕孝乎一本作孝于奚其爲爲政一本作奚其爲政

子曰人而無信不知其可也孔曰言人而無信其餘終無可大車無輗小車無軏其何以行之哉包曰大車牛車輗者轅端横木以縛軛小車駟馬車軏者轅端上曲鉤衡

〔疏〕子曰至之哉　正義曰此章明信不可無也人而無信不知其可也者言人而無信其餘雖有他才終無可也大車無輗小車無軏其何以行之哉者此爲無信之人作譬也大車牛車輗轅端横木以縛軛駕牛領者也小車駟馬車軏者轅端上曲鉤衡以駕兩服馬領者也大車無輗則不能駕牛小車無軏則不能駕馬其車何以得行之哉言必不能行也以喻人而

無信亦不可行也　注包曰至鉤衡　正義曰云大車牛車者冬官考工記車人爲車大車崇九尺鄭注云大車平地載任之車轂長半柯者也其車駕牛故酒誥曰肇牽車牛遠服賈用故曰大車牛車也說文云輗大車轅端持衡者輗轅前也是輗者轅端橫木以縛軛者也云小車駟馬車者考工記兵車甲車乘車也皆駕四馬故曰駟馬車也說文云軏者車轅端持衡者考工記云國馬之輈深四尺有七寸注云馬高八尺兵車乘車軹崇三尺有三寸加軫與轐七寸又并此輈深則衡高八尺七寸也除馬之高則餘七寸爲衡頸之間是輈在衡上也轅從軫以前稍曲而上至衡則居衡之上而嚮下鉤之衡則橫居輈下是轅端上曲鉤衡者名軏也

〔釋〕車音居輗五兮反字林五支反軏五忽反又音月軛音厄又作枙

子張問十世可知也　孔曰文質禮變　〔釋〕可知也一本作可知乎鄭本作可知

子曰殷因於夏禮所損益可知也周因於殷禮所損益可

知也馬曰所因謂三綱五常所損益謂文質三統【釋】夏戶雅反餘以意求之三綱謂父子夫婦君臣是也五常
謂仁義禮智信三統謂天地人三也其或繼周者雖百世可知也
物類相召勢數相生其變有常故可預知【疏】子張至知也　正義曰此章明創制革命因沿損益之禮子張問十世可知也
者弟子子張問於孔子夫國家文質禮變設若相承至於十世世
數既遠可得知其禮乎子曰殷因於夏禮所損益可知也周因於
殷禮所損益可知也者此夫子荅以可知之事言殷承夏後因用
夏禮謂三綱五常不可變革故因之也所須損益者謂文質三統
夏尚文殷則損文而益質夏以十三月爲正爲人統色尚黑殷則
損之益以十二月爲正爲地統色尚白也其事易曉故曰可知也
周因於殷禮所損益可知也者言周代殷立而因用殷禮及所損
益事事亦可知也其或繼周者雖百世可知也者言非但順知既
往兼亦預知將來時周尚存不敢斥言故曰其或言設或有繼周
而王者雖多至百世以其物類相召勢數相生其變有常故皆可

預知也　注馬曰至三統　正義曰云三綱五常者白虎通云三綱者何謂　君臣父子夫婦也君爲臣綱父爲子綱夫爲妻綱大者爲綱小者爲紀所以張理上下整齊人道也人皆懷五常之性有親愛之心是以綱紀爲化若羅網有紀綱之而百目張也所以稱三綱何一陰一陽之謂道陽得陰而成陰得陽而序剛柔相配故人爲三綱法天地人君臣法天取象日月屈信歸功也父子法地取法五行轉相生也夫婦取象人合陰陽有施君羣也羣下之所歸心臣牽也事君也象屈服之形也父者矩也以度教子子者孳也孳孳無已也夫者扶也以道扶接婦者服也以禮屈服也云五常者仁義禮智信也白虎通云五性者何謂仁義禮智信也仁者不忍好生愛人義者宜也斷決得中也禮者履也履道成文智者知也或於事見微知著信者誠也專一不移故人生而應八卦之體得五氣以爲常仁義禮智信是也云損益謂文質三統者白虎通云王者必一質一文者何所以承天地順陰陽陽道極則陰道受陰道極則陽道受明一陽二陰不能繼也質法天文法地而已故天爲質地受而化之養而成之故爲文尚書大傳曰王者一

質一文據天地之道禮三正記曰質法天文法地帝王始起先質後文者順天地之道本末之義先後之序也事莫不先其質性乃後有其文章也夏尚黑殷尚白周尚赤此之謂三統故書傳略說云天有三統物有三變故正色有三天有三生三死故士有三王王特一生死又春秋緯元命包及樂緯稽耀嘉云夏以十三月爲正息卦受泰注云物之始其色尚黑以寅爲朔殷以十二月爲正息卦受臨注云物之牙其色尚白以雞鳴爲朔周以十一月爲正息卦受復其色尚赤以夜半爲朔又三正記云正朔三而改文質再而復以此推之自夏以上皆正朔三而改也鄭注尚書三帛高陽之後用赤繒高辛氏之後用黑繒其餘諸侯用白繒如鄭此意卻而推之舜以十一月爲正尚赤堯以十二月爲正尚白故曰其餘諸侯用白繒高辛氏以十三月爲正尚黑故云高辛氏之後用黑繒高陽氏以十一月爲正尚赤故云高陽氏之後用赤繒有少皞以十二月爲正尚白黄帝以十三月爲正尚黑神農以十一月爲正尚赤女媧以十二月爲正尚白伏犧以上未有聞焉易說卦云帝出乎震則伏犧也建寅之月又木之始其三正當從伏犧以

下文質再而復者文質法天地文法天質法地周文法地而爲天正殷質法天而爲地正者正朔文質不相須正朔以三而改文質以二而復各自爲義不相須也建子之月爲正者謂之天統以天之陽氣始生爲下物得陽氣微稍動變故爲天統建丑之月爲地統者以其物已吐牙不爲天氣始動物又未出不得爲人所施功唯其地中含養萌牙故爲地統建寅之月爲人統者以其物出於地人功當須脩理故謂之人統統者本也謂天地人之本然王者必以此三月爲正者以其此月物生微細又是歲之始生王者繼天理物含養微細又取其歲初爲正朔之始既天地人之三者所繼不同故名改正朔不相襲也所尚既異符命亦隨所尚而來故禮緯稽命徵云其天命以黑故夏有玄圭天命以赤故周有赤雀銜書天命以白故殷有白狼銜鉤是天之所命亦各隨人所尚符命雖逐所尚不必皆然故天命禹觀河見白面長人洛予命云湯觀於洛沉璧而黑龜與之書黃魚雙躍泰誓言武王伐紂而白魚入於王舟是符命不皆逐正色也鄭康成之義自古以來皆改正朔若孔安國則改正朔殷周二代故注尚書湯承堯舜禪代之後

革命創制改正易服是從湯始改正朔也　注物類至預知　正義曰物類相召者謂三綱五常各以類相召因而不變也云勢數相生者謂文質三統及五行相次周而復始其勢運有數而相生變革也

子曰非其鬼而祭之諂也　鄭曰人神曰鬼非其祖考而祭之者是諂求福　釋　諂勑檢反

見義不爲無勇也　孔曰義所宜爲而不能爲是無勇

疏　子曰至勇也　正義曰此章言祭必已親勇必爲義也非其鬼而祭之者諂也者人神曰鬼言若非己祖考而輒祭他鬼者是諂媚求福也　見其義不爲無勇也者義宜也言義所宜爲而不能爲者是無勇之人也　注鄭曰至求福　正義曰云人神曰鬼者周禮大宗伯之職掌建邦之天神人鬼地示之禮是人神曰鬼也左傳曰神不歆非類民不祀非族故非其祖考而祭之者是諂求福也　注孔曰至無勇　正義曰若齊之田氏弑君夫子請討之是義所宜爲也而魯君不能爲討是無勇也

論語註疏卷第一

論語註疏卷第二

八佾第三

疏 正義曰前篇論為政為政之善莫善禮樂禮以安上治民樂以移風易俗得之則安失之則危故此篇論禮樂得失也

孔子謂季氏八佾舞於庭是可忍也孰不可忍也 馬曰孰誰也佾列也天子八佾諸侯六卿大夫四士二八人為列八八六十四人魯以周公故受王者禮樂有八佾之舞季桓子僭於其家廟舞之故孔子譏之

疏 孔子至忍也 正義曰此章論魯卿季氏僭用禮樂之事孔子謂季氏八佾舞於庭者謂者評論之稱季氏魯卿於時當桓子也佾列也舞者八人為列八八六十四人桓子用此八佾舞於家廟之庭故孔子評論而譏之是可忍也孰不可忍也者此孔子所譏之語也孰誰也人之僭禮皆當罪責不可容忍季氏以陪臣而僭

天子最難容忍故曰若是可容忍他人更誰不可忍也　注馬曰
至識之　正義曰孰誰釋詁文佾列書傳通訓也云天子八佾諸
侯六大夫四士二者隱五年左傳文也云八人爲列八八六十四
人者杜預何休說如此其諸侯用六者六六三十六人大夫四四
四十六人士二二四人服虔以用六爲六八四十八人大夫四
爲四八三十二人士二爲二八十六人今以舞勢宜方行列旣減
即每行人數亦宜減故同何杜之說天子所以八佾者按隱五年
左傳考仲子之宮將萬焉公問羽數於衆仲對曰天子用八諸侯
用六大夫四士二夫舞所以節八音而行八風故自八以下杜預
云唯天子得盡物數故以八爲列諸侯則不敢用八所謂八音者
金石土革絲木匏竹也鄭玄云金鐘鎛也石磬也土塤也革鼓鼗
也絲琴瑟也木柷敔也匏笙也竹管簫也所謂八風者服虔以爲
八卦之風乾音石其風不周坎音革其風廣莫艮音匏其風融震
音竹其風明庶巽音木其風清明離音絲其風景坤音土其風涼
兌音金其風閶闔又易緯通卦驗云立春調風至春分明庶風至
夏清明風至夏至景風至立秋涼風至秋分閶闔風至立冬不周

風至冬至廣莫風至是則天子之舞所以節八音而行八風故八佾也云魯以周公之故受王者禮樂有八佾之舞者此釋季氏所以得僭之由由魯得用之也案禮記祭統云昔者周公旦有勳勞於天下成王康王賜之以重祭朱干玉戚以舞大武八佾以舞夏夏此天子之樂也重周公故以賜魯又明堂位曰命魯公世世祀周公以天子之禮樂是受王者禮樂也然王者禮樂唯得於文王周公廟用之若用之他廟亦為僭也故昭二十五年公羊傳稱昭公謂子家駒曰吾何僭哉荅曰朱干玉戚以舞大夏八佾以舞大武此皆天子之禮也是昭公之時僭用他廟也云季桓子僭於家廟舞之故孔子譏之者案經但云季氏知是桓子者以孔子與桓子同時親見其事而譏之故知桓子也何休云僭齊也下效上之辭季氏陪臣也而效君於上故云僭也大夫稱家祭法大夫三廟此經又言於庭魯之用樂見於經傳者皆據廟中祭祀時知此亦僭於其家廟舞之故孔子譏之也【釋】佾音逸僭子念反

三家者以雍徹

馬曰三家謂仲孫叔孫季孫雍周頌臣工篇名天子祭於宗廟歌之以徹祭今

三家亦作此樂　釋　雍於容反徹直列反本亦作撤

子曰相維辟公天子穆穆奚取於三家之堂

包曰辟公謂諸侯及二王之後穆穆天子之容貌雍篇歌此者有諸侯及二王之後來助祭故也今三家但家臣而已何取此義而作之於堂邪

疏　三家至之堂　正義曰此章譏三家之僭也三家者以雍徹者此弟子之言將論夫子所譏之語故先設此文以爲首引三家謂仲孫叔孫季孫雍周頌臣工篇名天子祭於宗廟歌之以徹祭今三家亦作此樂以徹祭故夫子譏之子曰相維辟公天子穆穆奚取於三家之堂者此夫子所譏之語也先引詩文後言其不可取之理也相維辟公天子穆穆者此雍詩之文也相助也維辭也辟公謂諸侯及二王之後穆穆天子之容貌雍篇歌此者有諸侯及二王之後來助祭故也今三家但家臣而已何取此義而作之於堂乎　注馬曰至此樂　正義曰三孫同是魯桓公之後桓公適子莊公爲君庶子公子慶父公子叔牙公子季友仲孫是慶父之後叔孫是叔牙之後季孫是季友之後

其後子孫皆以其仲叔季爲氏故有此氏並是桓公子孫故俱稱孫也至仲孫氏後世改仲曰孟孟者庶長之稱也言已是庶不敢與莊公爲伯仲叔季之次故取庶長爲始也云雍周頌臣工篇名者即周頌臣工之什第七篇也云天子祭於宗廟歌之以徹祭者按周禮樂師云及徹帥學士而歌徹鄭玄云徹者歌雍又小師云徹歌鄭云於有司徹而歌雍是知天子祭於宗廟歌之以徹祭也今三家亦作此樂故夫子譏之也　注包曰至堂邪　正義曰云辟公謂諸侯及二王之後者此與毛傳同鄭玄以辟爲卿士公謂諸侯爲異餘亦同也云穆穆天子之容皃者曲禮云天子穆穆爾雅釋詁云穆穆美也是天子之容皃穆穆然美也云雍篇歌此者有諸侯及二王之後來助祭故也者將言無諸侯及二王之後助祭則不可歌也云今三家但家臣而已何取此義而作之於堂邪者卿大夫稱家家臣謂家相邑宰之屬來助祭耳何取此雍詩之義而奏作於堂邪邪語辭魯用天子禮樂而以雍徹由是三家僭之也

（釋）相息亮反辟必亦反君也注同

子曰人而不仁如禮何人

而不仁如樂何包曰言人而不仁必不能行禮樂疏子曰至樂何正義曰此章言禮樂資仁而行也人而不仁如禮何人而不仁如樂何者如奈也言人而不仁奈此禮樂何謂必不能行禮樂也

林放問禮之本鄭曰林放魯人子曰大哉問禮與其奢也寧儉喪與其易也寧戚包曰易和易也言禮之本意失於奢不如儉喪失於和易不如哀戚疏林放至寧戚正義曰此章明禮之本意也林放問禮之本者林放魯人也問於夫子禮之本意也何子曰大哉問者夫子將荅禮本先歎美之也禮之末節人尚不知林放能問其本其意非小故曰大哉問也禮與其奢也寧儉喪與其易也寧戚此夫子所荅禮本也奢汰侈也儉約省也易和易也戚哀戚也與猶等也奢與儉易與戚等俱不合禮但禮不欲失於奢寧失於儉喪不欲失於易寧失於戚言禮之本意禮失於奢不如儉喪失於和易不如哀戚釋易以豉反注同

鄭云簡戚千歷反　子曰夷狄之有君不如諸夏之亡也　包曰諸夏中國亡無也　疏　子曰至亡也　正義曰此章言中國禮義之盛而夷狄無也舉夷狄則戎蠻可知諸夏中國也亡無也言夷狄雖有君長而無禮義中國雖偶無君若周召共和之年而禮義不廢故曰夷狄之有君不如諸夏之亡也○注包曰諸夏中國　正義曰此及閔元年左氏傳皆言諸夏襄四年左傳魏絳云諸華必叛華夏皆謂中國也中國而謂之華夏者夏大也言有禮義之大有文章之華也　季氏旅於太山子謂冉有曰女弗能救與　馬曰旅祭名也禮諸侯祭山川在其封內者今陪臣祭泰山非禮也冉有弟子冉求時仕於季氏救猶止也　釋　旅音呂與音餘　對曰不能子曰嗚呼曾謂泰山不如林放乎　包曰神不享非禮林放尚知問禮泰山之神反不如林放邪欲誣而祭之

疏季氏至放乎　正義曰此章譏季氏非禮祭泰山也季氏旅於泰山者旅祭名也禮諸侯祭山川在其封內者今陪臣祭泰山非禮也子謂冉有曰女弗能救與者冉有弟子冉求時仕於季氏救猶止也夫子見季氏非禮而祭泰山故以言謂弟子冉有曰汝既臣於季氏知其非禮即合諫止汝豈不能諫止與語辭對曰不能者冉有言季氏僭濫已不能諫止也子曰嗚呼曾謂泰山不如林放乎者孔子歎其失禮故曰嗚呼曾之言則也夫神不享非禮林放尚知問禮況泰山之神豈反不如林放乎而季氏欲誣罔而祭之也言泰山之神必不享季氏之祭若其享之則是不如林放也　注馬曰至止也　正義曰云旅祭名也者周禮大宗伯職云國有大故則旅上帝及四望鄭注云故謂凶烖旅陳也陳其祭事以祈焉禮不如祀之備也故知旅祭名也云禮諸侯祭山川在其封內者王制云諸侯祭名山大川之在其地者是也云今陪臣祭泰山非禮也者陪重也諸侯既爲天子之臣故謂諸侯之臣爲陪臣泰山在魯封內故魯得祭之今季氏亦祭故云非禮云冉有弟子冉求者史記弟子傳云冉求字子有少孔子二十九歲鄭玄曰魯

人（釋）嗚呼本或作烏乎音烏同曾則登反則也享許丈反子曰君子無所爭
必也射乎孔曰言於射而後有爭（釋）爭責行反注同絶句鄭讀以必也絶句揖讓
而升下而飲王曰射於堂升及下皆揖讓而相飲（釋）揖讓而升下絶句鄭注詩賔之初筵引此
則云下而飲飲王於鳩反注同又如字其爭也君子馬曰多筭飲少筭君子之所爭（疏）子曰
至君子　正義曰此章言射禮有君子之風也君子無所爭者言
君子之人謙卑自牧無所競爭也必也射乎者君子雖於他事無
爭其或有爭必也於射禮乎言於射而後有爭也揖讓而升下而
飲者射禮於堂將射升堂及射畢而下勝飲不勝其耦皆以禮相
揖讓也其爭也君子者射者爭中正鵠而已不同小人厲色攘臂
故曰其爭也君子　注孔曰言於射而後有爭　正義曰鄭注射
義云飲射爵者亦揖讓而升降勝者袒決遂執張弓不勝者襲說
決拾郤左手右加弛弓於其上而升飲君子恥之是以射則爭中

是於射而後有爭　注王曰至相飲　正義曰云射於堂升及下皆揖讓而相飲者儀禮大射云耦進上射在左並行當階北面揖及階揖升堂揖皆當其物北面揖及物揖射畢北面揖揖如升射是射時升降揖讓也大射又云飲射爵之時勝者皆袒決遂執張弓不勝者皆襲說決拾卻左手右加弛弓於其上遂以執弣揖如始升射及階勝者先升升堂少右不勝者進北面坐取豐上之觶立卒觶坐奠於豐下興揖不勝者先降是飲射爵之時揖讓升降也　注馬曰多至所爭　正義曰云多筭飲少筭者筭籌也鄉射記曰箭籌八十長尺有握握素是也多筭謂勝者少筭謂不勝者勝飲不勝而相揖讓故曰君子之所爭也　釋　筭悉亂反籌也本亦作筭

子夏問曰巧笑倩兮美目盼兮素以為絢兮何謂也　馬曰倩笑貌盼動目貌絢文貌此上二句在衛風碩人之二章其下一句逸也

釋　倩七練反盼普莧反字林云美目也又疋簡反又匹莧反絢呼縣反鄭云文成章曰絢

子曰繪事

後素鄭曰繪畫文也凡繪畫先布衆色然後以素分布其間以成其文喻美女雖有倩盼美質亦須禮以成之也【釋】繪胡對反本又作繢同喻如字又夷住反曰禮後乎孔曰孔子言繪事後素子夏聞而解知以素喻禮故曰禮後乎【釋】解音蟹子曰起予者商也始可與言詩巳矣包曰予我也孔子言子夏能發明我意可與共言詩【疏】子夏至詩巳矣　正義曰此章言成人須禮也子夏問曰巧笑倩兮美目盼兮素以爲絢兮何謂也者倩笑貌盼動目貌絢文貌此衛風碩人之篇閔莊姜美而不見荅之詩也言莊姜既有巧笑美目倩盼之容又能以禮成文絢然素喻禮也子夏讀詩至此三句不達其旨故問夫子何謂也子曰繪事後素者孔子舉喻以荅子夏也繪畫文也凡繪畫先布衆色然後以素分布其間以成其文喻美女雖有倩盼美質亦須禮以成之也曰禮後乎者此子夏語子夏聞孔子言繪事後素即解其旨知以素喻禮故曰禮後乎子曰起予者商也始可與言詩巳矣者包起發

也子我也商子夏名孔子言能發明我意者是子夏也始可與共言詩也　注馬曰至逸也　正義曰云此上二句在衛風碩人之二章者案今毛詩碩人四章章七句其二章曰手如柔荑膚如凝脂領如蝤蠐齒如瓠犀螓首蛾眉巧笑倩兮美目盼兮是也云其下一句逸者今毛詩無此一句故曰逸言亡逸也　注鄭曰至成之　正義曰案考工記云畫繢之事雜五色下云畫繢之事後素功是知凡繪畫先布衆色然後以素分布其間以成其文章也

子曰夏禮吾能言之杞不足徵也殷禮吾能言之宋不足徵也包曰徵成也杞宋二國名夏殷之後夏殷之禮吾能説之杞宋之君不足以成也文獻不足故也足則吾能徵之矣鄭曰獻猶賢也我不以禮成之者以此二國之君文章賢才不足故也

疏子曰至徵之矣　正義曰此章言夏商之後不能行先王之禮也夏禮吾能言之杞不足徵也殷禮吾能言之宋不

足徵也者徵成也杞宋二國名夏殷之後也孔子言夏殷之禮吾能說之但以杞宋之君闇弱不足以成之也文獻不足故也足則吾能徵之矣者此又言不足徵之意獻賢也孔子言我不以禮成之者以此二國之君文章賢才不足故也　注包曰至成也　正義曰徵成釋詁文云杞宋二國名夏殷之後者樂記云武王克殷下車而封夏后氏之後於杞封殷之後於宋是也

子曰禘自既灌而往者吾不欲觀之矣　孔曰禘祫之禮爲序昭穆故毀廟之主及群廟之主皆合食於太祖灌者酌鬱鬯灌於太祖以降神也既灌之後列尊卑序昭穆而魯逆祀躋僖公亂昭穆故不欲觀之

疏　子曰禘至觀之矣　正義曰此章言魯禘祭非禮之事禘者三年大祭之名灌者將祭酌鬱鬯於太祖以降神也既灌之後列尊卑序昭穆而魯逆祀躋僖公亂昭穆故孔子曰禘祭自既灌已往吾則不欲觀之也　注孔曰至觀之　正義曰云禘祫之禮爲序昭穆故毀廟之主及群廟之主皆合食於太廟者鄭玄曰魯禮三年喪畢而祫於太祖明年春禘於群廟自尒之

後五年而再殷祭以遠主初始入祧新死之主又當與先君相接故禮因是而為大祭以審序昭穆故謂之禘禘者諦也言使昭穆之次審諦而不亂也祫者合也文二年公羊傳曰大祫者何合祭也其合祭奈何毀廟之主陳于太祖未毀廟之主皆升合食於太祖是也云灌者酌鬱鬯灌於太祖以降神者郊特牲云周人尚臭灌用鬯臭鬱合鬯臭陰達於淵泉灌以圭璋用玉氣也既灌然後迎牲致陰氣也鄭注云灌謂以圭瓚酌鬯始獻神也鬱鬱金草釀秬為酒煮鬱金草和之其氣芬芳調暢故曰鬱鬯言未殺牲先酌鬱鬯酒灌地以求神於太祖廟也云既灌之後列尊卑序昭穆者言既灌地降神之後始列木主以尊卑陳列太祖前太祖東鄉昭南鄉穆北鄉其餘孫從王父父曰昭子曰穆昭取其鄉明穆取其北面尚敬三年一祫五年一禘禘所以異於祫者毀廟之主陳於太祖與祫同未毀廟之主則各就其廟而祭也云而魯逆祀躋僖公亂昭穆故不欲觀之者春秋文二年秋八月丁卯大事于太廟躋僖公公羊傳曰躋者何升也何言乎升僖公譏何譏爾逆祀也何休云升謂西上禮昭穆指父子近取法春秋惠公與莊公當同

南面西上隱桓與閔僖亦當同北面西上繼閔者在下文公縁僖公於閔公爲庶兄置僖公於閔公上失先後之義故譏之是知當閔在僖上今升僖先閔故云逆祀二公位次之逆非昭穆亂也此注云亂昭穆及魯語云將躋僖公宗有司曰非昭穆也弗忌曰我為宗伯明者爲昭其次爲穆何常之有如彼所言又似閔僖異昭穆者位次之逆如昭穆之亂假昭穆以言之非謂異昭穆也若兄弟相代即異昭穆設令兄弟四人皆立爲君則祖父之廟即已從毁知其理必不然故先儒無作此說以此逆祀失禮故孔子不欲觀之矣 釋 禘大計反又祭也灌古亂反祫戸夾反爲于僞反注同昭常遥反說文作佋下同毁勑亮反李亦作幽二躋子兮反

或問禘之說子曰不知也 孔曰答以不知者爲魯諱 知其說者之於天下也其如示諸斯乎指其掌 包曰孔子謂或人言知禘禮之說者於天下之事如指示掌中之物言其易了

疏 或問至其掌 正義曰此章言諱國惡之

禮也或問禘之説者或人問孔子禘祭之禮其説如何子曰不知也者孔子荅言不知禘禮之説荅以不知者爲魯諱諱國惡禮也若其説之當大禘之禮序昭穆時魯躋僖公亂昭穆説之則彰國之惡故但言不知也知其説者之於天下也其如示諸斯乎也者諸於也斯此也孔子既荅或人以不知禘禮之説若不更説恐或人以已爲實不知無以明其諱國惡且恐後世以爲禘祭之禮聖人不知而致廢絶故更爲或人言此也言我知禘禮之説者於天下之事中其如指示於此掌中之物言其易了也指其掌者此句弟子作論語時言也當時孔子舉一手伸掌以一手指之以示或人曰其如示諸斯乎弟子等恐人不知示諸斯謂指示何等物故着此一句言是時夫子指其掌也 釋 易以豉反

祭如在孔曰言事死如事生祭神如神在孔曰謂祭百神子曰吾不與祭如不祭包曰孔子或出或病而不自親祭使攝者爲之不致肅敬於心與不祭同

疏 祭如在至不祭 正義曰此章言孔子重祭禮祭如在者謂祭宗廟必致

其敬如其親存言事死如事生也祭神如神在者謂祭百神亦如神之存在而致敬也子曰吾不與祭如不祭者孔子言我若親行祭事則必致其恭敬我或出或病而不自親祭使人攝代已爲之不致肅敬於心與不祭同　注謂祭百神　正義曰百神謂宗廟之外皆是言百神舉成數　釋　不與音預

王孫賈問曰與其媚於奧寧媚於竈何謂也　孔曰王孫賈衛大夫奧內也以喻近臣竈以喻執政賈執政者欲使孔子求昵之微以世俗之言感動之　釋　媚美記反奧烏報反鄭云西南隅昵女乙反亦作暱

子曰不然獲罪於天無所禱也　孔曰天以喻君孔子拒之曰如獲罪於天無所禱於衆神也

疏　王孫至禱也　正義曰此章言夫子守禮不求媚於人也王孫賈者衛執政大夫也問曰與其媚於奧寧媚於竈何謂也者媚趣向也奧內也謂室內西南隅也以其隱奧故尊者居之其處雖尊而閒靜無事以喻近臣雖尊不執政柄無益於人也竈者

飲食之所由雖處卑褻爲家之急用以喻國之執政者位雖卑下而執賞罰之柄有益於人也此二句世俗之言也言與其趣於閒靜之奧寧若趣於急用之竈以喻與求於無事之近臣寧若求於用權之執政王孫賈時執國政舉此二句佯若不達其理問於孔子曰何謂也欲使孔子求媚親昵於己故微以世俗之言感動之也子曰不然獲罪於天無所禱也者孔子拒賈之辭也然如此也言我則不如世俗之言也天以喻君獲猶得也我道之行否由於時君無求於衆臣如得罪於天無所禱於衆神〔釋〕禱丁老反一音都報反

子曰周監於二代郁郁乎文哉吾從周 孔曰監視也言周文章備於二代當從之〔疏〕子曰至從周 正義曰此章言周之禮文獨備也周監於二代郁郁乎文哉者監視也二代謂夏商郁郁文章貌言以今周代之禮法文章迴視夏商二代則周代郁郁乎有文章哉吾從周者言周之文章備於二代故從而行之也〔釋〕監古暫反觀也郁於六反

子入太廟 包曰太廟周公

廟孔子仕魯魯祭周公而助祭也每事問或曰孰謂鄹人之子知禮乎入太廟每事問孔曰鄹孔子父叔梁紇所治邑時人多言孔子知禮或人以爲知禮者不當復問也釋鄹側留反紇恨没反又恨發反復扶又反子聞之曰是禮也孔曰雖知之當復問慎之至也疏子入至禮也　正義曰此章言夫子慎禮也子入太廟者子謂孔子太廟周公廟孔子仕魯魯祭周公而助祭也故得入之也每事問者言太廟之中禮器之屬每事輒問於令長也或曰孰謂鄹人之子知禮乎入太廟每事問者孰誰也鄹人魯鄹邑大夫孔子父叔梁紇也或有人曰誰謂鄹大夫之子知禮者以時人多言孔子知禮或人以爲知禮者不當復問何爲入太廟而每事問乎意以爲孔子不知禮子聞之曰是禮也者孔子聞或人之譏乃言其問之意以宗廟之禮當須重慎不可輕言雖已知之當更復問慎之至也　注包曰至助祭也　正義曰云太廟周公廟者文十三年公羊傳曰周公

稱太廟魯公稱世室群公稱宮此知太廟周公廟也云孔子仕魯者史記孔子世家云孔子貧且賤及長嘗爲季氏吏料量平嘗爲司職吏而畜蕃息由是爲司空其後定公以孔子爲中都宰一年四方皆則之由中都宰爲司空由司空爲大司寇攝相事是仕魯由是故得與助祭也　注孔曰至復問　正義曰云鄹孔子父叔梁紇所治邑者古謂大夫守邑者以邑冠之呼爲某人孔子父鄹邑大夫左傳稱鄹人紇故此謂孔子爲鄹人之子也左傳成二年云新築人仲叔于奚杜注云于奚守新築大夫即此類也

子曰射不主皮　馬曰射有五善焉一曰和志體和二曰和容有容儀三曰主皮能中質四曰和頌合雅頌五曰興武與舞同天子三侯以熊虎豹皮爲之言射者不但以中皮爲善亦兼取和容也　釋中丁仲反下及注同

爲力不同科古之道也　馬曰爲力力役之事亦有上中下設三科焉故曰不同科

疏子曰至道也　正義曰此章明古禮也射不主皮者言古者射禮張布爲侯而棲熊虎豹之皮於節而射之射有五善焉

不但以中皮爲善亦兼取禮樂容節也周衰禮廢射者無復禮容
但以主皮爲善故孔子抑之云古之射者不主皮也爲力不同科
者言古者爲力役之事亦有上中下設三科焉周衰政失力役之
事貧富兼并強弱無別而同爲科故孔子非之云古之爲力役
不如今同科也古之道也者結上二事皆前古所行之事也　注
馬曰至和容也　正義曰云射有五善焉者言射禮有五種之善
下所引是也云一曰和至五曰與舞皆周禮鄉大夫職文也云志
體和至與舞同皆馬融解義語案彼云退而以鄉射之禮五物詢
衆庶一曰和二曰容三曰主皮四曰和容五曰興舞注云以用也
行鄉射之禮而以五物詢於衆民鄭司農云詢謀也問於衆庶寧
復有賢能者和謂閨門之内行也容謂容貌也主皮謂善射射所
以觀士也故書舞爲無杜子春讀和容爲和頌謂能爲樂也無讀
爲舞謂能爲六舞玄謂和載六德容包六行也庶民無射禮因田
獵分禽則有主皮主皮者張皮射之無侯也主皮和容興舞則六
藝之射與禮樂之是也今此注二曰和容衍和字五曰與武武當
爲舞聲之誤也云天子三侯以熊虎豹皮爲之者周禮天官司裘

職云王大射則共虎侯熊侯豹侯設其鵠諸侯則共熊侯豹侯卿大夫則共麋侯皆設其鵠注云大射者爲祭祀射王將有郊廟之事以射擇諸侯及羣臣與邦國所貢之士可以與祭者射者可以觀德行其容體比於禮其節比於樂而中多者得與於祭諸侯謂三公及王子弟封於畿内者卿大夫亦皆有采地焉其將祀其先祖亦與羣臣射以擇之凡大射各於其射宫侯者其所射也以虎熊豹麋之皮飾其側又方制之以爲臯謂之鵠著於侯中所謂皮侯王之大射虎侯王所自射也熊侯諸侯所射豹侯卿大夫以下所射諸侯之大射熊侯諸侯所自射豹侯羣臣所射卿大夫之大射麋侯君臣共射焉凡此侯道虎九十弓熊七十弓豹麋五十弓列國之諸侯大射大侯亦九十參七十干五十遠尊得伸可同耳所射正謂之侯者天子中之則能伏諸侯諸侯以下中之則得爲諸侯鄭司農云鵠鵠毛也方十尺曰侯四尺曰鵠二尺曰正四寸曰質玄謂侯中之大小取數於侯道鄉射記曰弓二寸以爲侯中則九十弓者侯中廣丈八尺七十弓者侯中廣丈四尺五十弓者侯中廣一丈尊卑異等此數明矣考工記曰梓人爲侯廣與崇方

參分其廣而鵠居一焉然則侯中丈八尺者鵠方六尺侯中丈四
尺者鵠方四尺六寸大半寸侯中一丈者鵠方三尺三寸少半寸
謂之鵠者取名於鳱鵠鳱鵠小鳥而難中是以中之爲儁亦取鵠
之言較較者直也射所以直已志用虎熊豹麋之皮示服猛討迷
惑者射者大禮故取義衆也士
不大射士無臣祭無所擇也
子貢欲去告朔之餼
羊
鄭曰牲生曰餼禮人君每月告朔於廟有祭謂之朝
享魯自文公始不視朔子貢見其禮廢故欲去其羊
釋去
起
呂反注同告古篤反餼許
氣反朝直遥反又張遥反
子曰賜也爾愛其羊我
愛其禮
包曰羊存猶以識
其禮羊亡禮遂廢
疏子貢至其禮　正義曰此章
言孔子不欲廢禮也子貢欲
去告朔之餼羊者牲生曰餼禮人君每月告朔於廟因有祭謂之
朝享魯自文公怠於政禮始不視朔廢朝享之祭有司仍供備其
羊子貢見其禮廢故欲并去其羊也子曰賜也爾愛其羊我愛其
禮者此孔子不許子貢之欲去羊故呼其名而謂之曰賜也爾以

爲既廢其禮虛費其羊故欲去之是愛其羊也我以爲羊存猶以識其禮羊亡禮遂廢所以不去其羊欲使後世見此告朔之羊知有告朔之禮庶幾復行之是愛其禮也　注鄭曰至其羊　正義曰云牲生曰餼者僖三十三年左傳曰餼牽竭矣餼與牽相對牽是牲可牽行則餼是已殺殺又非孰故解者以爲腥曰餼謂生肉未煑者也其實餼亦是生哀二十四年左傳云晉師乃還餼臧石牛是以生牛賜之也此及聘禮注皆云牲生曰餼由不與牽相對故爲生也云禮每月告朔於廟有祭謂之朝享者案周禮太史頒告朔于邦國鄭玄云天子頒朔于諸侯諸侯藏之祖廟至朔朝于廟告而受行之此云子貢欲去告朔之餼羊是用牲羊告於廟謂之告朔人君即以此日聽視此朔之政謂之視朔文十六年公四不視朔僖五年傳曰公既視朔是也視朔者聽治此月之政亦謂之聽朔玉藻云天子聽朔於南門之外是也其日又以禮祭於宗廟謂之朝廟周禮謂之朝享司尊彝云追享朝享是也其歲首爲之則謂之朝正襄二十九年正月公在楚傳曰釋不朝正于廟是也告朔視朔聽朔朝廟朝享朝正二禮各有三名同日而爲之也

必於月朔爲此告朔聽朔之禮者杜預春秋釋例曰人君者設官分職以爲民極遠細事以全委任之責縱諸下以盡知力之用揔成敗以效能否執八柄以明誅賞故自非機事皆委心焉誠信足以相感事實盡而不擁故受位居職者思効忠善日夜自進而無所顧忌也天下之細事無數一日二日萬端人君之明有所不照人君之力有所不堪則不得不借問近習有時而用之如此則六鄉六遂之長雖躬履此事躬造此官當皆移聽於内官廻心於左右政之粃纇常必由此聖人知其不可故簡其節敬其事因月朔朝廟遷坐正位會群吏而聽大政考其所行而決其煩疑非徒議將然也乃所以考已然又惡其密聽之亂公也故顯衆以斷之是以上下交泰官人以理萬民以察天下以治也每月之朔必朝於廟因聽政事事敬而禮成故告以特羊然則朝廟朝正告朔視朔皆同日之事所從言異耳是言聽朔朝廟之義也玉藻說天子朝廟之禮云聽朔於南門之外諸侯皮弁聽朔於太廟鄭玄以爲明堂在國之陽南門之外謂明堂也諸侯告朔以特羊則天子以特牛與天子用特牛告其帝及其神配以文王武王諸侯用特羊告太

祖而已杜預以明堂與祖廟爲一但明堂是祭天之處天子告朔雖杜之義亦應告上帝朝享即月祭是也祭法云王立七廟曰考廟王考廟皇考廟顯考廟祖考廟皆月祭之二祧享嘗乃止諸侯立五廟曰考廟王考廟皇考廟皆月祭之顯考廟祖考廟享嘗乃止然則天子告朔於明堂朝享於五廟諸侯告朔於大廟朝享自皇考以下三廟耳皆先告朔後朝廟朝廟小於告朔文公廢其大而行其小故春秋文公六年經云閏月不告朔猶朝于廟公羊傳曰猶者可止之辭也天子玄冕以視朔皮弁以日視朝諸侯皮弁以聽朔朝服以日視朝其閏月則聽朔於明堂闔門左扉立於其中聽政於路寢門終月故於文王在門爲閏云魯自文公始不視朔者即文公六年閏月不告朔是也

子曰事君盡禮人以爲諂也　孔曰時事君者多無禮故以有禮者爲諂

疏　子曰至諂也　正義曰此章疾時臣事君多無禮也言若有人事君盡其臣禮謂將順其美及善則稱君之類而無禮之人反以爲諂佞也

釋　盡津忍反　諂勑亮反

定公問君使

臣事君如之何孔曰定公魯君謚時臣失禮定公患之故問之孔子對曰君使臣以禮臣事君以忠疏定公問至君以忠　正義曰此章明君臣之禮也定公問君使臣臣事君如之何者定公魯君也時臣失禮君不能使定公患之故問於孔子曰君之使臣及臣之事君當如之何也孔子對曰君使臣以禮臣事君以忠者言禮可以安國家定社稷止由君不用禮則臣不竭忠故對曰君之使臣以禮則臣必事君以忠也　注孔曰至問之　正義曰云定公魯君謚者魯世家云定公名宋襄公之子昭公之弟以敬王十一年即位謚法安民大慮曰定

子曰關雎樂而不淫哀而不傷孔曰樂不至淫哀不至傷言其和也疏子曰至不傷　正義曰此章言正樂之和也關雎者詩國風周南首篇名興后妃之德也詩序云樂得淑女以配君子憂在進賢不淫其色是樂而不淫也哀窈窕思賢才而無傷善之心焉是哀而不傷也樂不至淫哀不至傷

言其正樂之和也 釋 睢七餘反哀如字毛詩箋改哀爲衷 哀公問社於宰我宰我對曰夏后氏以松殷人以栢周人以栗曰使民戰栗 孔曰凡建邦立社各以其土所宜之木宰我不本其意妄爲之說因周用栗便去使民戰栗 釋 問社如字鄭本作主云主田主謂社 子聞之曰成事不說 包曰事已成不可復解說 釋 復扶又反下同 遂事不諫 包曰事已遂不可復諫止 既往不咎 包曰事已往不可復追咎孔子非宰我故歷言此三者欲使慎其後 疏 哀公至不咎 正義曰此章明立社所用木也哀公問社於宰我者哀公魯君也社五土之神也凡建邦立社各以其土所宜木哀公未知其禮故問於弟子宰我也宰我對曰夏后氏以松殷人以柏周人以栗曰使民戰栗者三代立社各以其土所宜木故宰我舉之以對哀公也但宰我不本其土宜

之意因周用栗便妄爲之説曰周人以栗者欲使其民戰栗故也孔子聞之曰成事不説遂事不諫既往不咎者孔子聞宰我對哀公使民戰栗知其虛妄無如之何故曰事已成不可復解説也事已遂不可復諫止也事已往不可復追咎也歷言此三者以非之欲使慎其後也　注孔曰至戰栗　正義曰云凡建邦立社各以其土所宜之木者以社者五土之摠神故凡建邦立國必立社也夏都安邑宜松殷都亳宜柏周都豐鎬宜栗是各以其土所宜木也謂用其木以爲社主張包周本以爲哀公問主於宰我先儒或以爲宗廟主者杜元凱何休用之以解春秋亦爲宗廟主今所不取

子曰管仲之器小哉言其器量小也　或曰管仲儉乎包曰或人見孔子小之以爲謂之大儉　釋量音亮大音泰一音他賀反

曰管氏有三歸官事不攝焉得儉包曰三歸娶三姓女婦人謂嫁曰歸攝猶兼也禮國君事大官各有人大夫兼并今管仲家臣備職非爲儉　釋

爲於虔反娶本或作取如字又七喻反謂嫁曰歸一本作爲歸然則管仲知禮乎包曰或人以儉問故荅以安得儉或人聞不儉便謂爲得禮曰邦君樹塞門管氏亦樹塞門邦君爲兩君之好有反坫管氏亦有反坫鄭曰反坫反爵之坫在兩楹之間人君別內外於門樹屏以蔽之若與鄰國爲好會其獻酢之禮更酌酌畢則各反爵於坫上今管仲皆僭爲之如是是不知禮釋爲于僞反又如字好呼報反注同坫丁念反別彼列反酢才洛反一本作酬更音庚管氏而知禮孰不知禮疏子曰至知禮正義曰此章言管仲僭禮也子曰管仲之器小哉者管仲齊大夫管夷吾也孔子言其器量小也或曰管仲儉乎者或人見孔子言管仲器小以爲謂其大儉故問曰管仲儉乎曰管氏有三歸官事不攝焉得儉者孔子荅或人以管仲不儉之事也婦人謂嫁曰歸攝猶

兼也焉猶安也禮大夫雖有妾媵嫡妻唯娶一姓今管仲娶三姓
之女故曰有三歸禮國君事大官各有人大夫雖得有家臣不得
每事立官當使一官兼攝餘事今管仲家臣備職奢豪若此安得
爲儉也然則管仲知禮乎者或人聞孔子言管仲不儉便謂爲得
禮故又問曰然則管仲是知禮之人乎曰邦君樹塞門管氏亦樹
塞門邦君爲兩君之好有反坫管氏亦有反坫者此孔子又爲或
人說管仲不知禮之事也邦君諸侯也屏謂之樹人君別內外於
門樹屏以蔽塞之大夫當以簾蔽其位耳今管氏亦如人君樹屏
以塞門也反坫反爵之坫在兩楹之間人君與鄰國爲好會其獻
酢之禮更酌酌畢則各反爵於坫上大夫則無之今管仲亦有反
爵之坫僭濫如此是不知禮也管氏而知禮孰不知禮者孔子舉
其僭禮於上而以此言非之孰誰也言若謂管氏而爲知禮更誰
爲不知禮言唯管氏不知禮也　注包曰至爲儉　正義曰云婦
人謂嫁曰歸者隱二年公羊傳文何休曰婦人生以父母爲家嫁
以夫爲家故謂嫁曰歸明有三歸之道也　注鄭曰至知禮　正
義曰云反坫反爵之坫在兩楹之間者以鄉飲酒是鄉大夫之禮

尊於房戶間燕禮是燕巳之臣子故尊於東楹之西若兩君相敵則尊於兩楹間故其坫在兩楹間也云人君別內外於門樹屏以蔽之者釋宮云屏謂之樹郭璞曰小牆當門中郊特牲云臺門而旅樹鄭玄云此皆諸侯之禮也旅道也屏謂之樹樹所以蔽行道管氏樹塞門塞猶蔽也禮天子外屏諸侯內屏大夫以簾士以帷是也云若與鄰國為好會其獻酢之禮更酌酌畢則各反爵於坫上者熊氏云主君獻賓賓筵前受爵飲畢反此虛爵於坫上於西階上拜主人於阼階上荅拜賓於坫取爵洗爵酌以酢主人主人受爵飲畢反此虛爵於坫上主人阼階上拜賓荅拜是賓主飲畢反爵於坫上也而云酌畢各反爵於坫上者文不具耳其實當飲畢

子語魯太師樂曰樂其可知也始作翕如也大師樂官名五音始奏翕如盛（釋）語魚據反大音泰注同翕許及反鄭云變動貌從之純如也從讀曰縱言五音既發放縱盡其音聲純純和諧也（釋）從何子用反鄭云八音皆作皦如也

言其音節明也〔釋〕皦古了反鄭玄清別之貌繹如也以成縱之以純如皦如繹如言樂始作翕如而成於三者〔疏〕子語至以成　正義曰此章明樂子語魯大師樂者大師樂官名猶周禮之大司樂也於時魯國禮樂崩壞故孔子以正樂之法語之使知也曰樂其可知也者言作正樂之法可得而知也謂如下文始作翕如也者言正樂始作則五音翕然盛也翕盛貌如皆語辭從之純如也者從讀曰縱謂放縱也純和也言五音既發放縱盡其音聲純純和諧也皦如也諸樂明也言其音節分明也繹如也者言其音落繹然相續不絕也以成者言樂始作翕如又縱之以純如皦如繹如則正樂以之而成也〔釋〕繹如亦鄭玄志志條達之貌

儀封人請見鄭曰儀蓋衛邑封人官名〔釋〕見賢遍反曰君子之至於斯也吾未嘗不得見也從者見之包曰從者弟子隨孔子行者通使得見〔釋〕從才用反出曰二三子

何患於喪乎天下之無道也久矣孔曰語諸弟子言何患於夫子聖德之將喪亡邪天下之無道已久矣極衰必盛【釋】喪息浪反注同語魚據反天將以夫子為木鐸孔曰木鐸施政教時所振也言天將命孔子制作法度以號令於天下【疏】儀封至木鐸

正義曰此章明夫子之德天將命之使定禮樂也儀封人請見者衛國儀邑典封疆之人請告於孔子從者欲見孔子也曰君子之至於斯也吾未嘗不得見也者此所請辭也嘗曾也言往者有德之君子至於我斯地也吾常得見之未曾有不得見也從者見之者從者謂弟子隨孔子行者既見其請故為之紹介通使得見也出曰二三子何患於喪乎者儀封人既見夫子出門乃語諸弟子曰二三子何須憂患於夫子聖德之將喪亡乎天下之無道也久矣者此封人又說孔子聖德不喪之由也言事不常一盛必有衰衰極必盛今天下之衰亂無道亦已久矣言拯弱興衰屬在天子天將以夫子為木鐸者木鐸金鈴木舌施政教時所振也言

天將命孔子制作法度以號令於天下如木鐸以振文教也
鄭曰儀蓋至官名　正義曰云儀蓋衛邑者以左傳衛侯入於夷
儀疑與此是一故云蓋衛邑也云封人官名者周禮封人掌爲畿
封而樹之鄭玄云畿上有封若今時界也天子封人職典封疆則
知諸侯封人亦然也左傳言潁谷封人祭仲足爲祭封人宋高哀
爲蕭封人皆以地名封人蓋職典封疆居在邊邑潁谷儀祭皆是
國之邊邑也　注包曰至得見　正義曰云通使得見者見謂之
紹介從之見也若左傳云乃見鱄設諸焉齊豹見宗魯於公孟亦
然　注孔曰至天下　正義曰云木鐸施政教時所振也者禮有
金鐸木鐸鐸是鈴也其體以金爲之明舌有金木之異知木鐸是
木舌也周禮教鼓人以金鐸通鼓大司馬教振旅兩司馬執鐸明
堂位云振木鐸於朝是武事振金鐸文事振木鐸此云木鐸施政
教時所振者所以振文教是也　釋　鐸直洛反木鐸金鈴木舌　子謂韶盡美矣又
盡善也　孔曰韶舜樂名謂以聖德受禪故盡善　釋　韶常遥反盡津忍反注同　謂武盡

美矣未盡善也孔曰武武王樂也以征伐取天下故未盡善疏子謂至善也　正義曰此章論韶武之樂子謂韶盡美矣又盡善也者韶舜樂名韶紹也德能紹堯故樂名韶言韶樂其聲及舞極盡其美揖讓受禪其聖德又盡善也謂武盡美矣未盡善也者武周武王樂以武得民心故名樂曰武言武樂音曲及舞容則盡美矣然以征伐取天下不若揖讓而得故其德未盡善也　注孔曰至盡善　正義曰云韶舜樂名者樂記云韶繼也注云韶紹也言舜之道德繼紹於堯也元命包曰舜之時民樂紹堯業虞書益稷云簫韶九成鳳皇來儀是韶爲舜樂名也云謂以聖德受禪故盡善者書序云昔在帝堯聰明文思光宅天下將遜于位讓于虞舜孔安國云老使攝遂禪之禪即讓也是以聖德受禪也　注孔曰至未盡善　正義曰云武武王樂也者禮器云樂也者樂其所自成注云作樂者緣民所樂於已之功然則以武王用武除暴爲天下所樂故謂其樂爲武樂武樂爲一代大事故歷代皆稱大也云以征伐取天下故未盡善者以臣伐君雖曰應天順人不若揖讓而受故未盡善也

子曰居上不寬爲禮不敬臨喪不哀吾何以觀之哉（疏）子曰居上至觀之哉　正義曰此章揔言禮意居上位者寬則得衆不寬則失於苛刻凡爲禮事在於莊敬不敬則失於傲惰親臨死喪當致其哀不哀則失於和易凡此三失皆非禮意人或若此不足可觀故曰吾何以觀之哉

里仁第四

（疏）正義曰此篇明仁仁者善行之大名也君子體仁必能行禮樂故以次前也

子曰里仁爲美鄭曰里者仁之所居居於仁者之里是爲美擇不處仁焉得知鄭曰求居而不處仁者之里不得爲有知（疏）子曰至得知　正義曰此章言居必擇仁也里仁爲

美者里居也仁者之所居處謂之里仁凡人之擇居居於仁者之
里是爲美也擇不處仁焉得知者焉猶安也擇求居處而不處仁
者之里安得【釋】處昌呂反後不音者及注同
爲有知也 焉於虔反知音智注及下同 子曰不仁
者不可以久處約 孔曰久困則爲非 不可以長處樂
孔曰必驕佚【釋】樂音洛泆音逸 仁者安仁 包曰唯性仁者自然體之故謂安仁 知者
利仁 王曰知仁爲美故利而行之【疏】子曰不至利仁 正義曰此章明仁性也不仁者不可以久處約者言不
仁之人不可令久長處貧約若久困則爲非也不可以長處樂者
言亦不可令久長處於富貴逸樂若久長處樂則必驕佚仁者安
仁者謂天性仁者自然安而行之也知者利仁者知能照識前事
知仁爲美故利而行之也 注包曰至安仁 正義曰此經仁者
安仁知者利仁與表記正同理亦不異云唯性仁者自然體之者
言天性仁者非關利害自然汎愛施生體包仁道易文言曰君子

體仁足以長人是也　注王曰至行之　正義曰云知仁爲美故利而行之者言有知謀者貪利而行仁有利則行無利則止非本情

子曰唯仁者能好人能惡人　孔曰唯仁者能審人之好惡也

疏　子曰唯仁者至惡人　正義曰此章言唯有仁德者無私於物故能審人之好惡也　釋　好呼報反注同惡烏路反下同

子曰苟志於仁矣無惡也　孔曰苟誠也言誠能志於仁則其餘終無惡

疏　子曰苟志於仁矣無惡也　正義曰苟誠也此章言誠能志在於仁則其餘行終無惡也　釋　惡如字又烏路反注同

子曰富與貴是人之所欲也不以其道得之不處也　孔子不以其道得富貴則仁者不處　貧與賤是人之所惡也不以其道得之不去也　時有否泰故君子履道而反貧賤此則不

以其道而得之雖是人之所惡不可違而去之（釋）否備鄙反

君子去仁惡乎成名孔曰惡乎成名者不得成名爲君子（釋）惡音烏注同

君子無終食之間違仁造次必於是顛沛必於是馬曰造次急遽顛沛偃仆雖急遽偃仆不違仁

（疏）子曰富至於是　正義曰此章廣明仁行也富與貴是人之所欲不以其道得之不處也者富者財多貴者位高此之二者是人之所貪欲也若不以其道而得之雖是人之所欲而仁者不處也貧與賤是人之所惡也不以其道得之不去也者乏財曰貧無位曰賤此之二者是人之所嫌惡也時有否泰故君子履道而反貧賤此則不以其道而得之雖是人之所惡而仁者不違而去之也君子去仁惡乎成名者惡乎猶於何也言人欲爲君子唯行仁道乃得君子之名若違去仁道則於何得成名爲君子乎言去仁則不得成名爲君子也君子無終食之間違仁者言仁不可斯須去身故君子無食頃違去仁道也造次必於是顛沛必

於是者造次急遽也顛沛偃仆也言君子之人雖身有急遽偃仆之時而必守於是仁道而不違去也　注馬曰至違仁　正義曰云造次急遽者造次猶言草次鄭𤣥云倉卒也皆迫促不暇之意故云急遽云顛沛偃仆者說文云偃僵也仆頓也則偃是仰臥也仆是踣倒也雖遇此顛蹎之時亦不違仁也　釋　造七報反造次鄭𤣥云倉卒也沛音貝偃本或作僵居良反仆音赴又蒲逼反

子曰我未見好仁者惡不仁者好仁者無以尚之　孔曰難復加也　釋　好呼報反惡烏路反復扶又反注及下同　惡不仁者其爲仁矣不使不仁者加乎其身　孔曰言惡不仁者能使不仁者不加非義於已不如好仁者無以尚之爲優　有能一日用其力於仁矣乎我未見力不足者　孔曰言人無能一日用其力脩仁者耳我未見欲爲仁而力不

足者蓋有之矣我未之見也孔曰謙不欲盡誣時人言不能爲仁故云爲能有爾我未之見

疏 子曰至見也　正義曰此章疾時無仁也我未見好仁者惡不仁者孔子言我未見性好仁者亦未見能疾惡不仁者也好仁者無以尚之者此覆說上好仁者也尚上也言性好仁者爲德之最上他行無以更上之言難復加也惡不仁者其爲仁矣不使不仁者加乎其身此覆上惡不仁者也言能疾惡不仁者亦得爲仁但其行少劣故曰其所爲仁矣也唯能不使不仁者加乎非義於己身也不如好仁者無以尚之爲優也有能一日用其力於仁矣乎者言世不脩仁也故曰有人能一日之間用其力於仁道矣乎言人無能一日用其力脩仁者耳我未見力不足者言德輶如毛行仁甚易我欲仁斯仁至矣何須用力故曰我未見欲爲仁而力不足者也蓋有之矣我未之見也者此孔子謙不欲盡誣時人言不能爲仁故曰蓋有能爲之者矣但我未之見也

子曰人之過也各於其黨觀過斯知仁

矣孔曰黨黨類小人不能爲君子之行非小人之過當恕而勿責之觀過使賢愚各當其所則爲仁矣疏子曰至仁矣　正義曰此章言仁恕也人之過也各於其黨者黨黨類也言人之爲過也君子小人各於其類也觀過斯知仁矣者言觀人之過使賢愚各當其所若小人不能爲君子之行非小人之過當恕而勿責之斯知仁者之用心也釋行下孟反當丁浪反

子曰朝聞道夕死可矣言將至死不聞世之有道疏子曰朝聞道夕死可矣　正義曰此章疾世無道也設若早朝聞世有道暮夕而死可無恨矣言將至死不聞世之有道也

子曰士志於道而恥惡衣惡食者未足與議也疏子曰至議也　正義曰此章言人當樂道固窮也士者人之有士行者也言士雖志在善道而衣服飲食好其華美恥其麤糲惡者則是志道不篤故未足與言議於道也

子曰君子之於天下也無

適也無莫也義之與比〔疏〕子曰至與比　正義曰此章貴義也適厚也莫薄也比親也言君子於天下之人無擇於冨厚與窮薄者但有義者則與之相親也〔釋〕適丁歷反鄭本作敵莫武博反范甯云適莫猶厚薄也鄭音慕無所貪慕也比毗志反

子曰君子懷德孔曰懷安也小人懷土孔曰重遷君子懷刑孔曰安於法小人懷惠包曰惠恩惠〔疏〕子曰至懷惠　正義曰此章言君子小人所安不同也君子懷德小人懷土者懷安也君子執德不移是安於德也小人安安而不能　重難於遷徙是安於土也君子懷刑小人懷惠者刑法也惠恩惠也君子樂於法制齊明是懷刑也小人唯利是視安於恩惠是懷惠也

子曰放於利而行孔曰放依也每事依利而行〔釋〕放方往反下同多怨孔曰取怨之道〔疏〕子曰放於利而行多怨　正義曰此章輕利也放依也言人每事依於財

利而行則是取怨之道也故多爲人所怨恨也 子曰：能以禮讓爲國乎？何有？何有者，言不難。不能以禮讓爲國，如禮何？包曰：如禮何者，言不能用禮。

疏 子曰至禮何 正義曰：此章言治國者必須禮讓也。能以禮讓爲國乎者，爲猶治也，禮節民心，讓則不爭，言人能以禮讓爲教治其國乎？云何有者，謂以禮讓治國，何有其難？言不難也。不能以禮讓爲國者，言人君不能明禮讓以治民也。如禮何者，言有禮而不能用，如此禮何？

子曰：不患無位，患所以立；不患莫己知，求爲可知也。包曰：求善道而學行之，則人知己。

疏 子曰至知也 正義曰：此章勸學也。不患無位者，言不憂無爵位也。患所以立者，言但憂其無立身之才學耳。不患莫己知者，言不憂無人見知於己也。求爲可知也者，言求善道而學行之，使己才學有可知重，則人知己也。

子曰：參乎！吾道

一以貫之曾子曰唯孔曰直曉不問故荅曰唯【釋】參所金反貫古亂反唯維癸反注同子出門人問曰何謂也曾子曰夫子之道忠恕而已矣【疏】子曰參至已矣　正義曰此章明忠恕也子曰參乎者呼曾子名欲語之也吾道一以貫之者貫統也孔子語曾子言我所行之道唯用一理以統天下萬事之理也曾子曰唯者曾子直曉其理更不須問故荅曰唯子出者孔子出去也門人問曰何謂也者門人曾子弟子也不曉夫子之言故問於曾子也曾子曰夫子之道忠恕而已矣者荅門人也忠謂盡中心也恕謂忖己度物也言夫子之道唯以忠恕一理以統天下萬事之理更無他法故去而已矣

【釋】恕音庶

子曰君子喻於義小人喻於利孔曰喻猶曉也【疏】子曰君子至於利　正義曰此章明君子小人所曉不同也喻曉也君子則曉於仁義小人則曉於財利子

曰見賢思齊焉包曰思與賢者等見不賢而內自省也疏子曰至省也　正義曰此章勉人爲高行也見彼賢則思與之齊等見彼不賢則內自省察得無如彼人乎

子曰事父母幾諫包曰幾者微也當微諫納善言於父母見志不從又敬不違勞而不怨包曰見志見父母志有不從己諫之色則又當恭敬不敢違父母意而遂己之諫疏子曰至不怨　正義曰此并下四章皆明孝事父母幾諫者幾微也父母有過當微納善言以諫於父母也見志不從又敬不違者見父母志有不從己諫之色則又當恭敬而不敢違父母意而遂己之諫也勞而不怨者父母使己以勞辱之事己當盡力服其勤不得怨父母也

子曰父母在不遠遊遊必有方鄭曰方猶常也疏子曰父至有方　正義曰方猶常也父母既存或時思欲見己故不遠遊遊必有常所欲

使父母呼己得即知其處也設若告云詣甲則不得更詣乙恐父母呼己於甲處不見則使父母憂者也 子曰三年無改於父之道可謂孝矣 鄭曰孝子在喪哀戚思慕無所改於父之道非心所忍爲 〔疏〕 子曰三年至孝矣 正義曰言孝子在父喪三年之中哀戚思慕無所改爲父之道非心所忍爲故也此章與學而篇同當是重出學而篇是孔注此是鄭注本或二處皆有 〔釋〕 此章與學而篇同當是重出學而是孔注今此是鄭注本或二處皆有集解或有無者

子曰父母之年不可不知也一則以喜一則以懼 孔曰見其壽考則喜見其衰老則懼 〔疏〕 子曰父母至以懼 正義曰言孝子當知父母之年也其意有二一則以父母年多見其壽考則喜也一則以父母年老形必衰弱見其衰老則憂懼也 〔釋〕 此章注或云孔注或云包氏又作鄭玄語辭未知孰是

子曰古者言之不

出恥躬之不逮也包曰古人之言不妄出口爲身行之將不及疏子曰至逮也正義曰此章明慎言躬身也逮及也言古人之言不妄出口爲身行之將不及故也釋逮音代又大計反爲于僞反子曰以約失之者鮮矣孔曰俱不得中奢則驕佚招禍儉約無憂患疏子曰至鮮矣正義曰此章貴儉鮮少也得中合禮爲事乃善設若奢儉俱不得中奢則驕佚招禍儉約無憂患是以約致失者少也釋鮮仙善反少也中丁仲反子曰君子欲訥於言而敏於行包曰訥遲鈍也言欲遲而行欲疾疏子曰至於行正義曰此章慎言貴行也訥遲鈍也敏疾也言君子但欲遲鈍於言敏疾於行惡時人行不副言也釋訥奴忽反鄭言欲難行下孟反鈍徒頓反下同子曰德不孤必有鄰方以類聚同志相求故必有鄰是以不孤疏子曰德不孤必有鄰正義曰此章勉人脩德也有

德則人所慕仰居不孤特必有同志相求與之爲鄰也　注方以至不孤　正義曰云方以類聚者周易上繫辭文也方謂法術性行各以類相聚也云同志相求者周易乾卦文言豉言志同者相求爲朋友也故必有鄰是以不孤者案坤卦文言曰君子敬以直内義以方外敬義立而德不孤言身必有敬義以接於人則人亦敬義以應之是亦德不孤也

子游曰事君數斯辱矣朋友數斯疏矣　數謂速數之數

疏子游曰至疏矣　正義曰此章明爲臣結交當以禮漸進也數謂速數數則瀆而不敬故事君數斯至罪辱矣朋友數斯見疏薄矣　注數謂速數之數　正義曰嫌讀爲上聲去聲故辨之

釋數何太色角反下同鄭世主反謂數巳之功勞也梁武帝音色具反注同

論語註疏卷第二

論語註疏卷第三

公冶長第五

疏 正義曰此篇大指明賢人君子仁知剛直以前篇釋仁者之里而居故得學爲君子即下云魯無君子斯焉取斯是也故次里仁

子謂公冶長可妻也雖在縲絏之中非其罪也以其子妻之 孔曰冶長弟子魯人也姓公冶名長縲黑索絏攣也所以拘罪人

疏 子謂至妻之 正義曰此章明弟子公冶長之賢也子謂公冶長可妻也者納女於人曰妻孔子評論弟子公冶長德行純備可納女與之爲妻也雖在縲絏之中非其罪也者縲黑索絏攣也古獄以黑索拘攣罪人於時冶長以枉濫被繫故孔子

曰雖在縲絏之中實非其冶長之罪也以其子妻之者論音其女子妻之也　注孔曰至罪人　正義曰云冶長弟子魯人也者案家語弟子篇云公冶長魯人字子長為人能忍耻孔子以女妻之又案史記弟子傳云公冶長齊人而此云魯人用家語為說也張華云公冶長墓在陽城姑幕城東南五里所墓極高舊說冶長解禽語故繫之縲紲以其不經今不取也　【釋】冶音也長如字家語字子張范甯云名芝字子長史記亦字子長妻七細反下同縲力追反絏息列反本今作紲攣力專反拘音俱

子謂南容邦有道不廢邦無道免於刑戮以其兄之子妻之　王曰南容弟子南宮縚魯人也字子容不廢言見用　【疏】子謂南容至妻之　正義曰此章孔子評論弟子南容之賢行也邦有道不廢邦無道免於刑戮者此南容之德也若遇邦國有道則常得見用在官不被廢棄若遇邦國無道則危行言遜以脫免於刑罰戮辱也以其兄之子妻之者言德行如此故以其兄之女與之為妻也　注

王曰至見用　正義曰云南容弟子南宮縚魯人也字子容者此
家語弟子篇文也案史記弟子傳云南宮括字子容鄭注檀弓云
南宮縚孟僖子之子南宮閱以昭七年左氏傳云孟僖子將卒召
其大夫云屬說與何忌於夫子以事仲尼以南宮爲氏故世本云
仲孫貜生南宮縚是也然則名縚名括
又名閱字子容氏南宮本孟氏之後也　釋　縚音叨本又作韜
同吐刀反南宮閱一
名縚孟僖子之子　子謂子賤　孔曰子賤魯人弟子宓不齊　君子哉若人
魯無君子者斯焉取斯　包曰若人者若此人也如魯無君子子賤安得此行
而學行之　疏　子謂子賤至取斯　正義曰此章論子賤之德也君子
哉若人魯無君子者斯焉取斯者此評論之辭也因美魯
多君子故曰有君子之德哉若此人也魯國若更無君子者斯子
賤安得取斯君子之德行而學行之乎明魯多君子故子賤得學
爲君子也　注孔曰至不齊　正義曰案家語弟子篇云宓不齊
魯人字子賤少孔子四十九歲爲單父宰有才知仁愛百姓

歟之故孔子大之也 釋 焉於虔反此行下孟反 子貢問曰賜也何如子曰女器也孔曰言女器用之人曰何器也曰瑚璉也包曰瑚璉黍稷之器夏曰瑚殷曰璉周曰簠簋宗廟之器貴者 疏 子貢至瑚璉也 正義曰此章明弟子子貢之德也子貢曰賜也何如者子貢見夫子歷說諸弟子不及於已故問之曰賜也已自不知其行何如也子曰女器也者夫子荅之言女器用之人也曰何器也者子貢雖得夫子言已爲器用之人但器有善惡猶未知已器云何故復問之也曰瑚璉也者此夫子又爲指其定分瑚璉黍稷之器宗廟之器者也言女是貴器也 注包曰至貴者 正義曰云瑚璉黍稷之器夏曰瑚殷曰璉周曰簠簋者案明堂位說四代之器云有虞氏之兩敦夏后氏之四璉殷之六瑚周之八簋注云皆黍稷器制之異同未聞鄭注周禮舍人云方曰簠圓曰簋如記文則夏器名璉殷器名瑚而包咸鄭玄等注此論語賈服杜等注左傳皆云夏曰瑚或別有所據或相從而誤也 或曰雍也

仁而不佞焉曰雍弟子仲弓名姓冉子曰焉用佞禦人以口給屢憎於人不知其仁焉用佞孔曰屢數也佞人口辭捷給數爲人所憎惡

疏或曰至用佞　正義曰此章明仁不須佞也或曰雍也仁而不佞者佞口才也或有一人言於夫子曰弟子冉雍雖身有仁德而口無才辯或人嫌其德未備也子曰焉用佞者夫子語或人言仁人安用其佞也禦人以口給屢憎於人者夫子更爲或人說佞人之短屢數也言佞人禦當於人以口才捷給屢憎惡於人謂數爲人所憎惡也不知其仁焉用佞者言佞人旣數爲人所憎惡則不知其有仁德之人復安用其佞邪　注馬曰雍弟子仲弓名姓冉　正義曰案史記弟子傳冉雍字仲弓鄭玄曰魯人也　注孔曰至憎惡　正義曰屢數也者釋言云屢亟也郭璞云亟亦數也云佞人口辭捷給數爲人所憎惡者案左傳云寡人不佞服虔云佞才也不才者自嫌之辭也而此云焉用安禦人以口給屢憎於人則佞非善事而以不佞爲謙者佞是口才

捷利之名本非善惡之稱但爲佞有善有惡耳爲善捷敏是善佞祝鮀是也爲惡捷敏是惡佞即遠佞人是也但君子欲訥於言而敏於行言之雖多情或不信故云焉用佞耳（釋）焉於虔反下同樂魚呂反數色角反下同

子使漆雕開仕對曰吾斯之未能信孔曰開弟子漆雕姓開名仕進之道未能信者未能究習子說鄭曰善其志道深（疏）子使至子說　正義曰此章明弟子漆雕開之仕子使漆雕開仕者弟子姓漆雕名開孔子使之仕進也對曰吾斯之未能信者開意志於學道不欲仕進故對曰吾於斯仕進之道未能信言未能究習也子說者孔子見其不汲汲於榮祿知其志道深故喜說也　注孔曰至究習　正義曰案史記弟子傳漆雕開字子開鄭玄云魯人也（釋）說音悅

子曰道不行乘桴浮于海從我者其由與馬曰桴編竹木大者曰栰小者曰桴（釋）桴芳符反與音餘編必縣反又蒲典反栰音伐子

路聞之喜孔曰喜與已俱行子曰由也好勇過我無所取材鄭曰子路信夫子欲行故言好勇過我無所取材者無所取於桴材以子路不解微言故戲之耳一曰子路聞孔子欲浮海便喜不復顧望故孔子歎其勇曰過我無所取哉言唯取於已古字材哉同疏子曰至取材正義曰此章仲尼患中國不能行已之道也道不行乘桴浮于海者桴竹木所編小栰也言我之善道中國既不能行即欲乘其桴栰浮渡于海而居九夷庶幾能行已道也從我者其由與者由子路多以子路果敢有勇故孔子欲令從已意未定故云與以疑之子路聞之喜者喜夫子欲與已俱行也子曰由也好勇過我無所取材者孔子以子路不解微言故以此戲之耳其說有二鄭以爲材桴材也子路信夫子欲行故言好勇過我無所取材者無所取於桴材也示子路令知已但歎世無道耳非實即欲浮海也一曰材讀曰哉子路聞孔子欲浮海便喜不復顧望孔子之微意故孔子歎其勇曰過我無所取哉者言唯取於已無所取於他人哉注馬曰

至曰桴　正義曰云桴編竹木大者曰栰小者曰桴者爾雅曰舫泭也郭璞云水中簰筏孫炎云舫水中為泭筏也方言云泭謂之
簰簰謂之筏筏秦晉之通語也方舫泭浮音義同也　釋　好呼報反下同過我絕句一讀過字絕句材才哉二音解音蟹復扶
又反下同孟武伯問子路仁乎子曰不知也孔曰仁道至大
不可全名又問子曰由也千乘之國可使治其賦
也孔曰賦兵賦　釋　乘繩證反下注同賦鄭云軍賦梁武云魯論作傳　不知其仁也
求也何如子曰求也千室之邑百乘之家
可使為之宰也孔曰千室之邑卿大夫之邑卿大夫稱家諸侯千乘大夫百乘宰家臣　不
知其仁也赤也何如子曰赤也束帶立於

朝可使與賓客言也馬曰赤弟子公西華有容儀可使爲行人【釋】朝直遥反

不知其仁也【疏】孟武至仁也　正義曰此章明仁之難也孟武伯問子路仁乎子曰不知也者魯大夫孟武伯問於夫子曰弟子子路有仁德否乎夫子以爲仁道至大不可全名故荅曰不知也又問者武伯意其子路有仁故夫子雖荅以不知又復問之也子曰由也千乘之國可使治其賦也不知其仁也者此夫子更爲武伯説子路之能言由也有勇千乘之大國可使治其兵賦也不知其仁也言仁道則不全也求也何如者此句又武伯問辭言弟子冉求仁道何如子曰求也千室之邑百乘之家可使爲之宰也不知其仁也者此孔子又荅武伯以冉求之能也言求也若卿大夫千室之邑百乘卿大夫之家可使爲之邑宰也仁則不知也赤也何如者此句又武伯問辭言弟子公西赤仁道何如子曰赤也束帶立於朝可使與賓客言也不知其仁也者此孔子又荅以公西赤之才也言赤也有容儀可使爲行人之官盛服束帶立於朝廷可使與鄰國之大賓小客言語

應對也仁則不知　注孔曰賦兵賦　正義曰案僖四年左傳云敝邑以賦與陳蔡從服虔云賦兵也以田賦出兵故謂之兵賦正謂以兵從也其賦法依周禮九夫爲井四井爲邑四邑爲丘丘十六井出戎馬一匹牛三頭四丘爲甸甸六十四井出長轂一乘戎馬四匹牛十二頭甲士三人步卒七十二人是也　注孔曰至家臣　正義曰云千室之邑卿大夫之邑者大學云百乘之家不畜聚斂之臣鄭注云百乘之家有采地者也又鄭注此云采地一同之廣輪也然則此云千室之邑百乘之家者謂卿大夫采邑地有一同民有千家者也左傳曰唯卿備百邑司馬法成方十里出革車一乘故知百乘之家地一同也　注馬曰至行人　正義曰云赤弟子公西華者案史記弟子傳云公西赤字子華鄭玄云魯人少孔子四十二歲云有容儀可使爲行人者案周禮有大行人小行人之職掌賓客之禮儀及朝覲聘問之事言公西華任此官也

子謂子貢曰女與回也孰愈孔曰愈猶勝也對曰賜也何敢望回回也聞

一以知十賜也聞一以知二子曰弗如也
吾與女弗如也包曰既然子貢不如復云吾與女俱不如者蓋欲以慰子貢（疏）子謂至如
也正義曰此章美顏回之德子謂子貢曰女與回也孰愈者愈
猶勝也孔子乘閒問弟子子貢曰女之才能與顏回誰勝對曰賜
也何敢望回者望謂比視子貢稱名言賜也才劣何敢比視顏回
也回也聞一以知十賜也聞一以知二者子貢更言不敢望回之
事假設數名以明優劣一者數之始十者數之終顏回亞聖故聞
始知終子貢識淺故聞一纔知二以明已與回十分及二是其懸
殊也子曰弗如也吾與女弗如也者夫子見子貢之荅識有懸殊
故云不如也弗者不之深也既然荅子貢不如又恐子貢慚愧故
復云吾與女俱不如欲以
安慰子貢之心使無慚也（釋）聞如字或作問字非女音汝本作爾宰予晝
寢包曰宰予弟子宰我（釋）子羊汝反或音餘晝竹救反寢七荏反子曰朽木不可

彫也包曰朽腐也彫彫琢刻畫釋朽香久反彫丁條反腐房甫反琢陟角反畫乎卦反糞土之牆不可朽也王曰朽鏝也此二者喻雖施功猶不成也釋糞弗問反本或作糞同朽音烏本或作朽鏝或作槾末旦反又末丹反塗工之器於予與何誅孔曰誅責也今我當何責於女乎深責之釋於予宰我之名與音餘語辭也下同子曰始吾於人也聽其言而信其行今吾於人也聽其言而觀其行於予與改是孔曰改是聽言信行更察言觀行發於宰我之晝寢疏宰我至改是正義曰此章勉人學也宰予晝寢者弟子宰我晝日寢寐也子曰朽木不可彫也糞土之牆不可朽也者此孔子責宰我之辭也朽腐也彫彫琢刻畫也朽鏝也言腐爛之木不可彫琢刻畫以成器物糞土之牆易為圬壞不可朽鏝塗塓以成華美此二者以喻人之學道當

輕尺璧而重寸陰今乃廢惰晝寢雖欲施功勸之亦終無成也於予與何誅者誅責也與語辭言於宰予何足責乎謂不足可責乃是責之深也然宰我處四科而孔子深責者託之以設教耳宰我非實惰學之人也子曰始吾於人也聽其言而信其行今吾於人也聽其言而觀其行於予與改是者與亦語辭以宰予嘗謂夫子言已勤學今乃晝寢是言與行違故孔子感之曰始前吾於人也聽其所言即信其行以爲人皆言行相副今後吾於人也雖聽其言更觀其行待其相副然後信之因發於宰予晝寢言行相違改是聽言信行更察言觀行也　注包曰宰予弟子宰我　正義曰案史記弟子傳云宰予字子我鄭玄曰魯人也　注王曰杇鏝也

正義曰釋宮云鏝謂之杇郭璞云泥鏝也李巡曰鏝一名杇塗工之作具也然則杇是塗之所用因謂泥牆爲杇　(釋)行下孟反

子曰吾未見剛者或對曰申棖包曰申棖魯人

(釋)棖直庚反鄭云蓋孔子弟子申續史記云申棠字周家語云申續字周也

子曰棖也慾焉

得剛孔曰慾多情慾 疏 子曰至得剛 正義曰此章明剛子曰吾未見剛者剛謂質直而理者也夫子以時皆柔佞故云吾未見剛者或對曰申棖者或人聞孔子之言乃對曰申棖性剛子曰棖也慾焉得剛者夫子謂或人言剛者質直寡慾今棖也多情慾情慾既多或私佞媚安得剛乎 注包曰申棖魯人 正義曰鄭云蓋孔子弟子申續史記云申棠字周家語云申續字周 釋 慾音欲或作辛住反焉於虔反 子貢曰我不欲人之加諸我也吾亦欲無加諸人馬曰加陵也 子曰賜也非爾所及也孔曰言不能止人使不加非義於己 疏 子貢至及也 正義曰此章明子貢之志子貢曰我不欲人之加諸我也吾亦欲無加諸人者加陵也諸於也子貢言我不欲他人以非義加陵於己吾亦欲無以非義加陵於人也子曰賜也非爾所及也者爾汝也夫子言使人不加非義於己亦為難事故曰賜也此事非女所能及言不能止人使不加非義於己

也

子貢曰夫子之文章可得而聞也（章明也文彩形質著見可以耳目循【釋】著知慮反見賢遍反循音巡）夫子之言性與天道不可得而聞也（性者人之所受以生也天道者元亨日新之道深微故不可得而聞也）

【疏】子貢曰至夫子之言性與天道不可得而聞也　正義曰此章言夫子之道深微難知也子貢曰夫子之文章可得而聞也者章明也子貢言夫子之述作威儀禮法有文彩形質著明可以耳聽目視依循學書故可得而聞也夫子之言性與天道不可得而聞也者天之所命人所受以生是性也自然化育元亨日新是天道也與及也子貢言若夫子言天命之性及元亨日新之道其理深微故不可得而聞也　注性者至聞也　正義曰云性者人之所受以生也者中庸云天命之謂性注云天命謂天所命生人者也是謂性命木神則仁金神則義火神則禮水神則知土神則信孝經說曰性者生之質命之所稟受度也言人感自然而生

有賢愚吉凶或仁或義若天之付命遣使之然其實自然天性故云性者人之所受以生也一云天道者元亨日新之道者案易乾卦云乾元亨利貞文言曰元者善之長也亨者嘉之會也利者義之和也貞者事之幹也謂天之體性生養萬物善之大者莫善施生元爲施生之宗故言元者善之長也嘉美也言天能通暢萬物使物嘉美而會聚故曰嘉之會也利者義之和者言天能利益庶物使物各得其宜而和同也貞者事之幹者言天能以中正之氣成就萬物使物皆得幹濟此明天之德也天本無心豈造元亨利貞之名也但聖人以人事託之謂此自然之功爲天之四德也此但言元亨者略言之也天之爲道生生相續新新不停故曰日新也以其自然而然故謂之道云深微故不可得而聞也者言人稟自然之性及天之自然之道皆不知所以然而然是其理深微故不可得而聞也（釋）亨音許庚反天道鄭云七政變通之占

子路有聞未之能行唯恐有聞 孔曰前所聞未及行故恐後有聞不得並行

（疏）子路有聞未之能行唯恐有聞

正義曰此章言子路之志也子路於夫子之道前有所聞未及能行唯恐後有聞不得並行也

子貢問曰孔文子何以謂之文也孔曰孔文子衛大夫孔圉文謚也〔釋〕圉魚呂反

子曰敏而好學不耻下問是以謂之文也孔曰敏者識之疾也下問謂凡在已下者〔疏〕子貢至文也　正義曰此章言文爲美謚也子貢問曰孔文子何以謂之文也者言文是謚之美者故問衛大夫孔圉有何善行而得謂之文也子曰敏而好學不恥下問是以謂之文也者此夫子爲子貢說文子之美行也敏者疾也下問問凡在已下者言文子知識敏疾而又好學有所未辨不羞恥於問已下之人有此美行是以謚謂之文也　注孔文至謚也　正義曰云孔文子衛大夫孔圉者左傳文也云文謚也者案謚法云勤學好問曰文〔釋〕好呼報反

子謂子產有君子之道四焉孔曰子產鄭大夫公孫僑〔釋〕僑其

驕反其行已也恭其事上也敬其養民也惠其使民也義 疏 子謂至也義 正義曰此章美子產之德子謂子產有君子之道四焉者孔子評論鄭大夫子產事上使下有君子之道四焉下文是也其行已也恭者一也言已之所行常能恭順不違忤於物也其事上也敬者二也言承事在已上之人及君親則忠心復加謹敬也其養民也惠者三也言愛養於民振乏賙無以恩惠也其使民也義者四也義宜也言役使下民皆於禮法得宜不妨農也 注孔曰至孫僑 正義曰案左傳子產穆公之孫公子發之子名僑公子之子稱公孫襄三十年執鄭國之政故云鄭大夫公孫僑也公子發公子國公孫之子以王父字爲氏據後而言故或謂之國僑

子曰晏平仲善與人交久而敬之周曰齊大夫晏姓平謚名嬰 疏 子曰晏平仲善與人交久而敬之 正義曰此章言齊大夫晏平仲之德凡人輕交易絕平仲則久而愈敬所以爲

善　注周曰至名嬰　正義曰云齊大夫晏姓平謚名嬰者案左傳文知之是晏桓子之子也謚法治而清省曰平 子曰

臧文仲居蔡 包曰臧文仲魯大夫臧孫辰文謚也蔡國君之守龜出蔡地因以爲名焉長尺有二寸居蔡僭也 〔釋〕臧子郎反守手又反僭子念反 山節藻梲 包曰節者栭也刻鏤爲山梲者梁上楹畫爲藻文言其奢侈 〔釋〕藻音早水草有文者也梲本又作棳章悅反梁上短柱也栭音而楹音盈侈昌氏反又式氏反

何如其知也 孔曰非時人謂之爲知 〔疏〕子曰至知也　正義曰此章明臧文仲不知也子曰
臧文仲居蔡者蔡國君之守龜名也而魯大夫臧文仲居守之言
其僭也山節者節栭也刻鏤爲山形故云山節也藻梲者藻水草
有文者也梲梁上短柱也畫爲藻文故云藻梲此言其奢侈也何
如其知也者言僭侈若此是不知也所以非時人謂之爲知　注
包曰至僭也　正義曰臧文仲魯大夫臧孫辰者案世本孝公生
僖伯彄彄生哀伯達達生伯氏缾缾生文仲辰則辰是公子彄曾孫

也彊字子臧公孫之子以王父字爲氏故氏曰臧也云文謚也者謚法云道德博厚曰文云蔡國君之守龜出蔡地因以爲名焉長尺有二寸居蔡僭也者漢書食貨志云元龜爲蔡家語稱漆雕平對孔子云臧氏有守龜其名曰蔡文仲三年而爲一兆武仲三年而爲二兆是大蔡爲大龜蔡是龜之名耳鄭玄包咸皆云出蔡地因以爲名未知孰是食貨志云龜不盈尺不得爲寶故知此龜長尺二寸此國君之守龜臧氏爲大夫而居之故曰僭也 注包曰至奢侈也 正義曰云節者栭也者釋宫文云刻鏤爲山梲者梁上楹畫爲藻文者釋宫云宲廇謂之梁其上楹謂之梲栭謂之楶郭璞曰梲侏儒柱也楶即櫨也此言山節者謂刻鏤柱頭爲斗栱形如山也藻梲者謂畫梁上短柱爲藻文也此是天子廟飾而文仲僭爲之故言其奢侈文二年左傳仲尼謂之作虚器言有其器而無其位故曰虚也 【釋】知音智下同

子張問曰令尹子文 孔曰令尹子文楚大夫姓鬬名穀字於菟 【釋】穀奴斗反本又作穀於音烏菟音塗 三仕爲令尹無喜

色三已之無慍色舊令尹之政必以告新令尹何如子曰忠矣曰仁矣乎曰未知焉得仁但聞其忠事未知其仁也〔釋〕慍紆問反知知如字鄭音智注及下同焉音於虔反崔子弒齊君陳文子有馬十乘棄而違之孔曰昔齊大夫崔杼作亂陳文子惡之捐其四十匹馬違而去之〔釋〕崔鄭注云魯讀崔為高今從古弒施志反本又作殺同乘繩證反杼直呂反惡烏路反捐悅全反至於他邦則曰猶吾大夫崔子也違之之一邦則又曰猶吾大夫崔子也違之何如子曰清矣曰仁矣乎曰未知焉得

仁孔曰文子辟惡逆去無道求有道當春秋時臣陵其君皆如崔子無有可止者

疏子張至得仁正義曰此章明仁之難成也子張問曰令尹子文三仕爲令尹無喜色三巳之無慍色舊令尹之政必以告新令尹何如者弟子子張問於孔子曰楚大夫令尹子文三被任用仕爲令尹之官而無喜見於顔色三被巳退無慍懟之色舊令尹之政令規矩必以告新令尹慮其未曉也子文有此美行子張疑可謂仁故問曰何如子曰忠矣者孔子荅之爲行如此是忠臣也曰仁矣乎者子張復問子文此德可謂仁矣乎曰未知焉得仁者孔子荅言如其所說但聞其忠事未知其仁也崔子弑齊君陳文子有馬十乘棄而違之至於他邦則曰猶吾大夫崔子也違之之一邦則又曰猶吾大夫崔子也何如者此子張又舉齊大夫陳文子之行而問孔子也崔子崔杼也爲齊大夫作亂弑其君光陳文子惡之故家雖富有馬十乘謂四十匹也而輒捐棄違去之至於他國亦遇其亂陳文子則曰猶吾齊大夫崔子也而違去之復往一他邦則又曰猶吾齊大夫崔子也而違去之爲行若此其人何如子曰清矣者孔子荅言文子辟惡

逆去無道求有道當春秋時臣陵其君皆如崔子無可止者可謂清絜矣曰仁矣乎者子張意其爲仁故復問之曰可以爲仁矣乎曰未知焉得仁者孔子荅言據其所聞但是清耳未知他行安得仁乎　注孔曰至於菟　正義曰案宣四年左傳云初若敖娶於䢵生鬬伯比若敖卒從其母畜於䢵淫於䢵子之女生子文焉䢵夫人使棄諸夢中虎乳之䢵子由見之懼而歸夫人以告遂使收之楚人謂乳穀謂虎於菟故命之曰鬬穀於菟實爲令尹子文是也令尹宰也周禮云卿大宰爲長遂以宰爲上卿之號楚臣令尹爲長從他國之言或亦謂之宰宣十二年左傳云蔿敖爲宰是也令善也尹正也言用善人正此官也楚官多以尹爲名皆取其正直者也　注孔曰至去之　正義曰云皆齊大夫者並見春秋故知之云崔杼作亂者在襄二十五年云四十匹馬者古以四馬共駕一車因謂四匹爲乘經言十乘故知四十匹也　【釋】辟音避本亦作避

季文子三思而後行子聞之曰再斯可矣　鄭曰季文子魯大夫季孫行父文謚也文子忠

而有賢行其舉事 疏 季文子三思而後行子聞之曰再斯可矣
寡過不必乃三思 正義曰此章美魯大夫季文子之德文
子忠而有賢行其舉事皆三思之然後乃行常寡過咎孔子聞之
曰不必乃三思但再思之斯亦可矣 注鄭曰至三思 正義曰
案春秋文六年經書秋季孫行父如晉左傳曰季文子將聘於晉
使求遭喪之禮以行其人曰將焉用之文子曰備豫不虞古之善
教也求而無之實難過求何害杜預云所謂文子三思 三息
故知文子魯大夫季孫行父也謚法云道德博厚曰文 釋 暫反
又如字父音甫 子曰甯武子 馬曰衛大夫 甯乃定反
賢行下孟反 甯俞武謚也 釋 俞羊朱反
邦有道則知邦無道則愚其知可及也其
愚不可及也 孔曰佯愚似實故曰不可及也 疏 子曰至及也正義曰此章美衛大夫甯武子之
德也邦有道則知邦無道則愚者此其德也若遇邦國有道則顯
其知謀若遇無道則韜藏其知而佯愚其知可及其愚不可及也

者言有道則知人或可及佯愚似實不可及也　注馬曰衛大夫甯俞武謚也　正義曰案春秋文四年衛侯使甯俞來聘左傳曰衛甯武子來聘公與之宴爲賦湛露及彤弓不辭又不荅賦使行人私焉對曰臣以爲肄業及之也杜元凱注云此其愚不可及也是甯武子即甯俞也謚法云剛彊直理曰武　釋知音智下同

子在陳曰歸與歸與吾黨之小子狂簡斐然成章不知所以裁之　孔曰簡大也孔子在陳思歸欲去故曰吾黨之小子狂者進取於大道妄作穿鑿以成文章不知所以裁制我當歸以裁之耳遂歸

疏子在至裁之　正義曰此章孔子在陳既久言其欲歸之意也與語辭再言歸與者思歸之深也狂者進取也簡大也斐然文章貌言我所以歸者以吾鄉黨之中未學之小子等進取大道妄作穿鑿斐然而成文章不知所以裁制故我當歸以裁之耳遂歸也不即歸而言此者恐人怪已故託此爲辭耳

釋與並音餘吾黨之小子狂簡絕句斐芳匪反穿音川

鑿在洛反此章孔注
與孟子同與鄭解異
子曰伯夷叔齊不念舊惡怨是用希
孔曰伯夷叔齊孤竹
君之二子孤竹國名
疏
子曰伯夷叔齊不念舊惡
怨是用希　正義曰此章
美伯夷叔齊二人之行不念舊時之惡而欲報復故希爲人所怨
恨也　注伯夷叔齊孤竹君之二子孤竹國名　正義曰案春秋
少陽篇伯夷姓墨名允字公信伯長也夷謚叔齊名智字公達伯
夷之弟齊亦謚也太史公曰伯夷叔齊孤竹君之二子也父欲立
叔齊及父卒叔齊讓伯夷伯夷曰父命也遂逃去叔齊亦不肯立
而逃之國人立其中子於是伯夷叔齊聞西伯昌善養老盍往歸
焉及至西伯卒武王載木主號爲文王東伐紂伯夷叔齊叩馬而
諫曰父死不葬爰及干戈可謂孝乎以臣弑君可謂仁乎左右欲
兵之太公曰此義人也扶而去之武王已平殷乱天下宗周而伯
夷叔齊恥之義不食周粟隱於首陽山采薇而食之及餓且死者
是也孤竹北方之遠國名地理志遼
令支有孤竹城應劭曰故伯夷國
釋
伯夷姓墨名允字公信
伯長也夷謚一本名元

達伯夷之弟齊名見春秋少陽篇子曰孰謂微生高直曰微生姓高魯人也或乞醯焉乞諸其鄰而與之孔曰乞之四鄰憑求者用意委曲非爲直人疏子曰至與之　正義曰此章明直者不應委曲也孰謂微生高直者孰誰也孔子曰誰言魯人微生高性行正直或乞醯焉乞諸其鄰而與之者此孔子言其不直之事醯醋也諸之也或有一人就微生高乞醯時自無之則可荅云無高乃乞之其四鄰應求者用意委曲非爲直人釋醯呼西反亦作醯子曰巧言令色足恭孔曰足恭便僻貌釋足將樹反又如字一本此章有子曰字恐非僻婢亦反左丘明恥之丘亦恥之孔曰左丘明魯太史釋大音泰匿怨而友其人孔曰心內相怨而外詐親釋匿女力反左丘明恥之丘亦

恥之（疏）子曰至恥之　正義曰此章言魯太史左丘明與聖同恥之事巧言令色足恭者孔以爲巧好言語令善顔色便僻其足以爲恭謂前却俯仰以足爲恭也一曰足將樹切足成也謂巧言令色以成其恭也媚於人也左丘明恥之丘亦恥之者左丘明魯太史受春秋經於仲尼者也恥此諸事不爲適合孔子之意故云丘亦恥之匿怨而友其人者友親也匿隱也言心內隱其相怨而外貌詐相親友也左丘明恥之丘亦恥之者亦俱恥而不爲也　注孔曰足恭便僻貌　正義曰此讀足如字便僻謂便習盤僻其足以爲恭也　注左丘明魯太史　正義曰漢書藝文志文也

顔淵季路侍子曰盍各言爾志子路曰願車馬衣輕裘與朋友共敝之而無憾孔曰憾恨也（釋）盍戶臘反　憾戶闇反　顔淵曰願無伐善孔曰不自稱己之善無施勞孔曰不以勞事置施於人子路

曰願聞子之志子曰老者安之朋友信之少者懷之孔曰懷歸也疏顏淵至懷之　正義曰此章仲尼顏淵季路各言其志也顏淵季路侍者二弟子侍孔子也卑在尊旁曰侍子曰盍各言爾志者爾女也盍何不也夫子謂二弟子曰何不各言女心中之所志也子路曰願車馬衣輕裘與朋友共敝之而無憾者憾恨也衣裘以輕者爲美言願以己之車馬衣裘與朋友共乘服而破敝之而無恨也此重義輕財之志也顏淵曰願無伐善無施勞者夸功曰伐言願不自稱伐己之善不置施勞役之事於人也此仁人之志也子路曰願聞子之志者二子各言其志畢子路復問夫子曰願聞子之志古者稱師曰子子曰老者安之朋友信之少者懷之者此夫子之志也懷歸也言己願老者安己事之以孝敬也朋友信己待之以不欺也少者歸己施之以恩惠也釋少詩照反子曰已矣乎吾未見能見其過而內自訟者也

包曰訟猶責也言人有過莫能自責

【疏】子曰至者也　正義曰此章疾時人有過莫能自責也訟猶責也已終也吾未見有人能自見其已過而內自責者也言將終不復見故云已矣乎

【釋】訟自用反

子曰十室之邑必有忠信如丘者焉不如丘之好學也

【疏】子曰十室之邑必有忠信如丘者焉不如丘之好學也　正義曰此章夫子言已勤學也十室之邑邑之小者也其邑雖小亦不誣之必有忠信如我者焉但不如我之好學不厭也衞瓘讀焉於虔切爲下句首焉猶安也言十室之邑雖小必有忠信如我者也安不如我之好學也言亦有如我之好學者也義並得通故具存焉

【釋】焉如字衞瓘於虔反爲下句首

雍也第六

【疏】正義曰此篇亦論賢人君子及仁知中庸之德大抵與前相類故以次之

子曰雍也可使南面包曰可使南面者言任諸矦治疏子曰雍也可使南面正義曰此章稱弟子冉雍之德行南面謂諸矦也言冉雍有德行堪任爲諸矦治理一國也釋任音壬又而鴆反治直吏反一本無治字一本作言任諸矦治國也仲弓問子桑伯子王曰伯子書傳無見焉釋桑子郎反鄭云秦大夫見賢遍反子曰可也簡孔曰以其能簡故曰可也仲弓曰居敬而行簡以臨其民不亦可乎孔曰居身敬肅臨下寬略則可釋行如字下同居簡而行簡無乃太簡乎包曰伯子之簡太簡釋大音泰子曰雍之言然疏仲弓至言然正義曰此章明行簡之法仲弓問子桑伯子者仲弓冉雍字也問子桑伯子其人德行何如子曰可也簡者孔子爲仲弓述子桑伯子之德行也簡

略也言其人可也以其行能寬略故也仲弓曰居敬而行簡以臨其民不亦可乎者此仲弓因辨簡之可否言若居身敬肅而行寬略以臨其下民不亦可乎言其可也居簡而行簡無乃太簡乎者言居身寬略而行又寬略乃太簡也則子桑伯子之簡是太簡也子曰雍之言然者然猶是也夫子許仲弓之言是故曰然　注王曰伯子書傳無見焉　正義曰書傳無見不知何人也子桑伯子當是一人故此注及下包氏皆唯言伯子而已鄭以左傳秦有公孫枝字子桑則以此爲秦大夫恐非

哀公問弟子孰爲好學孔子對曰有顏回者好學不遷怒不貳過不幸短命死矣今也則亡未聞好學者也　凡人任情喜怒違理顏回任道怒不過分遷者移也怒當其理不移易也不貳過者有不善未嘗復行　疏　哀公至者也　正義曰此章稱顏回之德哀公問弟子孰爲好學者魯君哀公問於孔子曰弟

子之中誰爲好樂於學者孔子對曰有顏回者好學不幸短命死矣今也則亡未聞好學者也者孔子對哀公曰有弟子顏回者其人好學遷移也凡人任情喜怒違理顏回任道怒不過分而當其理不移易不遷怒也人皆聞過憚改顏回有不善未嘗不知知之未嘗復行不貳過也凡事應失而得曰幸應得而失曰不幸惡人横夭則惟其常顏回以德行著名應得壽考而反二十九髮盡白三十二而卒故曰不幸短命死矣亡無也言今則無好學者矣未聞更有好學者也　注凡人至復行　正義曰云凡人任情喜怒違理者言凡常之人信任邪情恣其喜怒違於分理也云顏回任道怒不過分者言顏回好學既深信用至道故怒不過其分理也云有不善未嘗復行者周易下繫辭文彼云子曰顏氏之子其殆庶幾乎有不善未嘗不知知之未嘗復行也韓康伯注云在理則昧造形而悟顏子之分也失之於幾故有不善得之於二不遠而復故知之未嘗復行也引之以證不貳過也此稱其好學而言不遷怒貳過者以不遷怒貳過由於學問既篤任道而行故舉以言焉以明好學之深也一曰以哀公遷怒貳過而孔子因以諷諫

釋好呼報反今也則亡本或無亡字即連下句讀分符問反當丁浪反復扶又反 子華使於齊冉子爲其母請粟子曰與之釜馬曰子華弟子公西華赤之字六斗四升曰釜釋使所吏反爲于僞反釜音父 請益曰與之庾包曰十六斗曰庾釋庾俞甫反 冉子與之粟五秉馬曰十六斛曰秉五秉合爲八十斛釋秉音丙 子曰赤之適齊也乘肥馬衣輕裘吾聞之也君子周急不繼富鄭曰非冉有與之大多疏子華至繼富 正義曰此章論君子當振窮周急子華使於齊者弟子公西赤字子華時仕魯爲魯使適於齊也冉子爲其母請粟者冉子即冉有也爲其子華之母請粟於夫子言其子出使而家貧也子曰與之釜者夫子令與粟六斗四升也請益者冉有嫌其

粟少故更請益之曰與之庾者夫子令益與之十六斗也冉子與之粟五秉者冉有終以爲少故自與粟八十斛也子曰赤之適齊也乘肥馬衣輕裘吾聞之也君子周急不繼富者此孔子非冉有與之太多也赤子華名適往也言子華使往齊國乘駕肥馬衣著輕裘則是富也富則毋不關粟吾嘗聞之君子當周救人之窮急不繼接於富有今子華家富而多與之粟則是繼富故非之也　注馬曰至曰釜　正義曰史記弟子傳云公西赤字子華鄭玄曰魯人少孔子四十三歲云六斗四升曰釜者昭三年左傳晏子曰齊舊四量豆區釜鍾四升爲豆各自其四以登於釜杜注云四豆爲區區斗六升四區爲釜釜六斗四升是也　注包曰十六斗曰庾馬曰十六斛曰秉　正義曰案聘禮記云十斗曰斛十六斗曰籔十籔曰秉鄭注云秉十六斛今江淮之間量名有爲籔者今文籔爲逾是庾逾籔其數同故知然也　釋　大音泰或吐賀反

原思爲之宰包曰弟子原憲思字也孔子爲魯司寇以原憲爲家邑宰與之粟九百辭孔曰九百九百斗辭辭讓不受子曰

毋孔曰禄法所得當受無讓釋以與爾鄰里鄉黨乎鄭曰五家爲鄰五鄰爲里萬二千五百家爲鄉五百家爲黨

疏原思至黨乎　正義曰此章明受禄之法原思弟子原憲也孔子爲魯司寇以原憲爲家邑宰也與之粟九百辭者孔子與之粟九百斗原思辭讓不受也子曰毋者毋禁辭也孔子禁止其讓言禄法所當受無讓也以與爾鄰里鄉黨乎者言於已有餘可分與爾鄰里鄉黨之人亦不可辭也　注包曰至邑宰　正義曰史記弟子傳曰原憲字子思鄭玄曰魯人云孔子爲司寇以原憲爲家邑宰者世家云孔子由中都宰爲司空由司空爲司寇魯司寇大夫也必有采邑大夫稱家故以原憲爲家采邑之宰也　注鄭曰至爲黨　正義曰云五家爲鄰五鄰爲里者地官遂人職文案大司徒職云五家爲比五比爲閭四閭爲族五族爲黨五黨爲州五州爲鄉故知萬二千五百家爲鄉五百家爲黨也

子謂仲弓曰犂牛之子騂且角雖欲勿用山川

其舍諸犂雜文騂赤也角者角周正中犧牲雖欲以其所生犂而不用山川寧肯舍之乎言父雖不善不害於子之美

疏子謂至舍諸　正義曰此章復評冉雍之德也子謂仲弓曰犂牛之子騂且角雖欲勿用山川其舍諸者雜文曰犂騂純赤色也角者角周正也舍棄也諸之也仲弓父賤人而行不善故孔子稱謂仲弓曰譬若雜文之犂牛生純赤且角周正之子中祭祀之犧牲雖欲以其所生犂而不用山川寧肯舍棄之乎言仲弓父雖不善不害於子之美也矣

釋犂利之反又力之反色如貍也又力兮反耕犂之牛騂息營反舍音捨棄也一音赦置也中音丁仲反犧音許宜反

子曰回也其心三月不違仁其餘則日月至焉而已矣餘人蹔有至仁時唯回移時而不變

疏子曰回也其心三月不違仁其餘則日月至焉而已矣　正義曰此章稱顏回之仁三月爲一時天氣一變人心行善亦多隨時移變唯回也其心雖經一時復一時而不變移違仁道也其餘則蹔有至

仁時或一日或一月而已矣

季康子問仲由可使從政也與曰由也果包曰果謂果敢決斷（釋）與音餘下同斷丁亂反於從政乎何有曰賜也可使從政也與曰賜也達孔曰達謂通於物理於從政乎何有曰求也可使從政也與曰求也藝孔曰藝謂多才藝於從政乎何有

（疏）季康至何有

正義曰此章明子路子貢冉有之才也季康子問仲由可使從政也與者康子魯卿季孫肥也問於孔子曰仲由之才可使從一官而爲政治也與子曰由也果於從政乎何有者果謂果敢決斷何有言不難也孔子言仲由之才果敢決斷其於從政何有難乎言仲由可使從政也曰賜也可使從政也與者季康子又問子貢也曰賜也達於從政乎何有者達謂通於物理孔子答言子貢

之才通達物理亦言可從政也曰求也可使從政也與者康子又問冉有也曰求也藝於從政乎何有者藝謂多才藝孔子荅言冉求多才藝亦可從政也

季氏使閔子騫爲費宰　孔曰費季氏邑季氏不臣而其邑宰數畔聞子騫賢故欲用之　【釋】騫起虔反費音秘

閔子騫曰善爲我辭焉　孔曰不欲爲季氏宰語使者善爲我作辭說令不復召我也　【釋】善爲于僞反注同語魚據反使所吏反令力呈反復扶又反

如有復我者　孔曰復我者重來召我　【釋】重直用反

則吾必在汶上矣　孔曰去之汶水上欲北如齊

【疏】季氏至上矣　正義曰此章明閔損之賢也季氏使閔子騫爲費宰者費季氏邑季氏不臣而其邑宰數畔聞子騫賢故欲使之也閔子騫曰善爲我辭焉者子騫不欲爲季氏宰故語使者曰善爲我作辭說令不復召我也如有復我者則吾必在汶上矣者復重也言如有重來召我者則吾必去之在汶水上欲北

如齊也　注孔曰至用之　正義曰云費季氏邑者左傳文也云
季氏不臣而其邑宰數畔者借禮樂逐昭公是不臣也昭十三年
南蒯以費畔又公山弗擾以費畔是數畔也　注去之汶水上欲
北如齊　正義曰地理志云汶水出泰山萊蕪西南入濟在齊南
魯北故曰欲 釋 則吾必在一本無吾字鄭 伯牛有疾 馬
北如齊也 本無則吾二字汶音問 曰
伯牛弟子冉耕 子問之自牖執其手 包曰牛有惡疾不欲見
人故孔子從牖執其手
釋 牖由久反 曰亡之 孔曰亡喪也疾甚故持其手曰喪之 釋 喪息浪反又如字下同 命
矣夫斯人也而有斯疾也斯人也而有斯
疾也 包曰再言之者痛惜之甚 疏 伯牛至疾也　正義曰此章孔子痛惜
弟子冉耕有德行而遇惡疾也伯牛冉
耕字也有疾有惡疾也子問之自牖執其手者自從也伯牛惡疾
不欲見人故孔子問之從牖執其手也曰亡之者亡喪也疾甚故

執其手曰喪之命矣夫斯人也而有斯疾也斯人也而有斯疾也

者行善遇凶非人所召故歸之於命言天命矣夫斯此也此善人

也而有此惡疾也是孔子痛惜之也再言之者痛惜之甚　注馬

曰伯牛弟子冉耕　正義曰史記弟子傳曰冉耕字伯牛鄭玄曰

魯人　注包曰伯牛有惡疾　正義曰 釋 夫音符

惡疾疾之惡者也淮南子云伯牛癩　子曰賢哉

回也一簞食一瓢飲　孔曰簞笥也 釋 簞音丹食音嗣下同瓢婢遥反瓠也

笥息嗣反　在陋巷人不堪其憂回也不改其樂賢

哉回也　孔子顏淵樂道雖簞食在陋巷不改其所樂 疏 子曰至回也　正義曰此章歎美顏回之賢故

曰賢哉回也云一簞食一瓢飲者簞竹器食飯也瓢瓠也言回家

貧唯有一簞飯一瓠瓢飲也在陋巷人不堪其憂回也不改其樂

者言回居處又在隘陋之巷他人見之不任其憂唯回也不改其

樂道之志不以貧爲憂苦也歎美之甚故又曰賢哉回也　注孔

曰簞笥也　正義曰案鄭注曲禮云圓曰簞方曰笥然則簞與笥方圓異而此云簞笥者以其俱用竹爲之舉類以曉人也

【釋】巷戶降反樂音洛注同

冉求曰非不說子之道力不足也子曰力不足者中道而廢今女畫

孔曰畫止也力不足者當中道而廢今女自止耳非力極也

【疏】冉求曰至女畫　正義曰此章勉人學也冉求曰非不說子之道力不足也者弟子冉求言已非不說樂子之道而勤學之但以力不足故也子曰力不足者中道而廢今女畫者畫止也此孔子責冉求之不說學也言力不足者當中道而廢今女自止耳非力極也

【釋】說音悅中如字一音丁仲反女音汝畫音獲止也

子謂子夏曰女爲君子儒無爲小人儒

孔曰君子爲儒將以明道小人爲儒則矜其名

【疏】子謂子夏曰女爲君子儒無爲小人儒　正義曰此章戒子夏爲君子也

言人博學先王之道以潤其身者皆謂之儒但君子則將以明道小人則矜其才名言女當明道無得矜名也子游爲武城宰包曰武城魯下邑子曰女得人焉耳乎孔曰焉耳乎皆辭釋女音汝曰有澹臺滅明者行不由徑非公事未嘗至於偃之室也包曰澹臺姓滅明名字子羽言其公且方疏子游至室也　正義曰此章明子羽公方也子游爲武城宰者武城魯下邑子游時爲之宰也子曰女得人焉耳乎者孔子問子游言女在武城得其有德之人乎焉耳乎皆語助辭曰有澹臺滅明者此子游對孔子言已所得之人也姓澹臺名滅明行不由徑非公事未嘗至於偃之室也者此言其人之德也行遵大道不由小徑是方也若非公事未嘗至於偃之室是公也既公且方故以爲得人注包曰至且方　正義曰史記弟子傳云澹臺滅明武城人字子羽少孔子三十九歲狀貌甚惡欲事孔子孔子以爲材薄既已受

業退而修行名施乎諸侯孔子聞之曰吾以貌取人失之子羽是亦弟子也此注不言弟子者從可知也云言其公且方者公無私也方正直也

子曰孟之反不伐孔曰魯大夫孟之側與齊戰軍大敗不伐者不自伐其功奔而殿將入門策其馬曰非敢後也馬不進也馬曰殿在軍後前曰啓後曰殿孟之反賢而有勇軍大奔獨在後為殿人迎功之不欲獨有其名曰我非敢在後拒敵馬不能前進

疏子曰至進也 正義曰此章言功以不伐為善也孟之反不伐者誇功曰伐孟之反魯大夫孟之側也有軍功而不誇伐也奔而殿將入門策其馬曰非敢後也馬不進也者此其不伐之事也在軍後曰殿策捶也魯與齊戰魯師敗而奔孟之反賢而有勇獨在後為殿人迎之不欲獨有其名故將入國門乃捶其馬欲先奔者入城也且云我非敢在後為殿以拒敵馬不能前進故也 注孔曰魯大夫孟之側 正義曰杜預曰之側孟氏族字反也 注馬曰至前進 正義曰云殿在軍後前

曰啓後曰殿者案司馬法謀帥篇曰大前驅啓乘車大殿倅車是
焉大殿即大殿也音相似襄二十三年左傳曰齊侯伐衛大殿商
子游御夏之御寇詩曰元戎十乘以先啓行是殿在軍後前曰啓
也案哀十一年左傳說此事云齊師伐我及清孟孺子洩帥右師
冉求帥左師師及齊師戰于郊右師奔齊人從之孟之側後入以
爲殿抽矢策其馬曰馬不進也文不同者各據所聞而記之也

子曰不有祝鮀之佞而有宋朝之美難乎免於今之世矣　孔曰佞口才也祝鮀衛大夫子魚也時世貴之宋朝宋之美人而善淫言當如祝鮀之佞而反如宋朝之美難乎免於今之世害也

疏　子曰不有祝鮀之佞而有宋朝之美難乎免於今之世矣　正義曰此章言世尚口才也佞口才也祝鮀衛大夫子魚也有口才明世貴之宋朝宋之美人善淫時世疾之言人當如祝鮀之有口才則見貴重若無祝鮀之佞而反有宋朝之美難乎免於今之世害也

注孔曰至害也　正義曰云祝鮀衛大夫子魚也時世貴之者

春秋定四年會于召陵盟于皐鼬左傳曰將會衛子行敬子言於靈公曰會同難嘖有煩言莫之治也其使祝鮀從公曰善乃使子魚是祝鮀即子魚也傳又曰及皐鼬將盟將長蔡於衛衛侯使祝鮀私於萇弘文多不載萇弘說告劉子與范獻子謀之乃長衛侯於盟是時世貴之也云宋朝宋之美人而善淫者案定十四年左傳曰衛侯爲夫人南子召宋朝杜注云南子宋女也朝宋公子舊通子南子在宋呼之是朝爲宋之美人而善淫也 釋 鮀徒多反朝張遥反及如一本及字作反義亦通

子曰誰能出不由戸何莫由斯道也 孔曰言人立身成功當由道譬猶出入要當從戸 疏 子曰誰能出不由戸何莫由斯道也 正義曰此章言道爲立身之要也故曰誰人能出入不由門戸以譬何人立身不由於此道也言人立身成功當由道譬猶出入要當從戸

子曰質勝文則野 包曰野如野人言鄙略也 文勝質則史 包曰史者文多而質少 文質彬彬然

後君子包曰彬彬文質相半之貌疏子曰至君子正義曰此章明君子也質勝文則野者謂人若質多
勝於文則如野人言鄙略也文勝質則史者言文多勝於質則如
史官也文質彬彬然後君子者彬彬文質相半之貌言文華質朴
相半彬彬然然後可爲君子也釋彬彬彼貧反說文作份文質備子曰人之生也直
馬曰言人所生於世而自終者以其正直也罔之生也幸而免包曰誣罔正直之道而亦
生者是幸而免疏子曰人之生也直罔之生也幸而免正義曰此章明人以正直爲德言人之所以生於世而自壽終不
横夭者以其正直故也罔誣罔也言人有誣罔正直之道而亦生者是幸而獲免也子曰知之者不
如好之者好之者不如樂之者包曰學問知之者不如好之者
篤好之者不如樂之者深疏子曰至之者正義曰此章言人之學道用心深淺之異也言學問知之者不如好之者篤厚

也好之者又不如
悅樂之者深也 釋 好呼報反下
注同樂音洛 子曰中人以上可
以語上也中人以下不可以語上也 子曰上
謂上知
之所知也兩舉中
人以其可上可下 疏 子曰至上也 正義曰此章言授學之法
當稱其才識也語謂告語上謂上知之所
知也人之才識凡有九等謂上上上中上下中上中中中下下上
下中下下也上上則聖人也下下則愚人也皆不可移也其上中
以下下中以上是可教之人也中人謂第五中中之人也以上謂
上中上下中上之人也以其才識優長故可以告語上知之所知
也中人以下謂中下下上下中之人也以其才識暗劣故不可以
告語上知之所知也此經云中人以上可以語上以下不可以語
上而繫文兩舉中人者以其中人可上可下故也言此中人若才
性稍優則可以語上才性稍劣則不可以語上是其可上可下也
釋 上時掌反注可上同語
魚據反下同上知音智 樊遲問知子曰務民之

義王曰務所以化道民之義（釋）知音智下章及注同道音導敬鬼神而遠之可謂知矣包曰敬鬼神而不黷（釋）遠于萬反黷徒木反本今作瀆問仁曰仁者先難而後獲可謂仁矣孔曰先勞苦乃後得功此所以爲仁（疏）樊遲至仁矣　正義曰此章明仁知之用也樊遲問知者弟子樊須問於孔子何爲可謂之知子曰務民之義敬鬼神而遠之可謂知矣者孔子荅其爲知也言當務所以化道民之義恭敬鬼神而疏遠之不褻黷能行如此可謂爲知矣問仁者樊遲又問何爲可謂之仁子曰仁者先難而後獲可謂仁矣者此荅其爲仁也獲猶得也言爲仁者先受勞苦之難而後乃得功此所以爲仁也

子曰知者樂水包曰知者樂運其才知以治世如水流而不知已（釋）樂音岳又五孝反注及下同仁者樂山仁者樂如山之安固自然不動而萬物生焉知者動包曰

日進故動仁者靜孔曰無欲故靜知者樂鄭曰知者自役得其志故樂仁者壽包曰性靜者多壽考疏子曰知者樂水仁者樂山知者動至仁者壽正義曰此章初明知仁之性次明知仁之用三明知仁之功也知者樂水者樂謂愛好言知者性好運其才知以治世如水流而不知已止也仁者樂山者言仁者之性好樂如山之安固自然不動而萬物生焉知者動者言知者常務進故動仁者靜者言仁者本無貪欲故靜知者樂者言知者役用才知成功得志故歡樂也仁者壽者言仁者少思寡欲性常安靜故多壽考也子曰齊一變至於魯魯一變至於道包曰言齊魯有大公周公之餘化大公大賢周公聖人今其政教雖衰若有明君興之齊可使如魯魯可使如大道行之時疏子曰至於道正義曰此章言齊魯有大公周公之餘化大公大賢周公聖人今其政教雖衰若有明君興之齊可一變使如於魯魯可一變使如於大道行之時也釋大音泰子

曰觚不觚馬曰觚禮器一升曰爵二升曰觚 釋 觚音孤 觚哉觚哉觚哉觚哉言非觚也以喻為政不得其道則不成 疏 子曰至觚哉　正義曰此章言為政須遵禮道也觚者禮器所以盛酒二升
曰觚言觚者用之當以禮若用之失禮則不成為觚也故孔子歎
之觚哉觚哉言非觚也以喻人君為政當以道若不得其道則不
成為政也　注馬曰觚禮器一升曰爵二升曰觚　正義曰案特
牲禮用二爵二觚四觶一角一散是觚為禮器也異義韓詩說一
升曰爵爵盡也足也二升曰觚觚寡也飲當寡少三升曰觶觶適
也飲當自適也四升曰角角觸也不能自適觸罪過也五升曰散
散訕也飲不自節為人謗訕總名曰爵其實曰觴觴者餉也觥亦
五升所以罰不敬觥廓也所以著明之貌君子有過廓然著明非所
以餉不得名觴此准
言爵觚者略得之也
宰我問曰仁者雖告之曰井
有仁焉其從之也孔曰宰我以仁者必濟人於患難故問有仁人墮井將自投下從而出之

不乎欲極觀仁者憂樂之所至 釋 難乃旦反 隋待果反 子曰何爲其然也君子可逝也不可陷也 包曰逝往也言君子可使往視之耳不肯自投從之 可欺也不可罔也 馬曰可欺者可使往也不可罔者不可得誣罔令自投下 疏 宰我至罔也 正義曰此章明仁者之心也宰我問曰仁者雖告之曰井有仁焉其從之也者宰我以仁者必濟人於患難故問曰仁者之人設有來告曰井中有仁人焉言仁人墮井也此承告之仁人將自投下從而出之不乎意欲極觀仁者憂人樂生之所至也子曰何爲其然也君子可逝也不可陷也者此孔子怪拒之辭逝往也然如是也言何爲能使仁者如是自投井乎夫仁人君子但可使往視之耳不可陷入於井言不肯自投從之也可欺也不可罔也者言雖可欺之使往視不可得誣罔令自投下也 釋 令力呈反 子曰君子博學於文約之以禮亦可以弗畔矣

夫鄭曰弗畔不違道【疏】子曰至矣夫　正義曰畔違也此章言君子若博學於先王之遺文復用禮以自檢約則不違道也【釋】君子博學於文一本無君子字兩字夫音符

子見南子子路不說夫子矢之曰予所否者天厭之天厭之孔曰舊以南子者衛靈公夫人淫亂而靈公惑之孔子見之者欲因以說靈公使行治道矢誓也子路不說故夫子誓之行道既非婦人之事而弟子不說與之呪誓義可疑焉【疏】子見至厭之　正義曰此章孔子屈巳求行治道也子見南子者南子衛靈公夫人淫亂而靈公惑之孔子至衛見此南子意欲因以說靈公使行治道故也子路不說者子路性剛直未達孔子之意以爲君子當義之與比而孔子乃見淫亂婦人故不說樂夫子矢之者矢誓也以子路不說故夫子告誓之曰予所否者天厭之天厭之者此誓辭也予我也否不也厭棄也言我見南子所不爲求行治道者願天厭棄我再言之者重其誓欲使信之也　注孔曰至疑焉

正義曰云子見南子者衛靈公夫人淫亂而靈公惑之孔子見之者欲因以說靈公使行治道矢誓也子路不說故夫子誓之者先儒舊有此解也云行道既非婦人之事而弟子不說與之呪誓義可疑焉者安國以爲先儒舊說不近人情故疑其義也史記世家孔子至衛靈公夫人有南子者使人謂孔子曰四方之君子不辱欲與寡君爲兄弟者必見寡小君寡小君願見孔子辭謝不得已而見之夫人在絺帷中孔子入門北面稽首夫人自帷中再拜環珮玉聲璆然孔子曰吾鄉爲弗見見之禮荅焉子路不說孔子矢之曰天厭之天厭之是子見南子之事也欒肇曰見南子者時不獲已猶文王之拘羑里也天厭之者言我之否屈乃天命所厭也蔡謨云矢陳也夫子爲子路陳天命也

釋　不說音悅矢蔡謨云矢陳也否鄭繆方有反不也王弼李充備鄙反厭於琰反塞也又於豔反等以爲南子者集解本皆爾或不達其義妄去等字非也今注云舊以南子者以說始鋭反治直吏反故夫子一本作孔子祝州又反本今作呪

子曰中庸之爲德也其至矣乎

民鮮久矣庸常也中和可常行之德世亂先王之道廢民鮮能行此道久矣非適今【疏】子曰至久矣　正義曰此章言亂人不能行中庸之德也中謂中和庸常也鮮罕也言中和可常行之德也其至極矣乎以世亂先王之道廢故民罕能行此道久多時矣非適而今也【釋】鮮仙善反

子貢曰如有博施於民而能濟衆何如可謂仁乎子曰何事於仁必也聖乎堯舜其猶病諸孔曰君能廣施恩惠濟民於患難堯舜至聖猶病其難【釋】施始豉反

夫仁者己欲立而立人己欲達而達人能近取譬可謂仁之方也已孔曰更爲子貢說仁者之行方道也但能近取譬於己皆恕己所欲而施之於人已矣【疏】子貢至也已　正義曰此章明仁道也子

貢曰如有博施於民而能濟衆何如可謂仁乎者子貢問夫子曰
設如人君能廣施恩惠於民而能振濟衆民於患難者此德行何
如可以謂之仁人之君乎子曰何事於仁必也聖乎堯舜其猶病
諸難此孔子荅子貢諸之也言君能博施濟衆何止事於仁謂不
啻於仁必也爲聖人乎然行此事甚難堯舜至聖猶病之以爲難
也夫仁者己欲立而立人己欲達而達人能近取譬可謂仁之方
也已者此孔子更爲子貢說仁者之行也方猶道也言夫仁者己
欲立身進達而先立達他人又能近取譬於己皆恕己所欲而施
之於人己所不欲勿
施於人可謂仁道也

論語註疏卷第三

論語注疏卷第四

述而第七

疏　正義曰此篇皆明孔子之志行也以前篇論賢人君子及仁者之德行成德有漸故以聖人次之

子曰述而不作信而好古竊比於我老彭

包曰老彭殷之賢大夫好述古事我若老彭但述之耳

疏　子曰述而不作信而好古竊比於我老彭　正義曰此章記仲尼著述之謙也作者之謂聖述者之謂明老彭殷賢大夫也老彭於時但述修先王之道而不自制作篤信而好古事孔子言今我亦亦故云比老彭猶不敢顯言故云竊　注包曰至之耳　正義曰云老彭殷賢大夫者老彭即莊子所謂彭祖也李云名鏗堯臣封於彭城歷虞夏至商年七百歲故以久壽見聞世本云姓籛名鏗在商為守藏史在周為柱下史年八百歲籛音翦[illegible]亦知夫子

記崔云堯臣仕殷世其人甫壽八百年王弼云老是老聃彭是彭祖老子者楚苦縣厲鄉曲仁里人也姓李氏名耳字伯陽謚曰聃周守藏室之史也云好述古事我若老彭但述之耳言老彭不自制作好述古事仲尼言我亦若老彭但述之耳〔釋〕好呼報反注同老彭包云案大戴禮云商老彭是也鄭云老老聃彭彭祖

子曰默而識之學而不厭誨人不倦何有於我哉鄭曰人無是行於我我獨有之〔疏〕子曰默而至我哉 正義曰此章仲尼言己不言而記識之學古而心不厭教誨於人不有倦息他人無是行於我我獨有之故曰何有於我哉〔釋〕默作嘿亡北反厭於豔反倦其卷反行下孟反

子曰德之不脩學之不講聞義不能從不善不能改是吾憂也孔曰夫子常以此四者爲憂〔疏〕子曰德之至憂也 正義曰此章言孔子憂在脩身也德在脩行學須講習聞

義事當徙意從之有不善當追悔改之夫子常以此四者爲憂憂已恐有不修不講不徙不改之事故去是吾憂也釋徙音思爾反

子之燕居申申如也夭夭如也馬曰申申夭夭和舒之貌疏子之至如也　正義曰此章言孔子燕居之時躰貌也申申夭夭和舒之貌如者如此之義也謂躰貌和舒如似由申夭夭也故玉藻云受一爵而色洒如也及鄉黨每云如也者皆謂容色如此釋燕於見反鄭本作宴夭於驕反

子曰甚矣吾衰也久矣吾不復夢見周公孔曰孔子衰老不復夢見周公明盛時夢見周公欲行其道疏子曰甚矣至周公　正義曰此章孔子歎其衰老言我盛時嘗夢見周公欲行其道今則久多時矣吾更不復夢見周公知是吾衰老甚也釋復扶又反下同本或無復字非

子曰志於道志慕也道不可體故志之而已據於德據杖也德有成形故可據釋杖直

亮反**依於仁**依倚也仁者功施於人故可倚 (釋)倚於綺反**游於藝**藝六藝也不足據依故曰遊

(疏)子曰志於至遊於藝　正義曰此章孔子言巳志慕據杖依倚游習者道德仁藝也　注志慕也道不可體故志之而巳　正義曰道者虛通无爲自然之謂也王弼曰道者无之稱也无不通也无不由也況之曰道寂然無體不可爲象是道不可體故但志慕而巳　注據杖也德有成形故可據　正義曰德者得也物得其所謂之德寂然至無則謂之道離無入有而成形器是爲德業少儀云士依於德游於藝云與此類鄭注云六德三德也一曰至德二曰敏德三曰孝德周禮師氏掌以三德教國子一曰至德以爲道本二曰敏德以爲行本三曰孝德以知逆惡注云德行內外之稱在心爲德施之爲行至德中和之德覆燾持載含容者也孔子曰中庸之爲德其至矣乎敏德仁義順時者也說命曰敬孫務時敏厥修乃來孝德尊祖愛親守其所以生者也孔子曰武王周公其達孝矣乎夫孝者善繼人之志善述人之事者也是德有成形也夫立身行道惟杖於德故可據也　注依倚也仁

者功施於人故可倚　正義曰博施於民而能濟衆乃謂之仁恩被於物物亦應之故可倚賴　注藝六藝也不足據依故曰游　正義曰六藝謂禮樂射御書數也周禮保氏掌養國子教之六藝一曰五禮二曰六樂三曰五射四曰五御五曰六書六曰九數注云五禮吉凶賓軍嘉也六樂雲門大咸大韶大夏大濩大武也五射白矢參連剡注襄尺井儀也五御鳴和鸞逐水曲過君表舞交衢逐禽左也六書象形會意轉注處事假借諧聲也九數方田粟米差分少廣商功均輸方程贏不足旁要也此六者所以飾身耳劣於道德與仁故不足依據故但曰游

子曰自行束脩以上吾未嘗無誨焉　孔曰言人能奉禮自行束脩以上則皆教誨之　疏子曰自行至誨焉　正義曰此章言己誨人不倦也束脩禮之薄者言人能奉禮自行束脩以上而來學者則吾未嘗不誨焉皆教誨之也　注孔子至誨之　正義曰云言人能奉禮自行束脩以上者案書傳言束脩者多矣皆謂十脡脯也檀弓曰古之大夫束脩之問不出竟少儀曰其以乘壺酒束修一犬

賜人穀梁傳曰束脩之問不行竟中是知古者持束脩以爲禮然此是禮之薄者其厚則有玉帛之屬故云其上以包之也

釋 上時掌反注同誨魯讀爲悔字今從古

子曰不憤不啓不悱不發舉一隅不以三隅反則不復也 鄭曰孔子與人言必待其人心憤憤口悱悱乃後啓發爲說之如此則識思之深也 子曰不說則舉一隅以語之其人不思其類則不復重教之

疏 憤至復也 正義曰此章言誨人之法啓開也言人若不心憤憤則孔子不爲開說若不口悱悱則孔子不爲發明必待其人心憤憤口悱悱乃後啓發爲說之如此則識思之深也其說之也略舉一隅以語之凡物有四隅者舉一則三隅從可知學者當以三隅反類一隅以思之其人若不以三隅反思其類則不復重教之也

釋 憤房粉反悱芳匪反爲于僞反語魚據反重直用反

子食於有喪者之側未嘗飽也 喪者哀戚飽食於其側是無惻隱之心

疏子食至飽也〇正義曰此章言孔子助喪家執事時故得有食飢而廢事非禮也飽而忘哀亦非禮故食而不飽以喪者哀戚若飽食於其側是無惻隱痛之心也釋惻音初力反

子於是日哭則不歌一日之中或哭或歌是褻於禮容

疏子於是日哭則不歌　正義曰此章言孔子於是日聞喪或弔人而哭則終是日不歌也若一日之中或哭或歌是褻瀆於禮容故不爲也檀弓曰弔於人是日不樂注引此文是也釋子於是日哭則不歌舊以爲別章今宜合前章

子謂顏淵曰用之則行舍之則藏唯我與爾有是夫孔曰言可行則行可止則止唯我與顏淵同釋舍音赦一音捨放也與爾或云與謀與及也夫音符

子路曰子行三軍則誰與孔曰大國三軍子路見孔子獨美顏淵以爲己勇至於夫子爲三軍將亦當誰與己同故發此問釋與如字皇音餘也將

子匠反　子曰暴虎馮河死而無悔者吾不與也孔曰暴虎徒搏馮河徒涉釋馮字亦作憑皮冰反搏音博必也臨事而懼好謀而成者也疏子謂至者也　正義曰此章孔子言已行舍藏與顏回同也子謂顏淵曰用之則行舍之則藏唯我與爾有是夫者言時用之則行時舍之則藏用舍隨時行藏不忤於物唯我與汝同有是行夫子路曰子行三軍則誰與者大國三軍子路見孔子獨美顏淵以已有勇故發此問曰若子行三軍之事為三軍之將則當誰與同子路意其與已也○子曰暴虎馮河死而無悔者吾不與也者空手搏虎為暴虎無舟渡河為馮河言人若暴虎馮河輕死而不追悔者吾不與之同也子路之勇若此故孔子抑之也必也臨事而懼好謀而成者也若此文言行三軍所與之人必須臨事而能戒懼好謀而有成功者吾則與之行三軍之事也所以誘子路使慎其勇也　注孔曰大國三軍　正義曰此司馬序官文也　注孔曰暴虎徒搏馮河徒涉

正義曰釋訓文也舍人曰無兵空手搏之郭璞曰空手執也李巡曰無舟而渡水曰徒涉郭璞曰無舟檝詩傳云馮陵也然則空涉水陵波而渡故訓馮爲陵也

子曰富而可求也雖執鞭之士吾亦爲之

鄭曰富貴不可求而得之當脩德以得之若於道可求者雖執鞭賤職我亦爲之（釋）好呼報反鞭必緜反或作硬音吾孟反非也吾亦爲之一本作吾爲之矣

如不可求從吾所好

孔曰所好者古人之道

（疏）子曰富而至所好　正義曰此章孔子言已修德好道不諂求富貴也言富貴不可求而得之當修德以得之若富貴而於道可求者雖執鞭賤職我亦爲之如不可求則當從吾所好者古人之道也注雖執鞭賤職　正義曰案周禮秋官滌狼氏掌執鞭以趨辟王出入則八人夾道公則六人侯伯則四人子男則二人注云趨辟趨而辟行人若今卒辟車之爲也序官云滌狼氏下士故云執鞭賤職也（釋）好呼報反

子之所愼齊戰疾

孔曰此三者人所不 疏 子之所慎齊戰疾 正義曰此一章記能慎而夫子慎之 孔子所慎之行也將祭散齊七日致齊三日齊之爲言齊也所以齊不齊也故戒慎之左傳曰皆陳曰戰夫兵凶戰危不必其勝重其民命固當慎之君子敬身安躰若偶嬰疾病則慎其藥齊以治之此三者凡人所不能慎而夫子能慎之也 釋 齊側皆反本或作齋同戰之彥反

子在齊聞韶三月不知肉味 周曰孔子在齊聞習韶樂之盛美故忽忘於肉味 釋 韶音士昭反

曰不圖爲樂之至於斯也 王曰爲作也不圖作韶樂至於此此齊 疏 子在至斯也 正義曰此章孔子美韶樂也子在齊聞韶三月不知肉味者韶舜樂名孔子在齊聞習韶樂之盛美故三月忽忘於肉味而不知也曰不圖爲樂之至於斯也者圖謀度也爲作也斯此也謂此齊也言我不意度作韶樂乃至於此齊也 注王者至此齊 正義曰云爲作也者釋言文作造爲也互相訓故云爲作也云不圖作韶樂至於此此

齊者言不意作此韶樂至於齊也韶是舜樂而齊得作之者案禮樂志云夫樂本情性浹肌膚而藏骨髓雖經乎千載其遺風餘烈尚猶不絶至春秋時陳公子完奔齊陳舜之後韶樂在焉故孔子適齊聞韶三月不知肉味曰不圖爲樂之至於斯美之甚也　釋　爲樂並如字本或作嬀音居危反非

冉有曰夫子爲衛君乎　鄭曰爲猶助也衛君者謂輒也衛靈公逐太子蒯聵公薨而立孫輒後晉趙鞅納蒯聵於戚城衛石曼姑帥師圍之故問其意助輒不乎　釋　爲于僞反注及下同大音泰蒯苦恠反聵五恠反鞅於丈反戚千歷反曼音萬

子貢曰諾吾將問之入曰伯夷叔齊何人也曰古之賢人也曰怨乎曰求仁而得仁又何怨　孔曰夷齊讓國遠去終於餓死故問怨邪以讓爲仁豈有怨乎　釋　吾將問之一本無將字

出曰夫子不爲

也鄭曰父子爭國惡行孔子以伯夷叔齊爲賢且仁故知不助衛君明矣

疏冉有至爲也正義曰此章記孔子崇仁讓也冉有曰夫子爲衛君乎者爲猶助也衛君謂出公輒也衛靈公逐太子蒯聵公薨而立孫輒輒即蒯聵之子也後晉趙鞅納蒯聵於戚城衛石曼姑帥師圍之子而拒父惡行之甚時孔子在衛爲輒所賓禮人疑孔子助輒故冉有言問其友曰夫子之意助輒不乎子貢曰諾吾將問之者子貢承冉有之問其意亦未決故諾其言我將入問夫子庶知其助不也入曰伯夷叔齊何人也者此子貢問孔子辭也伯夷叔齊孤竹君之二子兄弟讓國遠去終於餓死今衛乃父子爭國爭讓正反所以舉夷齊爲問者子貢意言夫子若不助衛君應言夷齊爲是夫子若助衛君應言夷齊爲非故入問曰伯夷叔齊何人也曰古之賢人也者此孔子荅言是古之讓國之賢人也曰怨乎者此子貢復問曰夷齊初雖有讓國之賢而終於餓死得無怨恨邪所以復問此者子貢意言若夫子不助衛君應言不怨若助衛君則應言有怨也曰求仁而得仁又何怨者此孔子荅言不怨也初心讓國求爲仁也君子殺身以成

夷齊雖終於餓死得成於仁豈有怨乎故曰又何怨
不爲也者子貢既問而出見冉有而告之曰夫子不助衛君
昔父子爭國惡行也孔子以伯夷叔齊爲賢且仁故知不助衛
明矣　注鄭曰至不乎　正義曰云衛靈公逐太子蒯聵者案
傳定十四年蒯聵謀殺靈公夫人南子不能而出奔宋是也云
薨而立孫輒者哀二年左傳曰夏衛靈公卒夫人曰命公子郢
太子君命也對曰郢異於他子且君沒於吾手若有之郢必聞之
且亡人之子輒在乃立輒是也云後晉趙鞅納蒯聵於戚城者亦
哀二年春秋文也云衛石曼姑帥師圍之者春
秋哀三年春齊國夏衛石曼姑帥師圍戚是也【釋】行下孟反

子曰飯疏食飲水曲肱而枕之樂亦在其中矣

孔曰疏食菜食肱臂也孔子以此爲樂【釋】飯符晩反疏本或作蔬所居反食如字一音嗣飯也肱國弘反枕之鴆反樂音洛注同

不義而富且貴於我如浮雲

鄭曰富貴不以義者於

我如浮雲疏子曰至浮雲　正義曰此章記孔子樂道而賤不
非已之有疏義也子曰飯疏食飲水曲肱而枕之樂亦在其中
矣者疏食菜食也肱臂也言已飯菜食飲水寢則曲肱而枕之以
此爲樂不義而富且貴於我如浮雲者富與貴雖人之所欲若富
貴而不以義者於我如
浮雲言非已之有也

子曰加我數年五十以學易可以無大過矣

易窮理盡性以至於命年五十而知
天命以知命之年讀至命之書故可
以無
大過疏子曰加我至過矣　正義曰此章孔子言其學易年也
加我數年方至五十謂四十七時也易之爲書窮理盡
性以至於命吉凶悔吝豫以告人使人從吉不從凶故孔子言已
四十七學易可以無過咎矣　注易窮至大過　正義曰云窮理
盡性以至於命者說卦文也命者生之極窮理則盡其極也云五
十而知天命者爲政篇文云以知命之年讀至命之書故可以無
大過矣者漢書儒林傳云孔子蓋晚而好易讀之韋編三絕而爲
之傳是孔子讀易之事也言孔子以知天命終始之年讀窮理盡

性以至於命之書則能避凶之吉而無過咎謙【釋】數色主反易不敢自言盡無其過故但言可以無大過矣如字魯讀易爲亦今從古盡津忍反子所雅言孔曰雅言正言也詩書執禮皆雅言也鄭曰讀先王典法必正言其音然後義全故不可有所諱禮不誦故言執【疏】子所至言也正義曰此章記孔子正言其音無所諱避之事雅正也子所正言者詩書禮也此三者先王典法臨文教學讀之必正言其音然後義全故不可有所諱禮不背文誦但記其揖讓周旋執而行之故言執也舉此三者則六藝可知葉公問孔子於子路子路不對孔曰葉公名諸梁楚大夫食菜於葉僭稱公不對者未知所以荅【釋】葉舒涉反子曰女奚不曰其爲人也發憤忘食樂以忘憂不知老之將至云爾【疏】葉公至云爾正義曰此章記

孔子之爲人也葉公問孔子於子路子路不對者葉公名諸梁楚大夫食菜於葉僭稱公問孔子爲人志行於子路子路未知所以荅故不對子曰女奚不曰其爲人也發憤忘食樂以忘憂不知老之將至云爾者孔子聞子路不能荅故教之奚何也言女何不曰其孔子之爲人也發憤嗜學而忘食樂道以忘憂不覺老之將至云爾乎　注孔曰至以荅　正義曰云葉公名諸梁楚大夫食菜於葉僭稱公者據左傳世本文也名諸梁字子高爲葉縣尹楚子僭稱王故縣尹皆僭稱公也

子曰我非生而知之者好古敏以求之者也　鄭曰言此者勸人學

疏子曰我非至者也　正義曰此章勸人學也恐人以己爲生知而不可學故告之曰我非生而知之者但愛好古道敏疾求學而知之也　釋憤符粉反樂音洛好呼報反

子不語怪力亂神　王曰怪怪異也力謂若奡盪舟烏獲舉千鈞之屬亂謂臣弒君子明鬼神之事或無益於教化或所不忍言

疏子不語怪力亂神

早記夫子爲教不道無益之事怪怪異也力謂若奡盪舟烏獲舉千鈞之屬也亂謂臣弑君子弑父也神謂鬼神之事或無益於教化或所不忍言也李充曰力不由理斯怪力也神不由正斯亂神也怪力亂神有與於邪無益於教故不言也　注烏獲舉千鈞　正義曰烏獲古之有力人三千斤爲鈞言能舉三萬斤之重也　釋　奡五報反盪吐浪反弑音試下同

子曰三人行必得我師焉擇其善者而從之其不善者而改之　言我三人行本無賢愚擇善從之不善改之故無常師　疏　子曰三人至改之　正義曰此章言學無常師也言我三人行本無賢愚相懸但敵體耳然彼二人言行必有一人善一人不善我則擇其善者而從之不善者而改之有善可從是爲師矣故無常師也　釋　我三人行一本無我字必得我師焉本或作必有

子曰天生德於予桓魋其如予何　包曰桓魋宋司馬天生

德者謂授我以聖性德合天【疏】子曰天生至予何　正義曰此
地吉無不利故曰其如予何　章言孔子無憂懼也案世家孔
子適宋與弟子習禮大樹下宋司馬桓魋欲殺孔子拔其樹孔子
去弟子曰可速矣故孔子發此語言天生德於予者謂天授我以
聖性德合天地吉無不利桓魋
必不能害我故曰其如予何【釋】魋徒雷反　子曰二三子以
我爲隱乎吾無隱乎爾　包曰二三子謂諸弟子聖人知廣[illegible]弟子學之不能及
以爲有所隱匿故解之【釋】知音智匿女力反後章注同　吾無行而不與二三
子者是丘也　包曰我所爲無不與爾共之者是丘之心【疏】子曰至丘　正義曰此章言孔子
無所隱惜也子曰二三子以我爲隱乎吾無隱乎爾者二三
子謂諸弟子也聖人知廣道深弟子學之不能及常以爲夫子有
所隱匿故以此言解之言二三子以我爲隱我實無[illegible]也吾無行而不
二三子者是丘也者言我所爲無不與汝等共之者

心也言心者信其言也

子以四教文行忠信四者有形質可舉以教也

疏子以四教文行忠信　正義曰此章記孔子行教以此四事爲先也文謂先王之遺文行謂德行在心爲德施之爲行中心無隱謂之忠人言不欺謂之信此四者有形質故可舉以教

釋行下孟反忠李去臣事君也信李去與明友交

子曰聖人吾不得而見之矣得見君子者斯可矣疾世無明君也

子曰善人吾不得而見之矣得見有恒者斯可矣亡而爲有虛而爲盈約而爲泰難乎有恒矣孔曰難可名之爲有常

疏子曰聖人至恒矣　正義曰此章疾世無明君也子曰聖人吾不得而見之矣得見君子者斯可矣者聖人謂上聖之人若堯舜禹湯也君子謂行善無怠之上

君也言當時非但無聖人亦無君子也子曰善人吾不得而見之矣得見有恒者斯可矣者善人即君子也恒常也又言善人之不吾不得見之得見有常德之君斯亦可矣亡而爲有虛而爲盈約而爲泰泰難乎有恒矣者此明時無常德也亡無也時既澆薄率皆虛矯以無爲有將虛作盈內實窮約而外爲奢泰行既如此難可名之爲有常也 釋 亡而爲有亡如字一音無此舊爲別章今宜與前章合

子釣而不綱弋不射宿 孔曰釣者一竿釣綱者爲大綱以橫絶流以繳繫釣羅屬著綱弋繳射也宿宿鳥 疏 子釣至射宿 正義曰此章言孔子仁心也釣者以繳繫一竿而釣取魚也綱者爲大綱羅屬著綱以橫絶流而取魚也釣則得魚少綱則得魚多孔子但釣而不綱是其仁也弋繳射也宿宿鳥也夫子雖爲弋射但晝日爲之不夜射栖鳥也爲其欺暗必中且驚衆也 注孔曰至宿鳥 正義曰云釣者一竿釣綱者爲大綱以橫絶流以繳繫釣羅屬著綱者此注文句交互故少難解耳若其次序應云釣者一竿釣以繳繫釣綱者爲大綱以橫絶流羅屬著綱也繳

即繳也釣謂釣也謂以一竹竿用[illegible]鉤而取魚也羅細綱也謂以繩為大綱用綱以屬著此綱施之水中横絶流以取魚舉綱則提其綱也云弋繳射也者夏官司弓矢云矰矢茀矢用諸弋射注云結繳於矢謂之矰矰高也茀矢象焉茀之言刜也二者皆可以弋飛鳥刜羅之也然則繳射謂以繩繫矢而射也說文云繳謂生絲為繩也

（釋）釣音弔綱音剛鄭本同弋羊職反射食亦反宿息六反竿音干繳章略反下同一本作綸屬音燭著直略反

子曰蓋有不知而作之者我無是也包曰時人有穿鑿妄作篇籍者故云然**多聞擇其善者而從之多見而識之知之次也**孔曰如此者次於天生知之

（疏）子曰至次也　正義曰此章言無穿鑿也子曰蓋有不知而作之者我無是也者言時人蓋有不知理道穿鑿妄作篇籍者我獨無此事也多聞擇其善者而從之多見而識之知之次也者言人若多聞擇善而從之多見擇善而志之能

如此者此天生知之可以爲次
言此者所以戒人不爲穿鑿　互鄉難與言童子見
門人惑　鄭曰互鄉鄉名也其鄉人言語自專不達時宜而有童子來見孔子門人怪孔子見之　(釋)互户故反難與言絶句見賢遍反　子曰與其進也不與其退也唯
何甚　孔曰教誨之道與其進不與其退怪我見此童子惡惡一何甚　人潔己以進與其
潔也不保其往也　鄭曰往猶去也人虛己自潔而來當與之進亦何能保其去後之行　(疏)
互鄉至往也　正義曰此章言教誨之道也互鄉難與言童子見
門人惑者互鄉鄉名也其鄉人言語自專不達時宜而有童子來
見孔子門人怪孔子見之琳公云此互鄉難與言童子見八字通
爲一句言此鄉有一童子難與言非是一鄉皆難與言也子曰與其
進也不與其退也唯何甚者孔子以門人怪已故以此言語之言
教誨之道與其進不與其退怪我見此童子惡惡一何甚乎人潔

已以進與其潔也不保其往也者往猶去也言人若虛己自潔而
來當與之進亦何能保其去後之行去後之行者謂往前之行今
已過去顧觀去往謂前日之行夫人之爲行未必可一或有始無
終先迷後得教誨之道潔則與之往日之行非我所保也已
釋行下孟反　子曰仁遠乎哉我欲仁斯仁至矣
包曰仁道不
遠行之即是　疏子曰至至矣　正義曰此章言仁道不遠行之即是故曰仁道豈遠乎哉我欲行仁即斯仁至
矣是不
遠也　陳司敗問昭公知禮乎　孔曰司敗官名陳大夫昭公魯昭公也
釋陳司敗如字鄭以司敗爲人名齊大夫　孔子曰知禮孔子退揖巫
馬期而進之曰吾聞君子不黨君子亦黨
乎君取於吴爲同姓謂之吴孟子君而知

禮孰不知禮孔曰巫馬期弟子名施相助匿非曰黨魯吳俱姬姓禮同姓不昏而君取之當稱吳姬諱曰孟子【釋】揖伊入反說文云攘也一云手著胸曰揖巫音無取七住反本今作娶爲于僞反巫馬期以告子曰丘也幸苟有過人必知之孔曰以司敗之言告也諱國惡禮也聖人道弘故受以爲過【疏】陳司至知之　正義曰此章記孔子諱國惡之禮也陳司敗問昭公知禮乎者陳大夫爲司敗之官舊聞魯昭公有違禮之事故問孔子昭公知禮乎孔子曰知禮者荅言昭公知禮也孔子退揖巫馬期而進之曰吾聞君子不黨君子亦黨乎者相助匿非曰黨孔子既荅司敗而退去司敗復揖弟子巫馬期而進之問曰我聞君子不阿黨今孔子言昭公知禮乃是君子亦有黨乎君取於吳爲同姓謂之吳孟子君而知禮孰不知禮者孰誰也魯吳俱姬姓同姓不婚而君取之當稱吳姬爲是同姓諱之故謂之吳孟子君以魯君昭公而爲知禮又誰不知禮也巫馬期以告子曰丘也幸苟有過人

必知之者巫馬期以司敗之言告孔子也孔子初言昭公知禮是諱國惡也諱國惡禮也但聖人道弘故受以爲過言丘也幸苟有過人必知之也　注司敗官名陳大夫　正義曰文十一年左傳云楚子西曰臣歸死於司敗也杜注云陳楚名司寇爲司敗也傳言歸死於司敗知司敗主刑之官司寇是也此云陳司敗楚子西亦云司敗知陳楚同此名也　注孔曰至孟子　正義曰云巫馬期弟子名施者史記弟子傳云巫馬施字子祺少孔子三十歲鄭玄云魯人也魯吴俱姬姓者魯周公之後吴泰伯之後故云俱姬姓也云禮同姓不昏者曲禮云取妻不取同姓故買妾不知其姓則卜之又大傳曰繫之以姓而弗別綴之以食而弗殊雖百世而昏則不通者周道然也云而君取之當稱吴姬諱曰孟子者案春秋哀十二年夏五月甲辰孟子卒左氏傳曰昭公娶于吴故不書姓此云君娶於吴爲同姓謂之吴孟子是魯人常言稱孟子也坊記云魯春秋去夫人之姓曰吴其死曰孟子卒是舊史書爲孟子卒及仲尼修春秋以魯人已知其非諱而不稱姬氏諱國惡禮也因而不改所以順時世也魯春秋去夫人之姓曰吴春秋無此文

坊記云然者禮夫人初至必書於策若娶齊女則云夫人姜氏至自齊此孟子初至之時亦當書曰夫人姬氏至自吳同姓不得稱姬舊史所書蓋直云夫人至自吳是去夫人之姓直書曰吳而已仲尼修春秋以犯禮明著全去其文故經無其事也　注孔曰至爲過　正義曰云諱國惡禮也者僖元年左傳文也案坊記云善則稱君過則稱己則民作忠善則稱親過則稱己則民作孝是君親之惡務欲掩之是故聖賢作法通有諱例杜預云有時而聽之則可也正以爲後法則不經故不奪其所諱亦不爲之定制言若正爲後法每事皆諱則爲惡者無復忌憚居上者不知所懲不可盡令諱也人之所極唯君與親纔有小惡即發其短非復臣子之心全無愛敬之義是故不抑不勸有時聽之以爲諱惡者禮也無隱者直也二者俱通以爲世教也云聖人道引故受以爲過者孔子所言雖是諱國惡之禮聖人之道引大故受以爲過也皇侃云孔子得巫馬期之言稱己名云是己幸受以爲過故云苟有過人必知之所以然者昭公不知禮我荅云知禮若使司敗不譏我則千載之後遂永信我言用昭公所行爲知禮則亂禮之事從我而

始今得司敗見非而受以爲過則後人不謬故我所以爲幸也繆
協云諱則非諱若受而爲過則所諱者又以明矣亦非諱也鄉司
敗之問則詭言以爲諱今苟將明其故鄉之言爲合
禮也苟曰合禮則不爲黨矣若不受過則何禮之有乎 子與人
歌而善必使反之而後和之 樂其善故使重歌而後和之 疏
子與至和之 正義曰此章明孔子重於正音也反猶重也孔子
共人歌彼人歌善合於雅頌者樂其善故使重歌之審其歌意然
後自和而合之 釋 和戶卧反重直用反 子曰文莫吾猶人也 莫無也文無者猶俗
言文不也文不吾猶人者言凡文皆不勝於人 躬行君子則吾未之有得
孔曰躬爲君子已未能也 疏 子曰至有得 正義曰此章記夫子之謙德也莫無也文無者猶俗言文不也文不吾猶人者
言凡文皆不勝於人但猶如常人也躬身也言身爲君子已未能也 子曰若聖與仁則吾

豈敢孔曰孔子謙不敢自名仁聖抑爲之不厭誨人不倦則

可謂云爾已矣公西華曰正唯弟子不能

學也馬曰正如所言弟子猶不能學况仁聖乎【疏】子曰至學也　正義曰此章亦記孔子之謙德也子曰若聖與

仁則吾豈敢者惟聖與仁人行之大者也孔子謙不敢自名仁聖

也抑爲之不厭誨人不倦則可謂云爾已矣者抑語辭爲猶學也

孔子言已學先王之道不厭教誨於人不倦但可謂如此而已矣

公西華曰正唯弟子不能學也者公西華聞孔子云學之不厭誨

人不倦故答於孔子曰正如所言不厭

不倦之二事弟子猶不能學况仁聖乎【釋】抑於力反厭於豔反

正魯讀正爲誠今從

古

子疾病子路請禱包曰禱禱請於鬼神【釋】子疾一本云子疾病皇本同鄭

本無病字案集解於子罕

篇始釋病則此有病字非

子曰有諸周曰言有此禱請於鬼神之事子

路對曰有之誄曰禱爾于上下神祇孔曰子路失指誄禱篇名〔釋〕誄力軌反說文作讄孔云作讄禱累功德以求福也以誄爲謚也祇音祈之反子曰丘之禱久矣孔曰孔子素行合於神明故曰丘之禱久矣〔疏〕子疾至久矣　正義曰此章記孔子不謟求於鬼神也子疾病子路請禱者孔子疾病子路告請禱求鬼神冀其疾[illegible]也子曰有諸者諸之也孔子以死生有命不欲禱祈故反問子路曰有此禱請於鬼神之事乎子路對曰有之誄曰禱爾于上下神祇者誄禱篇名誄累也累功德以求福子路失孔子之指故曰有之又引禱篇之文以對也子曰丘之禱久矣者孔子不許子路故以此言拒之昔人之履行違忤神明罹其咎殃則可禱請孔子素行合於神明故曰丘之禱久矣〔釋〕行下孟反子曰奢則不孫儉則固與其不孫也寧固孔曰俱失之奢不如儉奢則僭上儉不及禮固陋也〔疏〕子曰至寧

固　正義曰此章戒人奢儉也孫順也固陋也言奢則僭上而不順儉則偪下而寠陋二者俱失之與其不孫也寧爲寠陋是奢不如儉也以其奢則僭上儉但不及禮耳 ◯釋 孫音遜借子念反

子曰君子坦蕩蕩小人長戚戚 鄭曰坦蕩蕩寛廣貌長戚戚多憂懼 ◯疏 子曰至戚戚　正義曰此章言君子小人心貌不同也坦蕩蕩寛廣貌長戚戚多憂懼也君子內省不疚故心貌坦蕩蕩然寛廣也小人好爲咎過故多憂懼 ◯釋 坦吐但反蕩徒黨反魯讀坦蕩爲坦湯今從坦戚千歷反

子温而厲威而不猛恭而安 ◯疏 子温至而安　正義曰此章說孔子體貌也言孔子體貌温和而能嚴正儼然人望而畏之而無剛暴雖爲恭孫而能安泰此皆與常度相反若皐陶謨之九德也他人不能唯孔子能然故記之也 ◯釋 子温而厲一本作子曰厲作例皇本作君子案此章說孔子德行依此文爲是也

泰伯第八

疏 正義曰此篇論禮讓仁孝之德賢人君子之風勸學立身守道爲政歎美正樂鄙薄之人遂稱堯舜及禹文王武王以前篇論孔子之行此篇首末載賢聖之德故以爲次也

子曰泰伯其可謂至德也已矣三以天下讓民無得而稱焉 王曰泰伯周大王之長子次弟仲雍少弟季歷季歷賢又生聖子文王昌昌必有天下故泰伯以天下三讓於王季其讓隱故無得而稱言之者所以爲至德也 疏 子曰至稱焉 正義曰此章論泰伯讓位之德也泰伯周太王之長子次弟仲雍少弟季歷季歷賢又生聖子文王昌昌必有天下故泰伯三以天下讓於王季其讓隱 無得而稱言之者故所以爲至德而孔子美之也鄭玄注云泰伯周大王之長子次子仲雍次子季歷大王見季歷賢又生

文王[illegible]表故欲立之而未有命大王疾大伯因適吳越採藥
大王[illegible]不返季歷爲喪主一讓也季歷赴之不來奔喪二讓也
免喪之後遂斷髮文身三讓也三讓之美皆隱蔽不著故人無得
而稱焉　注王曰至至德　正義云泰伯周大王之長子云云者
史記吳世家云泰伯弟仲雍皆周大王之子而王季歷之兄也季
歷賢而有聖子昌大王欲立季歷以及昌於是泰伯仲雍二人乃
奔荆蠻文身斷髮示不可用以辟季歷季歷果立是爲王季而昌
爲文王泰伯之奔荆蠻自號句吳荆蠻義之從而歸之千餘家立
爲吳泰伯泰伯卒無子弟仲雍立是爲吳仲雍仲雍卒子季簡立
季簡卒子叔達叔達卒子周章立是時周武王克殷求泰伯仲
雍之後得周章周章已君吳因而封之乃封周章弟虞仲於
周之北故夏虛是爲虞仲列爲諸侯是泰伯讓位之事也　釋
民無得本亦作德大王音泰下同少詩照反　子曰恭而無禮則勞慎而
無禮則葸　葸畏懼之貌言慎而不以禮節之則常畏懼　釋　葸絲里反鄭云慤質貌　勇而

無禮則亂直而無禮則絞馬曰絞絞刺也釋絞古夘反鄭玄急也刺七肆反君子篤於親則民興於仁故舊不遺則民不偷包曰興起也君能厚於親屬不遺忘其故舊行之美者則民皆化之起爲仁厚之行不偷薄疏子曰至不偷　正義曰此章貴禮也子曰恭而無禮則勞者勞謂困苦言人爲恭孫而無禮以節之則自困苦慎而無禮則葸者葸畏懼之貌言慎而不以禮節之則常畏懼也勇而無禮則亂者亂謂逆惡言人勇而不以禮節之則爲亂逆直而無禮則絞者正曲爲直絞謂絞刺也言人而爲直不以禮節則絞刺人之非也君子篤於親則民興於仁故舊不遺則民不偷者君子人君也篤厚也興起也偷薄也言君能厚於親屬則民化之起爲仁行相親友也君不遺忘其故舊故民德歸厚不偷薄也釋偷他侯反

行不字

曾子有疾召門弟子曰啓予足啓予

手[illegible]開也曾子以爲受身躰於父母[illegible]毀傷故使弟子開衾而視之（釋）衾苦今反詩云戰戰兢兢如臨深淵如履薄冰孔曰言此詩者喻己常戒慎恐有所毀傷（釋）兢居陵反而今而後吾知免夫小子周曰乃今日後我自知免於患難矣小子弟子也呼之者欲使聽識其言（疏）曾子至小子　正義曰此章言曾子之孝不敢毀傷也曾子有疾召門弟子曰啓予足啓予手者啓開也曾子以爲受身躰於父母不敢毀傷故有疾恐死召其門弟子使開衾而視之以明無毀傷也詩云戰戰兢兢如臨深淵如履薄冰者小雅小旻篇文也戰戰恐懼兢兢戒慎臨深恐墜履薄恐陷曾子言此詩者喻己常戒慎恐有所毀傷也而今而後吾知免夫小子者小子弟子也言乃今日後自知免於患難矣呼弟子者欲使聽識其言也（釋）夫音扶難乃旦反

曾子有疾孟敬子問之馬曰孟敬子魯大夫仲孫捷（釋）捷在

涟反本又作蹙同

曾子言曰鳥之將死其鳴也哀人之將死其言也善包曰欲戒敬子言我將死言善可用君子所貴乎道者三動容貌斯遠暴慢矣正顔色斯近信矣出辭氣斯遠鄙倍矣鄭曰此道謂禮也動容貌能濟濟蹌蹌則人不敢暴慢之正顔色能矜莊嚴栗則人不敢欺誕之出辭氣能順而說之則無惡戾之言入於耳釋遠于萬反近附近之近倍蒲悔反濟子禮反蹌七良反本或作鏘同戾力計反籩豆之事則有司存包曰敬子忽大務小故又戒之以此籩豆禮器疏曾子至司存　正義曰此章貴禮也曾子有疾孟敬子問之者來問疾也曾子言曰鳥之將死其鳴也哀人之將死其言也善者曾子因敬子來問巳疾將欲戒故先[illegible]告之將死言善可用也君子所貴乎道者三動

貌斯遠暴慢矣正顏色斯近信矣出辭氣斯遠鄙倍矣此其
所戒之辭也道謂禮 言君子所崇貴乎禮者有三事也動容貌
能濟濟蹌蹌則人不敢暴慢之正顏色能矜莊嚴栗則人不敢欺
誕之出辭氣能順而說之則無鄙𠱥倍戾之言入於耳也人之相
接先見容貌次觀顏色次交言語故三者相次而言也暴慢鄙倍
同是惡事故俱云遠信是善事故云近也籩豆之事則有司存者
敬子輕忽大事務行小事故又戒之以此籩豆禮器也言執籩豆
行禮之事則有所主者在焉此乃事之小者無用親之 注孟敬
子魯大夫仲孫捷 正義曰鄭玄注檀弓云敬子武伯之子名捷
是也 注包曰欲戒敬子言我將死言善可用 正義曰案春秋
左氏傳魏顆父病困命使嫁妾以殉又晉趙孟孝伯並將死其語
偷又晉程鄭問降階之道鄭然明以將死而有惑疾此等並是將
死之時其言皆變常而曾子云人之將死其言也善者但人之疾
患有深有淺淺則神正深則神亂故魏顆父初欲嫁妾是其神正
之時曾子云其言也善是其末困之日此曾子賢人至困猶善其
中庸已下未有疾病天奪之魄苟欲偷生則是孟孝伯程鄭之徒

不足怪也　注籩豆禮器　正義曰周禮天官籩人掌四籩之實醢人掌四豆之實鄭注云籩竹器如豆者其容實皆四升禮器云木豆謂之豆竹豆謂之籩豆盛葅醢籩盛棗栗以供祭祀享燕故云禮器

曾子曰以能問於不能以多問於寡有若無實若虛犯而不校　包曰校報也言見侵犯不報　昔者吾友嘗從事於斯矣　馬曰友謂顏淵

疏　曾子至斯矣　正義曰此章稱顏淵之德行也曾子曰以能問於不能以多問於寡有若無實若虛犯而不校者校報也言其好學持謙見侵犯而不報也昔者吾友嘗從事於斯矣者曾子云昔時我同志之友顏淵嘗從事於斯矣言能行此上之事也

曾子曰可以託六尺之孤　孔曰六尺之孤幼少之君　釋　少詩照反

可以寄百里之命　孔曰攝君之政令　臨大節而不可

奪也大節安國家定社稷奪不可傾君子人與君子人也重稱君子者乃可名爲君子也

（疏）曾子至人也 正義曰此章論君子德行也曾子曰可以託六尺之孤者謂可委託以幼少之君也若周公霍光也可以寄百里之命者謂君在亮陰可當國攝君之政令也臨大節而不可奪也者奪謂傾奪大節謂安國家定社稷言事有可以安國家定社稷臨時固守羣衆不可傾奪也君子人與君子人也者言能此已上之事可以謂之君子人與與者疑而未定之辭審而察之能此上事者可謂君子無復疑也故又云君子人也 注孔曰六尺之孤幼少之君 正義曰鄭玄注此云六尺之孤年十五已下言已下者正謂十四已下亦可寄託非謂六尺可通十四已下鄭知六尺年十五者以周禮鄉大夫職云國中自七尺以及六十野自六尺以及六十有五皆征之以其國中七尺爲二十對六十野云六尺對六十五晚校五年明知六尺與七尺早校五年故以六尺爲十五也（釋）與音餘

曾子曰士不可以不弘毅

任重而道遠包曰弘大也毅強而能斷也士弘毅然後能負重任致遠路【釋】毅魚氣反斷丁
亂反仁以為己任不亦重乎死而後已不亦
遠乎孔曰以仁為己任重莫重焉死而後已遠莫遠焉【疏】曾子至遠乎　正義曰此
章明士行也曾子曰士不
可以不弘毅任重而道遠者弘大也毅強而能斷也言士能弘毅
然後能負重任致遠路也仁以為己任不亦重乎死而後已不亦
遠乎者復明任重道遠之事也言士以仁為己任人鮮克舉之也
是他物之重莫重於此焉他人行仁則日月至焉而已矣士則死
而後已是
遠莫遠焉子曰興於詩包曰興起也言修身當先學詩立於禮包曰禮者
所以
立身成於樂包曰樂所以成性【疏】子曰至於樂　正義曰此章記
人立身成德之法也興起也言
人修身當先學起於詩也立身必須學禮成性在於學樂不
學詩無以言不學禮無以立既學詩禮然後樂以成之也　子

曰民可使由之不可使知之由用也可使用而不可使知者百姓能日用而不能知疏子曰至知之　正義曰此章言聖人之道深遠人不易知也由用也民可使用之而不可使知之者以百姓能日用而不能知故也子曰好勇疾貧亂也包曰好勇之人而患疾已貧賤者必將爲亂釋好呼報反人而不仁疾之已甚亂也包曰疾惡太甚亦使其爲亂疏子曰至亂也　正義曰此章説小人之行也言好勇之人患疾已貧賤者必將爲逆亂也人若本性不仁則當以禮孫接不可深疾之若疾惡太甚亦使爲亂也釋大音太下大師大公並同子曰如有周公之才之美使驕且吝其餘不足觀也已孔曰周公者周公旦疏子曰至也已　正義曰此章戒人驕吝也周公周公旦也大聖之人也才美兼備設人有周公之才美使爲驕矜且

鄙吝其餘雖有善行不足可觀也言爲鄙吝所揖棄也　注周公者周公旦　正義曰以春秋之世別有周公此孔子極言其才美而去周公恐與彼相嫌故注者明之【釋】吝力刃反又力愼反本亦作悋

子曰三年學不至於穀不易得也孔曰穀善也言人三歲學不至於善不可得言必無也所以勸人學

【疏】子曰至得也　正義曰此章勸學也穀善也言人勤學三歲必至於善若三歲學不至於善不可得言必無也所以勸人學也【釋】穀公豆反鄭及孫綽祿也易孫音亦鄭音以豉反

子曰篤信好學守死善道危邦不入亂邦不居天下有道則見無道則隱包曰言行當常然危邦不入始欲往亂邦不居今欲去亂謂臣弒君子弒父危者將亂之兆【釋】見賢遍反又音現行下孟反忠植隷反古臣字本今作臣弒音試

邦有道貧且賤

焉恥也邦無道富且貴焉恥也 疏 子曰至恥也 正義曰此章勸人守道也子曰篤信好學者言厚於誠信而好學問也守死善道者守節至死不離善道也危邦不入亂邦不居者亂謂臣弒君子弒父危者將亂之兆也不入謂始欲往見其亂兆不復入也不居謂今欲去見其已亂則遂去之也天下有道則見無道則隱者言値明君則當出仕遇闇主則當隱遁邦有道貧且賤焉恥也者恥其不得明君之祿也邦無道富且貴焉恥也者恥食汙君之祿以致富貴也言人之爲行當常如此

子曰不在其位不謀其政 孔曰欲各專一於其職 疏 子曰至其政 正義曰此章戒人侵官也言不在此位則不得謀此位之政欲使各專一守於其本職也

子曰師摯之始關雎之亂洋洋乎盈耳哉 鄭曰師摯魯大師之名始猶首也周道衰微鄭衛之音作正樂廢而失節魯大師摯識關雎之聲而首理其亂者洋洋盈

耳聽而美之（疏）子曰至耳哉　正義曰此章美正樂之音也師摯魯大師之名也始猶首也關雎周南篇名正樂之首章也周道衰微鄭衛之音作正樂廢而失節魯大師摯識關雎之聲而首理其亂者洋洋盈耳聽而美之（釋）摯音至雎七餘反洋音羊

子曰狂而不直　孔曰狂者進取宜直（釋）狂求匡反

侗而不愿　孔曰侗未成器之人宜謹愿（釋）侗音通又勑動反玉篇音同愿音願鄭云善也

悾悾而不信　包曰悾悾愨也宜可信（釋）悾音空愨苦角反

吾不知之矣　孔曰言皆與常度反我不知之

（疏）子曰至之矣　正義曰此章孔子疾小人之性與常度反也狂者進取宜直而乃不直侗未成器之人宜謹愿而乃不愿悾悾愨也質愨之人宜信而乃不信此等之人皆與常度反我不知之也

子曰學如不及猶恐失之　學自外入至熟乃可長久如不及猶恐失之

（疏）子曰至失之　正義曰此章勸學也言[illegible]自外

入至孰乃可長久故勤學汲汲如不及猶恐失之也何况怠惰而不汲汲者乎

子曰巍巍乎舜禹之有天下也而不與焉美舜禹也言巳不與求天下而得之巍巍高大之稱

疏子曰至與焉　正義曰此章美禹也巍巍高大之稱言舜禹之有天下自以功德受禪不與求而得之所以其德巍巍然高大

釋巍魚威反與音預稱尺證反下注同

子曰大哉堯之爲君也巍巍乎唯天爲大唯堯則之孔曰則法也美堯能法天而行化也蕩蕩乎民無能名焉包曰蕩蕩廣遠之稱言其布德廣遠民無能識其名焉巍巍乎其有成功也功成化隆功大巍巍煥乎其有文章煥明也其立文垂制又著明

疏子曰至文章　正義曰此章歎美堯也子曰大哉堯之爲君也巍巍乎唯天爲大唯堯則

之者則法也言大矣哉堯為君也聰明文思其德高大巍巍然有形之中唯天爲大萬物資始四時行焉唯堯能法此天道而行其化焉蕩蕩乎民無能名焉者蕩蕩廣遠之稱言其布德廣遠民無能識其名者焉巍巍乎其有成功也者言其治民功成化隆高大巍巍然煥乎其有文章者煥明也言其立文垂制又著明也【釋】煥音喚

舜有臣五人而天下治孔曰禹稷契皐陶伯益【釋】治直吏反契息列反陶音遙

武王曰予有亂臣十人馬曰亂治也治官者十人謂周公旦召公奭太公望畢公榮公太顛閎夭散宜生南宮适其一人謂文母【釋】予有亂十人本或作亂臣十人非召士照反奭音釋閎音宏夭於表反又於遙反散息但反适古活反

孔子曰才難不其然乎唐虞之際於斯爲盛有婦人焉九人而已孔曰唐者堯號虞者舜號際者堯舜交會之間斯此也舜

交會之間比於周周最盛多賢才然尚有一婦人其餘九人而已大才難得豈不然乎

三分天下有其二以服事殷周之德其可謂至德也已矣

包曰殷紂淫亂文王爲西伯而有聖德天下歸周者三分有二而猶以服事殷故謂之至德

疏 舜有至巳矣

正義曰此章論大才難得也舜有臣五人而天下治者言帝舜時有大才之臣五人而天下大治五人者禹也稷也契也皐陶也伯益也武王曰予有亂臣十人者亂治也周武王曰我有治官之臣十人者謂周公旦也召公奭也太公望也畢公也榮公也大顛也閎夭也散宜生也南宫适也其一人謂文母也孔子曰才難不其然乎唐虞之際於斯爲盛有婦人焉九人而已者記者舉舜及武王之時大才之人於上遂載孔子之言於下唐者堯號虞者舜號際者堯舜交會之間也斯此也言堯舜交會之間比於此周周最爲盛多賢才也然尚有一婦人其餘九人而已大才難得豈不然乎三分天下有其二以服事殷周之德其可謂至德也巳矣者此

孔子因美周文王有至聖[illegible]德也言殷紂淫亂文王爲西伯而有
聖德天下歸周者三分有二而猶以服事殷故謂之至德也　注
孔曰禹稷契皋陶伯益　正義曰案史記及舜典禹名文命鯀之
子也舜命作司空平水土之官也稷名棄帝嚳之子也舜命爲后
稷布種百穀之官也契亦帝嚳子也佐禹治水有功舜命作司徒
布五教之官也皋陶字庭堅顓頊之後舜命作士理官也伯益皋
陶之子舜命作虞官掌山澤之官也　注馬曰至文母　正義曰
云亂治也釋詁文云十人謂周公旦已下者先儒相傳爲此說也
案史記世家云周公名旦武王弟也封於魯食菜於周謂之周公
召公名奭與周同姓封於燕食邑於召謂之召公太公望呂尚也
東海上人其先祖嘗爲四嶽佐禹平水土甚有功虞夏之際封於
呂本姓姜氏從其封姓故曰呂尚呂尚蓋嘗窮困年老矣以魚釣
干周西伯西伯將獵卜之曰所獲非龍非彲勑知非虎非羆所獲
霸王之輔於是周西伯獵果遇太公於渭之陽與語大說曰自吾
先君太公曰當有聖人適周周以興子真是邪吾太公望子久矣
故號之曰太公望載與俱歸立爲大師劉向別錄曰師之尚之父

之故曰師尚父父亦男子之美號孫子兵法曰周之興也吕牙在殷則牙又是其名字武王已平商而王天下封師尚父於齊畢榮皆國名入爲天子公卿畢公文王庶子大閎散南宫皆氏顛夭宜生适皆名也文母文王之后大姒也從夫之謚武王之母謂之文母周南召南言后妃夫人者皆是也　注孔曰至然乎　正義曰云唐者堯號虞者舜號者史記諸書皆言堯帝嚳之子帝摯之弟嚳崩摯立摯崩乃傳位於堯書傳云堯年十六以唐侯升為天子遂以爲號或謂之陶唐氏書曰惟彼陶唐世本云帝堯爲陶唐氏韋昭云陶唐皆國名猶湯稱殷商也案經傳契居商故湯以商爲國號後盤庚遷殷故殷商雙舉歷撿書傳未聞帝堯居陶而以陶冠唐蓋以二字爲名所稱或單或複也舜之爲虞猶禹之爲夏外傳稱禹氏曰有夏則如舜氏曰有虞顓頊已來地爲國號而舜有天下號曰有虞氏是地名也王肅云虞地也皇甫謐云堯以二女妻舜封之於虞今河東大陽山西虞地是也然則舜居虞地以虞爲氏堯封之虞爲諸侯及王天下遂爲天子之號故從微至著常稱虞氏　注包曰至至德　正義曰云殷紂淫亂者紂爲淫亂書

傳備言若秦誓云沈湎冒色敢行暴虐之類是也云文王爲西伯
而有聖德者鄭玄詩譜云周之先公曰大王者辟狄難自豳始遷
焉而修德建王業商王帝乙之初命其子王季爲西伯至紂又命
文王典治南國江漢汝旁之諸侯是謂文王繼父之業爲西伯也
殷之州長曰伯謂爲雍州伯也周禮八命作牧殷之州牧蓋亦八
命如旱麓傳云九命然後錫以秬鬯圭瓚孔叢云羊客問於子思
曰古之帝王中分天下而二公治之謂之二伯周自后稷封爲王
者之後大王王季皆爲諸侯奚得爲西伯乎子思曰吾聞諸子夏
云殷王帝乙之時王季以九命作伯於西受圭瓚秬鬯之賜故文
王因之得專征伐此諸侯爲伯猶周召分陝皇甫謐亦云王季於
帝乙殷王之時賜九命爲西長始受圭瓚秬鬯皆以爲王季受九
命作東西大伯鄭不見孔叢之書旱麓之箋不言九命則以王季
爲州伯也文王亦爲州伯故西伯戡黎注云文王爲雍州之伯南
兼梁荆在西故曰西伯文王之德長於王季文王尚爲州伯明王
季亦爲州伯也楚辭天問曰伯昌號衰秉鞭作牧王逸注云伯謂
文王也鞭以喻政言紂號令旣衰文王執鞭持政爲雍州牧天問

屈原所作去聖未遠謂文王爲牧明非大伯也所以不從毛說言至紂又命文王者既已繼父爲伯又命之使兼治南國江漢汝旁之諸侯周本紀云季歷娶大任生昌有聖瑞古公曰我世當有興者其在昌乎後果受命爲文王也云天下歸周者三分有二而猶服事殷者鄭玄又云於時三分天下有其二以服事殷故雍梁荆豫徐楊之人咸被其德而從之鄭既引論語三分有二故據禹貢州名指而言之雍梁荆豫徐楊歸文王其餘冀青兖屬紂九州而有其六是爲三分有其二也書傳云文王率諸侯以事紂是猶服事殷也紂惡貫盈文王不忍誅伐猶服事之故謂之至德也【釋】參七南反一音三本今作三 紂直久反

子曰禹吾無間然矣孔曰孔子推禹功德之盛美言已不能復間厠其間【釋】復扶又反菲飲食而致孝乎鬼神馬曰菲薄也致孝鬼神祭祀豐絜【釋】菲音匪惡衣服而致美乎黻冕孔曰損其常服以盛祭服【釋】黻音弗 冕音免

卑宮室而盡力乎溝洫包曰方里爲井井間有溝溝廣深四尺十里爲成成間有洫洫廣八尺深八尺（釋）盡津忍反洫呼域反廣光曠反深尸鴆反禹吾無間然矣（疏）子曰至然矣　正義曰此章美夏禹之功德也子曰禹吾無間然矣者間謂間厠孔子推禹功德之盛美言已不能復間厠其間也菲飲食而致孝乎鬼神者此下言其無間之三事也菲薄也薄已飲食致孝鬼神令祭祀之物豐多絜淨也惡衣服而致美乎黻冕者黻冕皆祭服也言禹降損其常服以盛美其祭服也卑宮室而盡力乎溝洫者溝洫田間通水之道也言禹卑下所居之宮室而盡力以治田間之溝洫也以常人之情飲食務於肥濃禹則淡薄之衣服好其華美禹則麤惡之宮室多尚高廣禹則卑下之飲食鬼神所享故去致孝祭服備其采章故去致美溝洫人功所爲故去盡力也禹吾無間然矣者美之深故再言之　注孔曰損其常服以成祭服　正義曰鄭玄注此云黻是祭服之衣冕其冠也左傳晉侯以黻冕命士會亦當然也黻蔽膝也祭服謂之黻其他服

謂之韠俱以韋爲之制同而色異韠各從裳色韍其色皆赤尊卑以深淺爲異天子純朱諸侯黄朱大夫赤而已大夫已上冕服悉皆有韍故禹言韍冕左傳亦言韍冕但冕服自有尊卑耳周禮司服云王之服祀昊天上帝則服大裘而冕祀五帝亦如之享先王則衮冕享先公饗射則鷩冕祀四望山川則毳冕祭社稷五祀則希冕祭羣小祀則玄冕孤之服自希冕而下左傳士會韍冕當是希冕也此禹之韍冕則玄冕皆是也　注包曰至八尺　正義曰方里爲井井間有溝溝廣深四尺十里爲成成間有洫洫廣深八尺者案考工記匠人爲溝洫耜廣五寸二耜爲耦一耦之代廣尺深尺謂之畎田首倍之廣二尺深二尺謂之遂九夫爲井井間廣四尺深四尺謂之溝方十里爲成成間廣八尺深八尺謂之洫方百里爲同同間廣二尋深二仞謂之澮鄭注云此畿内采地之制九夫爲井井者方一里九夫所治之田也采地制井田異於鄉遂及公邑三夫爲屋屋具也一井之中三屋九夫三三相具以出賦稅其治溝也方十里爲成成中容一甸甸方八里出田稅緣邊一里治洫方百里爲同同中容四都六十四成方八十里出田稅緣

邊十里一治澮是溝洫之法也

論語注疏卷第四

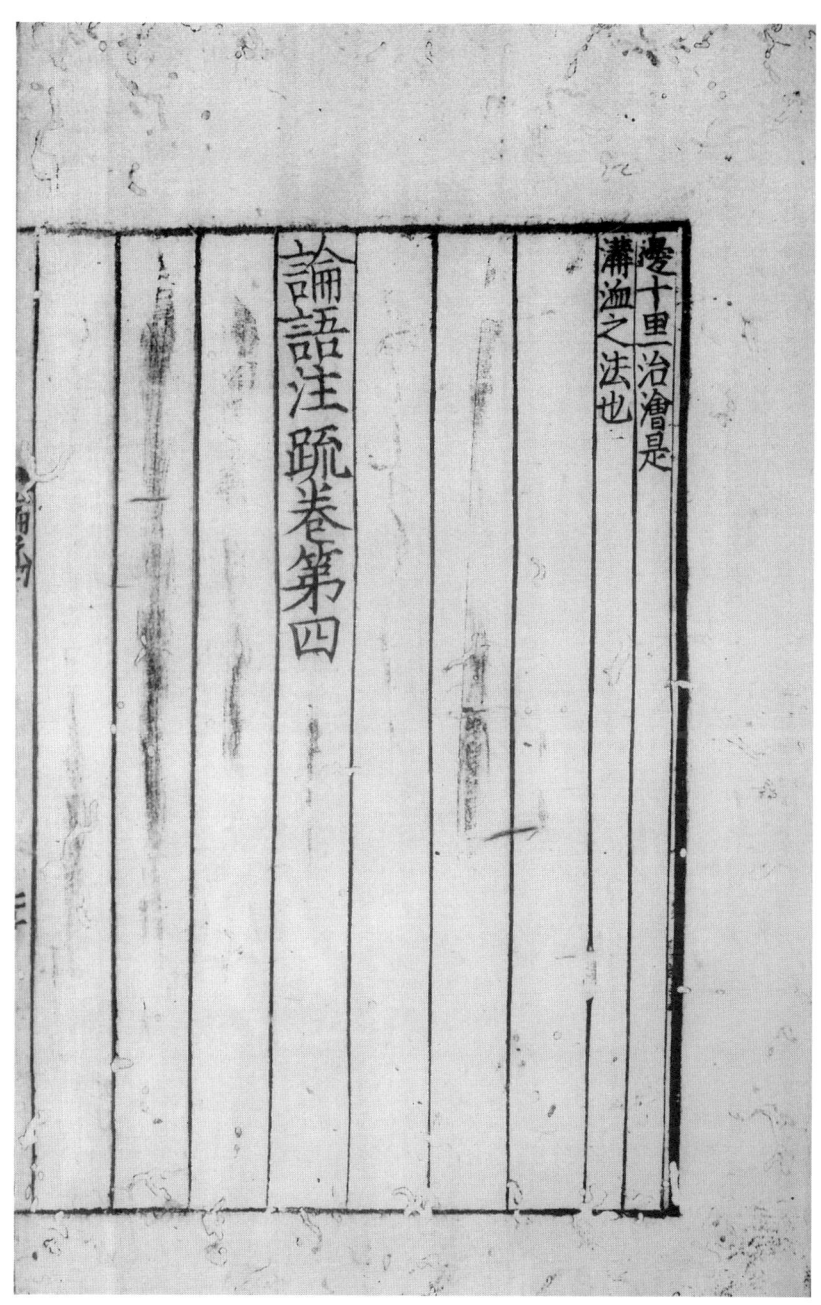

論語註疏卷之五

子罕第九

疏 正義曰此篇皆論孔子之德行也故以次泰伯堯禹之至德

子罕言利與命與仁 罕者希也利者義之和也命者天之命也仁者行之盛也寡能及之故希言也

疏 子罕言利與命與仁 正義曰此章論孔子希言難及之事也罕希也與及也利者義之和也命者天之命也仁者行之盛也孔子以其利命仁三者常人寡能及之故希言也

注罕者至言也 正義曰釋詁云希罕也轉互相訓故罕得為希也云利者義之和也者易乾卦文言文也言天能利益庶物使物各得其宜而和同也此云利者謂君子利益萬物使物各得其宜足以和合於義法天之利也云命者天之命也者謂天所命生人者也天本無體亦無言語之命但人感自然而生有賢愚吉凶窮

通天壽若天之付命遣使之然故云天之命也云仁者行之盛也
者仁者愛人以及物是善行之中最盛者也以此三者中知以下
寡能及之故孔子希言也（釋）罕呼旱反行下孟反達巷黨人曰大哉孔子
博學而無所成名鄭曰達巷者黨名也五百家為黨此黨之人美孔子博學道藝不成一名
而已子聞之謂門弟子曰吾何執執御乎執
射乎吾執御矣鄭曰聞人美之承之以謙吾執御者欲名六藝之卑（疏）達巷至御矣
正義曰此章論孔子道藝該博也達巷黨人曰大哉孔子博學而
無所成名者達巷者黨名也五百家為黨此黨之人美孔子博學
道藝不成一名而已子聞之謂門弟子曰吾何執執御乎執射乎
吾執御矣者孔子聞人美之承之以謙故告謂門弟子曰我於六
藝之中何所執守乎但能執御乎執射乎乎者疑而未定之辭又
復謙損云吾執御矣以為人僕御是六藝之卑者孔子欲名六藝

之卑故云吾執御矣謙之甚也子曰麻冕禮也今也純儉吾從衆孔曰冕緇布冠也古者績麻三十升布以爲之純絲也絲易成故從儉釋純順倫反鄭作側基反黑繒也易以豉反拜下禮也今拜乎上泰也雖違衆吾從下王曰臣之與君行禮者下拜然後升成禮時臣驕泰故於上拜今從下禮之恭也疏子曰至從下　正義曰此章記孔子
從恭儉也子曰麻冕禮也今也純儉吾從衆者冕緇布冠也古者
績麻三十升布以爲之故云麻冕禮也今也謂當孔子時純絲也
絲易成故云純儉用絲雖不合禮以其儉易故孔子從之也拜下
禮也今拜乎上泰也雖違衆吾從下者禮臣之與君行禮者下拜
然後升成拜是禮也今時之臣皆拜於上是驕泰也孔子以其驕
泰則不孫故違衆而從下拜之禮也下拜禮之恭故也　注孔曰
至從儉　正義曰云冕緇布冠也者冠者首服之大名冕者冠中
之別號故冕得爲緇布冠也士冠禮曰陳服緇布冠缺項青組纓

屬于頍記曰始冠緇布之冠也大古冠布齊則緇之其緌也孔子
曰吾未之聞也冠而敝之可也云古者績麻三十升布以爲之者
鄭注喪服云布八十縷爲升　注王曰至升也　正義曰云臣之
與君行禮者下拜然後升成禮者案燕禮君燕卿大夫之禮也其
禮云公坐取大夫所媵觶興以酬賓賓降西階下再拜稽首公命
小臣辭賓升成拜鄭注升成拜復再拜稽首也先時君辭之於禮
若未成然又覲禮天子賜侯氏以車服諸公奉篋服加命書于其
上升自西階東面大史氏右侯氏升西面立大史述命侯氏降兩
階之間北面再拜稽首升成拜皆是
臣之與君行禮下拜然後升成禮也　子絕四毋意以道爲度故不
任意 釋 毋音無下同意如字或於亦反非　毋必用之則行舍之則藏故無專必　毋固無可無不可故
無固行　毋我述古而不自作處群萃而不自異惟道是從故不有其身　疏 子絕四毋意毋必毋固毋我　正義
曰此章論孔子絕去四事與常人異也毋不也我身也常人師心
徇惑自任已意孔子以道爲度故不任意常人行藏不能隨時用

舍好自專必惟孔子用之則行舍之則藏不專必也常人之情可者與之不可者拒之好堅固其所行也孔子則無可無不可不固行也人多制作自異以擅其身孔子則述古而不自作處羣衆萃聚和光同塵而不自異故不有其身也

子畏於匡

包曰匡人誤圍夫子以爲陽虎陽虎曾暴於匡夫子弟子顏剋時又與虎俱行後剋爲夫子御至於匡匡人相與共識剋又夫子容貌與虎相似故匡人以兵圍之

㊣釋 眷如字本或作曾才能反顏剋諸書或作顏亥爲于僞反又如字

曰文王既没文不在兹乎

孔曰兹此也言文王雖已死其文見在此此自此其身

㊣釋 見賢遍反

天之將喪斯文也後死者不得與於斯文也

孔曰文王既没故孔子自謂後死言天將喪此文者本不當使我知之今使我知之未欲喪也

㊣釋 喪息浪反下及注同與音預

天之未喪斯文也匡人其如予何

馬曰其如予何者猶言奈我何也天之未喪此文則我當傳之匡人欲奈我何言其不能違天以害己 疏子畏云云 予何

正義曰此章記孔子知天命也子畏於匡者謂匡人以兵圍孔子記者以衆情言之故云子畏於匡其實孔子無所畏也曰文王既沒文不在茲乎者孔子以弟子等畏懼故以此言諭之茲此也言文王雖已死其文豈不見在我此身乎言其文見在我此身也天之將喪斯文也後死者不得與於斯文也者後死者孔子自謂也以文王既沒故孔子自謂已爲後死者言天將喪此文者本不當使我與知之今既使我知之是天未欲喪此文也天之未喪斯文也匡人其如予何者如予何猶言奈我何也天之未喪此文則我當傳之匡人其欲奈我何言匡人不能違天以害己也 注包曰至圍之

○正義曰此注皆約世家述其畏匡之由也案世家云孔子去衛將適陳過匡顏剋爲僕以其策指之曰昔日吾入此由彼缺也匡人聞之以爲魯之陽虎陽虎嘗暴匡人匡人於是遂止孔子孔子狀類陽虎拘焉五日匡人拘孔子益急弟子懼孔子曰文王既沒文不在茲乎已下文與此正同是其事也 釋 傳直專反

大宰問於子貢曰夫子聖者與何其多能也孔曰大宰大夫官名或吳或宋未可分也疑孔子多能於小藝釋大宰音太鄭云是吳太宰嚭與音餘子貢曰固天縱之將聖又多能也孔曰言天固縱大聖之德又使多能釋縱子用反子聞之曰大宰知我乎吾少也賤故多能鄙事君子多乎哉不多也包曰我少小貧賤常自執事故多能爲鄙人之事君子固不當多能疏大宰至多也　正義曰此章論孔子多小藝也大宰問於子貢曰夫子聖者與何其多能也者太宰大夫官名太宰之意以爲聖人當務大忽小今夫子既曰聖者與又何其多能小藝乎以爲疑故問於子貢也子貢曰固天縱之將聖又多能也者將大也言天固縱大聖之德又使多能也子聞之曰太宰知我乎者孔子聞太宰疑已多能非聖[illegible]

云知我乎謙謙之意也吾少也賤故多能鄙事者又説已多能之由也言我自小貧賤常自執事故多能爲鄙人之事也君子多乎哉不多也者又言聖人君子當多能乎哉言君子固不當多能也今已多能則爲非聖所以爲謙謙也　注孔曰至小藝　正義曰云大宰大夫官名者案周禮大宰六卿之長卿即上大夫也故云大夫官名也云或吳或宋未可分也者以當時惟吳宋二國上大夫稱太宰諸國雖有太宰非上大夫故云或吳或宋未可分也鄭云是吳太宰嚭也以左傳哀十二年公會吳于橐皐吳子使太宰嚭請尋盟公不欲使子貢對又子貢嘗適吳故鄭以爲是吳太宰嚭也　釋　少詩照反下同

牢曰子云吾不試故藝　鄭曰牢弟子子牢也試用也言孔子自云我不見用故多技藝　疏　牢曰子云吾不試故藝　正義曰此章論孔子多技藝之由且與前章異時而語故分之牢弟子琴牢也試用也言孔子自云我不見用於時故多能技藝　注牢弟子子牢也　正義曰家語弟子篇云琴牢衛人也字子開一字張此云弟子子牢當是耳　釋　牢力刀反

家語有琴牢字子開一字子張史記無文披其綺反子曰吾有知乎哉無知也知者知意之知也知者言未必盡今我誠盡有鄙夫問於我空空如也

我叩其兩端而竭焉孔曰有鄙夫來問於我其意空空然我則發事之終始兩端以語之竭盡所知不爲有愛

疏子曰至竭焉　正義曰此章言孔子教人必盡其誠也子曰吾有知乎哉無知也者知者意之所知也孔子言我有意之所知不盡以教人乎哉無知也常人知者言未必盡今我誠盡也有鄙夫問於我空空如也我叩其兩端而竭焉者此舉無知而誠盡之事也空空虛心也叩發動也兩端終始也言設有鄙賤之夫來問於我其意空空然我則發事之終始兩端以告語之竭盡所知不爲有愛言我教鄙夫尚竭盡所知況知禮義之弟子乎明無愛惜乎其意之所知也　注知者至誠盡

正義曰云知者知意之知也者知意之知猶言意之所知也云知者言未必盡者言他人之知者言之以教人未必竭盡所知謂多

所愛惜也云今我誠盡者謂孔子言今我教【釋】空如字鄭或作
人實盡其意之所知無愛惜也故云無知也悾悾同音控叩
音口發動也兩端如字鄭云
末也語魚據反為于僞反
子曰鳳鳥不至河不出
圖吾已矣夫孔曰聖人受命則鳳鳥至河出圖今天無此
瑞吾已矣夫者傷不得見也河圖八卦是也
【疏】子曰鳳鳥不至河不出圖吾已矣夫 正義曰此章言孔子
傷時無明君也聖人受命則鳳鳥至河出圖今天無此瑞則
時無聖人也故歎曰吾已矣夫傷不得見也 注孔曰至是也
正義曰云聖人受命則鳳鳥至河出圖者禮器云外中於天而鳳
皇降接神契云德至鳥獸則鳳皇來天老曰鳳象麟前鹿後蛇頸
魚尾龍文龜背燕頷雞喙五色備舉出於東方君子之國翱翔四
海之外過崑崙飲砥柱濯羽弱水莫宿丹穴見則天下大安寧鄭
玄以為河圖洛書龜龍銜負而出如中候所說龍馬銜甲赤文綠
色甲似龜背袤廣九尺上有列宿斗正之度帝王錄【釋】出如字
紀興亡之數是也孔安國以為河圖即八卦是也 舊人遂

反注同夫音扶瑞時恵反子見齊衰者冕衣裳者與瞽者包曰冕者冠也大夫之服瞽盲也見之雖少必作過之必趨包曰作起也趨疾行也此夫子哀有喪尊在位恤不成人疏子見至必趨　正義曰此章言孔子哀有喪尊在位恤不成人也子見齊衰者冕衣裳者與瞽者齊衰周親之喪服也言齊衰則斬衰從可知也冕冠也大夫之服也瞽盲也見之雖少必作過之必趨者作起也趨疾行也言夫子見此三種之人雖少坐則必起行則必趨釋齊音咨衰七雷反冕音免鄭本作弁云魯讀弁爲絻今從古鄉黨篇亦然瞽音古顔淵喟然歎曰喟歎聲釋喟古位反又苦恠反仰之彌高鑽之彌堅言不可窮盡釋鑽子官反瞻之在前忽焉在後言恍惚不可爲形象釋惚怳況往反今作恍惚夫子循循然善誘

人循循次序貌誘進也言夫子正以此道進勸人有次序（釋）循音巡博我以文約我以禮欲罷不能既竭吾才如有所立卓爾雖欲從之末由也已孔曰言夫子既以文章開博我又以禮節節約我使我欲罷而不能已竭我才矣其有所立則又卓然不可及言已雖蒙夫子之善誘猶不能及夫子之所立（疏）顏淵至也已　正義曰此章美夫子之道也顏淵喟然歎曰仰之彌高鑽之彌堅瞻之在前忽焉在後者喟歎聲也彌益也顏淵喟然發歎言夫子之道高堅不可窮盡恍惚不可爲形象故仰而求之則益高鑽研求之則益堅瞻之似若在前忽然又復在後也夫子循循然善誘人者循循次序貌誘進也言夫子以此道教人循循然有次序誘謂善進勸人也博我以文約我以禮欲罷不能既竭吾才如有所立卓爾雖欲從之末由也已者末無也言夫子既開博我以文章又節約我以禮節使我欲罷止而不能已竭盡我才矣其有夫子更有所

劄立則又卓然絶異已雖欲從之無由得及言已雖蒙夫子之善誘猶不能及夫子之所立也【釋】[illegible]皮卓陟角反鄭云絶望之辭

子疾病包曰疾甚曰病子路使門人爲臣鄭曰孔子嘗爲大夫故子路欲使弟子行其臣之禮病閒曰久矣哉由之行詐也無臣而爲有臣吾誰欺欺天乎孔曰少差曰閒言子路久有是心非今日也【釋】閒如字差初賣反詐側嫁反且予與其死於臣之手也無寧死於二三子之手乎馬曰無寧寧也二三子門人也就使我有臣而死其手我寧死於弟子之手乎且予縱不得大葬孔曰君臣禮葬予死於道路乎馬曰就使我不得以君臣禮葬有二三子在我寧當憂棄於道路乎【疏】子疾至路乎　正義

曰此章言孔子不欺也子疾病者疾甚曰病子路使門人爲臣者以孔子嘗爲魯大夫故子路欲使弟子行其家臣之禮以夫子爲大夫君也病間曰久矣哉由之行詐也者少差曰間當其疾甚時子路以門人爲臣夫子不知及病少差知之乃責之言子路久有是詐欺之心非今日也故云久矣哉由之行詐也無臣而爲有臣吾誰欺欺天乎者言我既去大夫是無臣也女使門人爲臣是無臣而爲有臣如此行詐人盡知之是人不可欺故云吾誰欺既人不可欺乃欲遠欺天乎且予與其死於臣之手也無寧死於二三子之手乎無寧寧也二三子門人也言就使我有臣且我等其死於臣之手寧如死於其弟子之手乎且予縱不得大葬予死於道路乎者大葬謂君臣禮葬言且就使我縱不得以君臣禮葬有二三子在我寧當憂棄於道路乎言必不至死於道路也

子貢曰有美玉於斯韞匵而藏諸求善賈而沽諸馬曰韞藏也匵匱也謂藏諸匱中沽賣也得善賈寧肯賣之邪子曰沽之哉沽

之哉我待賈者也包曰沽之哉不衒賣之辭我居而待賈疏子貢至者也○正義曰此章言孔子藏德待用也子貢曰有美玉於斯韞匵而藏諸求善賈而沽諸者子貢欲觀孔子聖德藏用何如故託事以諮問也韞藏也匵匱也諸之也沽賣也言人有美玉於此藏在匵中而藏之若求得善貴之賈寧肯賣之邪君子於玉比德子貢之意言夫子有美德而懷藏之若人虛心盡禮求之夫子肯與之乎子曰沽之哉沽之哉我待賈者也者孔子荅言我賣之哉不衒賣之辭雖不衒賣我居而待賈言有人虛心盡禮以求我道我即與之而不吝也釋沽音姑衒古縣字一音玄遍反子欲居九夷馬曰九夷東方之夷有九種釋種章勇反或曰陋如之何子曰君子居之何陋之有馬曰君子所居則化疏子欲至之有○正義曰此章論孔子疾中國無明君也子欲居九夷者東方之夷有九種孔子以時無明君故欲居東夷或曰陋如之何者或人謂孔子言東方無

陋無禮如何可居子曰君子居之何陋之有者孔子荅或人言君子所居則化使有禮義故云何陋之有　注馬曰九夷東方之夷有九種　正義曰案東夷傳云夷有九種曰畎夷于夷方夷黄夷白夷赤夷玄夷風夷陽夷又一曰玄菟二曰樂浪三曰高驪四曰滿飾五曰鳧臾六曰索家七曰東屠八曰倭人九曰天鄙

子曰吾自衛反魯然後樂正雅頌各得其所鄭曰反魯魯哀公十一年冬是時道衰樂廢孔子來還乃正之故雅頌各得其所

疏子曰吾自衛反魯然後樂正雅頌各得其所　正義曰此章記孔子言正廢樂之事也孔子以定十四年去魯應聘諸國魯哀公十一年自衛反魯是時道衰樂廢孔子來還乃正之故雅頌各得其所也　注反魯魯哀公十一年冬　正義曰案左傳哀十一年冬衛孔文子之將攻大叔也訪於仲尼仲尼曰胡簋之事則嘗學之矣甲兵之事未之聞也退命駕而行曰鳥則擇木木豈能擇鳥哉文子遽止之曰圉豈敢度其私訪衛國之難也將止魯人以幣召之乃歸杜注云於是自衛反魯樂正雅頌

各得其所是也子曰出則事公卿入則事父兄喪事不敢不勉不爲酒困何有於我哉馬曰困亂也疏子曰出則事公卿入則事父兄喪事不敢不勉不爲酒困何有於我哉　正義曰此章記孔子言忠順孝悌哀喪慎酒之事也困亂也言出仕朝廷則盡其忠順以事公卿也入居私門則盡其孝悌以事父兄也若有喪事則不敢不勉力以從禮也未嘗爲酒亂其性也他人無是行於我我獨有之故曰何有於我哉　子在川上曰逝者如斯夫不舍晝夜包曰逝往也言凡往也者如川之流疏子在川上曰逝者如斯夫不舍晝夜　正義曰此章記孔子感歎時事既往不可追復也逝往也夫子因在川水之上見川水之流迅速且不可追復故感之而興歎言凡時事往者如此川之流夫不以晝夜而有舍止也釋夫音符下章有夫夫同舍音捨　子曰吾未

見好德如好色者也疾時人薄於德而厚於色故發此言疏子曰吾未見好德如好色者也　正義曰此章孔子疾時人薄於德而厚於色也釋好呼報反下同

子曰譬如爲山未成一簣止吾止也包曰簣土籠也此勸人進於道德爲山者其功雖已多未成一籠而中道止者我不以其前功多而善之見其志不遂故不與也釋簣求位反籠魯東反中丁仲反又如字

譬如平地雖覆一簣進吾往也馬曰平地者將進加功雖覆一簣我不以其功少薄之據其欲進而與之疏子曰至往也　正義曰此章孔子勸人進於道德也子曰譬如爲山成一簣止吾止也者簣土籠也言人之學道垂成而止前功雖多吾不與也譬如爲山者其功雖已多未成一籠而中道止者我不以其前功多而善之見其志不遂故吾止而不與也譬如平地雖覆一簣進吾往也者言人進德修業功雖未多而強學不息則

眞之也譬如平地者將進加功雖始覆一簣我不其力少而薄之據其欲進故吾則往而與之也（釋）覆芳服反

曰語之而不惰者其回也與顏淵解故語之而不惰餘人不

故有惰之辭（疏）子曰語之而不惰者其回也與　正義曰此章美顏回也惰謂解惰也言餘人不能盡解故有解惰

夫子之語時其語之而不解惰其唯顏回也與顏淵解故也（釋）語魚據反惰徒臥反與音餘解音蟹下同

子謂顏淵曰惜乎吾見其進也未見其止也

曰孔子謂顏淵進未止痛惜之甚（疏）子謂顏淵曰惜乎吾見其進也未見其止也　正義曰此章以顏回早死孔子

後歎惜之也孔子謂顏進益未止痛惜之甚也子曰苗而不秀者有矣夫

秀而不實者有矣夫孔曰言萬物有生而不育成者喻人亦然（疏）子曰苗而

不秀者有矣夫秀而不實者有矣夫 正義曰此章亦以顔回早卒孔子痛惜之爲之作譬也言萬物有生而不育成者喻人亦然也

子曰後生可畏焉知來者之不如今也後生謂年少 釋 焉於虔反年少本今作少年詩照反 四十五十而無聞焉斯亦不足畏也已 疏 子曰至也已 正義曰此章勸學也子曰後生可畏焉知來者之不如今也者後生謂年少也言年少之人足以積學成德誠可畏也安知將來者之道德不如我今日也四十五十而無聞焉斯亦不足畏也已者言年少時不能積學成德至於四十五十而令名無聞雖欲強學終無成德故不足畏也

子曰法語之言能無從乎改之爲貴孔曰人有過以正道告之口無不順從之然必自改之乃爲貴 釋 語魚據反 巽與之言能無說乎繹之爲

貴馬曰巽恭也謂恭孫謹敬之言聞之無不說者能尋繹行之乃爲貴也(釋)巽音遜說音悅下許又下同繹音亦鄭云陳

說而不繹從而不改吾末如之何也已矣

(疏)子曰至已矣　正義曰此章貴行也子曰法語之言能無從乎改之爲貴者謂人有過以禮法正道之言告語之當時口無不順從之者口雖服從未足可貴能必自改之乃爲貴耳巽與之言能無說乎繹之爲貴者巽恭也繹尋繹也謂以恭孫謹敬之言教與之當時聞之無不喜說者雖聞之喜說未足可貴必能尋繹其言行之乃爲貴也說而不繹從而不改吾末如之何也已矣者謂口雖說從而行不尋繹追改疾夫形服而心不化故云末如之何猶言不可柰何也

子曰主忠信毋友不如已者過則勿憚改愼所主友有過務改皆所以爲益

(疏)子曰主忠信毋友不如已者過則勿憚改　正義曰此章戒人忠信改過也主猶親也憚猶難也言凡所親狎皆須有忠

信者也無得以忠信不如己者爲友也苟有其過無難於改也學而篇已有此文記者異人重出之 釋 毋音無憚徒旦反

子曰三軍可奪帥也匹夫不可奪志也 孔曰三軍雖衆人心不一則其將帥可奪而取之匹夫雖微苟守其志不可得而奪也 疏 子曰三軍可奪帥也匹夫不可奪志也 正義曰此章言人守志不移也萬二千五百人爲軍帥謂將也匹夫謂庶人也三軍雖衆人心不一則其將帥可奪而取之匹夫雖微苟守其志不可得而奪也士大夫已上有妾媵庶人賤但夫婦相匹配而已故云匹夫 釋 帥色類反將子匠反

子曰衣敝縕袍與衣狐貉者立而不耻者其由也與 孔曰縕枲著 釋 衣於既反弊本今作敝縕紆粉反袍蒲刀反貉户洛反依字作貈也與音餘枲絲里反著竹吕反

不忮不求何用不臧 馬曰忮害也臧善也言不忮害不貪求

用爲不善疾貪惡忮害之詩子路終身誦之子曰是道也、足以臧馬曰臧善也尚復有美於是者何足以爲善
疏子曰至以臧　正義此章善仲由也子曰衣敝緼袍與衣狐貉者立而不恥者其由也與者緼枲著也緼袍衣之賤者狐貉裘之貴者常人之情著破敗之緼袍與著狐貉之裘者並立則皆慙恥而能不恥者其惟仲由也與不忮不求何用不臧者忮害也臧善也言不忮害不貪求何用爲不善言仲由不忮害不貪求何用爲不善此詩邶風雄雉之篇疾貪惡忮害之詩也孔子言之以善子路也子路終身誦之者子路以夫子善己故常稱誦之子曰是道也何足以臧者孔子見子路誦之不止懼其伐善故抑之言人行尚復有美於是者此何足以爲善　注孔曰緼枲著　正義曰玉藻云纊爲繭緼爲袍鄭玄云衣有著之異名也纊謂今之新緜緼謂今纊及舊絮也然則今云枲著者雜用枲麻以著袍也釋復扶又反

子曰歲寒然後知松柏之後彫

也大寒之歲衆木皆死然後知松栢小凋傷平歲則衆木亦有不死者故須歲寒而後別之喻凡人處治世亦能自修整與君子同在濁世然後知君子之正不苟容（疏）子曰歲寒然後知松栢之後凋也　正義曰此章喻君子也大寒之歲衆木皆死然後知松栢小凋傷若平歲則衆木亦有不死者故須歲寒而後別之喻凡人處治世亦能自脩整與君子同在濁世然後知君子之正不苟容也（釋）彫丁條反依字當作凋　別彼列反　治直吏反

子曰知者不惑包曰不惑亂（釋）知音智

仁者不憂孔曰無憂患

勇者不懼（疏）子曰知者不惑仁者不憂勇者不懼　正義曰此章言知者明於事故不惑亂仁者知命故無憂患勇者果敢故不恐懼

子曰可與共學未可與適道適之也雖學或得異端未必能之道

可與適道未可與立雖能之道未必能有所立

可與立未可與權

雖能有所立未必能權量其輕重之極唐棣之華偏其反而豈不爾思室是遠而逸詩也唐棣移也華反而後合賦此詩者以言權道反而後至於大順思其人而不得見者其室遠也以言思權而不得見者其道遠也（釋）棣大計反字林大內反偏音篇子曰未之思也夫何遠之有夫思者當思其反反是不思所以爲遠能思其反何遠之有言權可知唯不知思耳思之有次序斯可知矣（疏）子曰至之有　正義曰此章論權道也子曰可與共學未可與適道者適之也言人雖可與共學所學或得異端未必能之正道故未可與也可與適道未可與立者言人雖能之道未必能有所立故未可與立可與立未可與權者言人雖能有所立未必能隨時變通權量其輕重之極也唐棣之華偏其反而豈不爾思室是遠而者此逸詩也唐棣移也言其華偏反而後合賦此詩者以言權道亦先反常而後至於大順也豈不爾思者言誠思爾也誠思其人而不得見者其室遠也以

喻思權而不得見者其道遠也子曰未之思也夫何遠之有者言夫思者當思其反常若不思是反所以為遠能思其反何遠之有言權可知唯不知思爾蓋能思之有次第斯可知矣記者嫌與詩言相亂故重言子曰也　注唐棣栘也、正義曰釋木文也舍人曰唐棣一名栘郭璞曰似白楊江東呼夫栘詩召南云唐棣之華陸機云奧李也一名雀梅亦曰車下李所在山皆有其華或白或赤六月中熟大如李子可食　釋　未音味或作末者非夫音符注同一讀以夫字屬上句

鄉黨第十

疏　正義曰此篇唯記孔子在魯國鄉黨中言行故分之以次前篇也此篇雖曰一章其間事義亦以類相從今各依文解之

孔子於鄉黨恂恂如也似不能言者　王曰恂恂溫恭之貌

（釋）恂音荀又音旬　其在宗廟朝廷便便言唯謹爾　鄭曰便便辯也雖辯而謹敬　（釋）朝直遥反篇內不出者同廷徒寧反又徒佞反便婢綿反　朝與下大夫言侃侃如也　孔曰侃侃和樂之貌　（釋）侃苦旦反樂音洛　與上大夫言誾誾如也　孔曰誾誾中正之貌　君在踧踖如也與與如也　馬曰君在視朝也踧踖恭敬之貌與與威儀中適之貌　（釋）孔子至與與如也　正義曰此一節記言語及趨朝之禮容也孔子於鄉黨恂恂如也似不能言者恂恂溫恭之貌言孔子在於鄉黨中與故舊相接常溫和恭敬恂恂然如似不能言語者道其謙恭之甚也凡言如也者皆謂如此義也其在宗廟朝廷便便言唯謹爾者便便辯也宗廟行禮之處朝廷布政之所當詳問極言故辯治也雖辯而唯謹敬朝與下大夫言侃侃如也與上大夫言誾誾如也者侃侃和樂之貌誾誾中正之貌下大

夫稍卑故與之言可以和樂上大夫卿也爵位既尊故與之言常執中正不敢和樂也君在踧踖如也與與如也者君在謂視朝時也踧踖恭敬之皃與與威儀中適之皃既當君在之所故恭敬使威儀中適不敢解惰也 釋 踧子六反踖子亦反與音餘中丁仲反

君召使擯 鄭曰君召使擯者有賓客使迎之 釋 擯必刃反本又作儐亦作賓皆同 色勃如也 孔曰必變色 釋 勃步忽反 足躩如也 包曰足躩盤辟皃 釋 躩驅若反注皆同盤步干反字又作槃辟婢亦反 揖所與立左右手衣前後襜如也 鄭曰揖左人左其手揖右人右其手一俛一仰衣前後襜如也 趨進翼如也 孔曰言端好 賓退必復命曰賓不顧矣 鄭曰復命白君賓已去矣

疏 君召使擯至顧矣 正義曰此一節言君召孔子使爲擯之禮也擯謂主國之君所使出接賓者也色勃如也足躩如也者勃然變

色也足躩盤辟貌既傳君命以接賓故必變色而加肅敬也足容
盤辟躩然不敢懈慢也揖所與立左右手衣前後襜如也者謂交
擯傳命時揖左人左其手揖右人右其手一俛一仰衣前後襜如
也趨進翼如也者謂疾趨而進張拱端好如鳥之張翼也賓退必
復命曰賓不顧矣者謂賓禮畢主擯送賓出反告白君賓已去矣
不反顧也　注鄭曰至如也　正義曰云揖左人左其手揖右人
右其手者謂傳擯時也案諸侯自相爲賓之禮凡賓主各有副賓
副曰介主副曰擯及行人若諸侯自行則介各從其命數至主國
大門外王人及擯出門相接若主君是公則擯者五人侯伯則擯
者四人子男則擯者三人所以不隨命數者謙也故並用強半之
數也賓若是公來至門外直當闑西去門九十步而下車當軹北
嚮而立鄭注考工記云軹轂末也其侯伯立當前疾胡下子男立
當衡注衡謂車軛其君當軫而九介立在君之北邐迤西北並東
嚮而列主公出直闑東南西嚮立擯在主人之南邐迤東南立並
西嚮也使末擯與末介相對中間傍相去三丈六尺列擯介既竟
則主君就擯求辭所以須求辭者不敢自許人求詣已恐爲他事

而至故就求辭自謙之道也求辭之法主人先傳求辭之言與上
擯上擯以至次擯次擯繼傳以至末擯末擯傳與賓末介末介以
次繼傳上至於賓賓荅辭隨其來意又從上介而傳下至末介末
介又傳與末擯末擯傳相次而上至於主人傳辭既竟而後進迎
賓至門知擯介朝位如此者大行人職文又知傳辭拜迎賓前至
門者司儀職文其傳辭司儀之交擯也其列擯介傳辭委曲糸聘
禮文若諸侯使卿大夫相聘其介與主位則大行人云卿大夫之
禮各下其君二等鄭注云介與朝位是也主君待之擯數如待其
君其有異者主君至大門而不出限南面而立也若公使之亦直
闑西北鄕七介而去門七十步侯伯之使列五介而去門五十步
子男之使三介而去門三十步上擯出閾外闑東南西鄕陳介西
北東面邐迤如君自相見也而末介末擯相對亦相去三丈六尺
陳擯介竟則不傳命而上擯進至末擯閒南揖賓賓亦進至末介
閒上擯與賓相去亦三丈六尺而上擯揖而請事入告君君在限
内後乃相與入也知者約聘禮文不傳辭司儀及聘禮謂之旅擯
君自來所以必傳命者聘義云君子於其所尊弗敢質敬之至也

又若天子春夏受朝宗則無迎法受享則有之故大行人云廟中
將幣三享鄭云朝先享不言朝者朝正禮不嫌有等也若秋冬覲
遇一受之於廟則亦無迎法故郊特牲云覲禮天子不下堂而見
諸侯明冬遇依秋也以爲擯之禮依次傳命故揖左人左其手揖
右人右其手一俛一仰使衣前後襜如也　注鄭曰復命白君賔
已去矣　正義曰案聘禮行聘享私覿禮畢賔出公再拜送賔不
顧鄭注云公既拜客趨辟君命上擯送賔
出反告賔不顧矣於此君可以反路寢矣　入公門鞠躬如
也如不容　孔曰斂身　釋　鞠九六反　立不中門行不履閾　孔曰
閾門限　釋　閾于逼反一音況逼反　過位色勃如也足躩如也　包曰
過君之空位　其言似不足者　攝齊升堂鞠躬如也
屏氣似不息者　孔曰皆重慎也衣下曰齊攝齊者摳衣也　釋　齊音咨篇末皆同摳苦侯反

出降一等逞顏色怡怡如也孔曰先屏氣下階舒氣故怡怡如也釋逞勑井反怡以之反沒階趨進翼如也孔曰沒盡也下盡階釋下沒階趨一本作沒階趨進誤也復其位踧踖如也孔曰來時所過位也疏入公門至踧踖如也正義曰此一節記孔子趨朝之禮容也入公門鞠躬如也如不容者公君也鞠曲斂也躬身也君門雖大斂身如狹小不容受其身也立不中門者中門謂棖闑之中央君門中央有闑兩旁有棖棖謂之門梐棖闑之中是尊者所立處故人臣不得當之而立也行不履閾者閾踐也閾門限也出入不得踐履門限所以爾者一則自高二則不淨並爲不敬過位色勃如也足躩如也者過位過君之空位者也謂門屏之間人君宁立之處君雖不在此位人臣過之宜敬故勃然變色足盤辟而爲敬也其言似不足者下氣怡聲如似不足者也攝齊升堂鞠躬如也屏氣似不足者皆重愼也衣下曰齊攝齊者摳衣也將升堂時以兩手當裳前提挈裳使起恐衣長轉足躡

履之仍復曲斂其身以至君所則屏藏其氣似無氣息者也出降一等逞顏色怡怡如也者以先時屏氣出下階一級則舒氣故解其顏色怡怡然和說也沒階趨進翼如也沒盡也下盡階則疾趨而出張拱端好如鳥之舒翼也復其位踧踖如也者復至其來時所過之位則又踧踖恭敬也　注閾門限　正義曰釋宮云柣謂之閾孫炎云閾門限也經傳諸注皆以閾爲門限爲內外之限約也　注衣下曰齊攝齊者摳衣也　正義曰曲禮云兩手摳衣去齊尺鄭注云齊謂裳下緝也然則衣謂裳也對文則上曰衣下曰裳散則可通故此云摳衣摳提挈也謂提挈裳前使去地一尺也

執圭鞠躬如也如不勝　包曰爲君使聘問鄰國執持君之圭鞠躬者敬慎之至　釋　勝音升爲于僞反使所吏反

上如揖下如授勃如戰色足蹜蹜如有循　鄭曰上如揖授玉宜敬下如授不敢忘禮戰色敬也足蹜蹜如有循舉前曳踵行　釋　上時掌反又如字下如魯讀下爲趨今從古蹜色六反授玉一本作授玉

踵章勇反享禮有容色鄭曰享獻也聘禮既聘而享用圭璧有庭實〔釋〕享許[illegible]丈反[illegible]

覿愉愉如也鄭曰覿見也既享乃以私禮見愉愉顏色和〔疏〕執圭至愉愉如也　正義曰此一節記為君使聘問鄰國之禮容也執圭鞠躬如也如不勝者言執持君之圭以聘鄰國而鞠躬如不能勝舉慎之至也上如揖下如授者上謂授玉時宜敬故如揖也下謂既授玉而降雖不執玉猶如授時不敢忘禮也勃如戰色足蹜蹜如有循者亦謂執圭行聘時戰栗其顏色敬也足則舉前曳踵而行蹜蹜如有所循也享禮有容色者享獻也聘禮既聘而享用圭璧有庭實聘時執圭命故勃如戰色至行享時則稍許有容色不復戰栗私覿愉愉也者覿見也愉愉顏色和也謂既享乃以私禮見故顏色愉愉和說也　注包曰至之至　正義曰云為君使聘問鄰國執持之圭者案聘禮云賓襲執圭致命公側襲受玉于中堂與東楹之間是其事也凡執玉之禮大宗伯云公執桓圭注云雙植謂之桓桓宮室之象所以安其上也圭長九寸[illegible]玉人云命圭九寸公守之

之是也宗伯又云侯執信圭伯執躬圭注云皆象以人形爲瑑飾文有麤縟耳欲其慎行以保身圭皆長七寸故玉人云命圭七寸謂之信圭侯守之命圭七寸謂之躬圭伯守之江南儒者解云直者爲信其文𢙣細曲者爲躬其文麤略義或然也宗伯又云子執穀璧男執蒲璧注云穀所以養人蒲爲席所以安人不執圭者未成國也盖瑑爲穀稼及蒲葦之文蓋皆徑五寸故大行人云執穀璧男執蒲璧五寸是也凡圭廣三寸厚半寸剡上左右各半寸知者聘禮記文其璧則內有孔外有玉其孔謂之好故爾雅云肉倍好謂之璧好倍肉謂之瑗肉好若一謂之環此謂諸侯所執圭璧皆朝於王及相朝所用也故典瑞前既陳玉則云朝覲宗遇會同於王諸侯相見亦如之是也其公侯伯朝后皆用璋者以聘禮聘君用圭聘夫人以璋則知於天子及后亦然也其子男既朝王用璧朝后宜用琮以璧琮相對故也鄭注小行人云其上公及二王之後享天子圭以馬享后璋以皮其侯伯子男享天子璧以帛享后琮以錦其玉大小各如其命數知者玉人云璧琮九寸諸侯以享天子是也其諸侯相朝所執之玉與朝天子[illegible]異

享王皆以璧享君以琮享夫人明相朝禮亦當然子男相享用琥以繡璜以黼故鄭注小行人云其於諸侯亦用璧琮耳子男於諸侯則享用琥璜下其瑞是也其諸侯之臣聘天子及聘諸侯其聘王及享王降其君瑞一等故玉人云瑑圭璋八寸璧琮八寸以覜聘是也　注足蹜蹜如有循舉前曳踵行　正義曰案玉藻云執龜玉舉前曳踵蹜蹜如也踵謂足之後跟也謂將行之時初舉足前後曳足跟行不離地蹜蹜如也言舉足狹數蹜蹜如也玉藻又云圈豚行不舉足齊如流鄭注云圈轉也豚之言若有所循不舉足曳踵則衣之齊如水之流矣孔子執圭則然此徐趨也

注鄭曰至庭實　正義曰享獻也釋詁文也云聘禮既聘而享用圭璧有庭實者案覲禮侯氏既見王乃云四享皆束帛加璧庭實唯國所有鄭玄云四當爲三大行人職曰諸侯廟中將幣皆三享其禮差又無取於四也初享或用馬或用虎豹之皮其次享三牲魚腊籩豆之實龜也金也丹漆絲纊竹箭也其餘無常貨此物非一國所能有唯國所有分爲三享皆以璧帛致之禮器云大享其王事與三牲魚腊四海九州之美味也籩豆之薦四時之和氣也

内金示和也束帛加璧尊德也龜爲前列先知也金次之見情也丹漆絲纊竹箭與衆共財也其餘無常貨名以其國之所有則致遠物也郊特牲曰旅幣無方所以別土地之宜而節遠邇之期也龜爲前列先知也以鍾次之以和居參之也虎豹之皮示服猛也束帛加璧往德也鄭玄覲禮之注所言出於彼也諸侯相朝聘其禮亦然案聘禮賓裼奉束帛加璧享記曰凡庭實隨入左先皮馬相間可也小行人職云合六幣圭以馬璋以皮璧以帛琮以錦琥以繡璜以黼此六物者以和諸侯之好故鄭注云合同也六幣所以享也五等諸侯享天子用璧享后用琮其大各如其瑞皆有庭實以馬若皮皮虎豹皮也用圭璋者二王之後也二王後尊故享用圭璋而特之禮器曰圭璋特是也其於諸侯亦用璧琮耳子男於諸侯則享用虎璜下其瑞也凡二王後諸侯相享之玉大小各降其瑞一等及使卿大夫覜聘亦如之是用圭璧有庭實也　注既享乃以私禮見　正義曰案聘禮擯者出請事賓告事畢賓奉束帛以請覿注云覿見也卿將公事是欲交其歡敬也不用羔因使而見非特來是也　釋　覿直歷反愉羊朱反見賢遍反

君子不以紺緅飾孔曰一入曰緅飾者不以爲領[illegible]也紺者齊服盛色以爲飾衣似衣齊服緅者三年練以緅飾衣爲其似衣喪服故皆不以爲飾衣釋紺古暗反緅莊由反考工記云五入曰緅字林云帛青色子勾反褻詳又反字亦作袖緣悅絹反齊側皆反下同本今文作齋衣於既反下不衣同紅紫不以爲褻服王曰褻服私居服非公會之服皆不正褻尚不衣正服無所施釋褻息列反當暑袗絺綌必表而出之孔曰暑則單服絺綌葛也必表而出之加上衣釋袗之忍反本又作袗絺紨之反細葛綌去逆反麤葛緇衣羔裘素衣麑裘黃衣狐裘褻裘長短右袂孔曰服皆中外之色相稱也私家裘長主溫短右袂便作事釋緇側基反麑研奚反麑子也袂面世反稱尺證反便婢面反必有寢衣長一身有半孔曰今之

被也〔釋〕長直亮反狐貉之厚以居鄭曰在家以接賓客〔釋〕貉戶各反去喪

無所不佩孔曰去除也非喪則備佩所宜佩也〔釋〕去起呂反不佩字或從玉旁非非帷

裳必殺之王曰衣必有殺縫唯帷裳無殺也〔釋〕帷位悲反殺色界反羔裘玄冠

不以弔孔曰喪主素吉主玄吉凶異服吉月必朝服而朝孔曰吉月凡朔也朝

服皮弁服齊必有明衣布孔曰以布為沐浴衣〔疏〕君子至明衣布　正義曰此一節記孔子

衣服之禮也君子不以紺緅飾者君子謂孔子也紺玄色緅淺絳

色飾者領緣也紺者齊服盛色以為飾衣似衣齊服緅者三年練以

緅飾衣為其似衣喪服故皆不以為飾衣紅紫不以為褻服者紅

南方間色紫北方間色褻服私居服非公會之服以其紅紫二色

皆不正故不以為褻服褻服尚不用則正服無所施可知也但言

紅紫則五方間色皆不用也當暑袗絺綌必表而出之者袗[illegible]也

絺綌葛也精曰絺麤曰綌暑則單服必加上表衣然後出之爲其
形褻故也緇衣羔裘素衣麑裘黃衣狐裘者凡祭服先加明衣次
加中衣冬則次加袍繭夏則不袍繭用葛也次加祭服若朝服布
衣亦先以明衣親身次加中衣冬則次加裘裘上加裼衣裼衣之
上加朝服夏則中衣之上不用裘而加葛葛上加朝服凡服必中
外之色相稱羔裘羔羊裘也故用緇衣以裼之麑裘麑子皮以爲
裘也故用素衣以裼之狐裘黃故用黃衣以裼之褻裘長短右袂
者此褻裘私家所著之裘也長之者主溫也袂是裘之袖短右袂者
作事便也必有寢衣長一身有半者今之被也狐貉之厚以居者
謂在家接賓客之裘也居家主溫故厚爲之去喪無所不佩者去
除也居喪無飾故不佩除喪則備佩所宜佩也非帷裳必殺者殺
謂殺縫凡衣必有殺縫唯帷裳無也羔裘玄冠不以弔者凶主素
吉主玄故羔裘玄冠不以弔喪也吉月必朝服而朝者吉月月朔也
朝服皮弁服言每朔日必服皮弁之服以朝於君也齊必有明衣
布者將祭而齊則必沐浴浴竟而著明衣所以明絜其體也明衣
以布爲之故曰齊必有明衣布也　注孔曰至節衣　正義曰云

一入曰緅飾者不以爲領袖緣也者案考工記云三入爲纁五入
爲緅七入爲緇注云染纁者三入而成又再染以黑則爲緅緅今
禮俗文作爵言如爵頭色也又復再染以黑乃成緇矣鄭司農說
以論語曰君子不以紺緅飾又曰緇衣羔裘爾雅曰一染謂之縓
再染謂之竀三染謂之纁詩云緇衣之宜兮玄謂此同色耳染布
帛者染人掌之凡玄色者在緅緇之間其六入者與今孔氏云一
入曰緅者未知出何書又云緅者三年練以緅飾衣則似讀緅爲
縓案檀弓云練練衣黃裏縓緣注云小祥練冠練中衣以黃爲內
縓爲飾黃之色卑於纁縓纁之類明外除故曰爲其似衣喪服故
皆不以爲飾衣云紺者齊服盛色以爲飾衣似衣齊服者說文云
紺帛深青揚赤色是紺爲青赤色也故爲齊服盛色者以爲領袖
緣飾則似衣齊服也　注服皆中外之色相稱也　正義曰謂中
衣外裘其色皆相稱也此經云緇衣羔裘者謂朝服也知者案玉
藻云諸侯朝服以日視朝於内朝士冠禮云主人玄冠朝服緇帶
素韠注云玄冠委貌朝服者十五升布衣而素裳不言色者衣與
冠同色是朝衣色玄玄即緇色之小别此說孔子之服云緇衣羔

裘玉藻亦云羔裘緇衣以裼之是羔裘裼用緇衣明其上正服亦緇色也下文又曰羔裘玄冠不以弔是羔裘所用配玄冠羔裘之上必用緇布衣爲裼裼衣之上正服亦是緇色又與玄冠相配故知緇衣羔裘是諸侯君臣日視朝之服也其素衣麛裘則在國視朔之服也卿大夫士亦皆然故鄭玄注此云素衣麑裘視朔之服是也其受外國聘享亦素衣麛裘故聘禮公裼降立注引玉藻云麛裘青豻褎絞衣以裼之又引此云素衣麛裘皮弁時或素衣如鄭此言則裼衣或絞或素不定也熊氏云臣用絞君用素皇氏云素衣爲正記者亂言絞耳其黄衣狐裘謂大蜡息民之祭服也人君以歲事成熟搜索群神而報祭之謂之大蜡又臘祭先祖五祀因令民得大飲農事休息謂之息民於大蜡之後作息民之祭其時則有黄衣狐裘大蜡之祭與息民異也息民用黄衣狐裘大蜡則皮弁素服二者不同矣以其大蜡之後始作息民之祭息民大蜡同月其事相次故連言之耳知者郊特牲云蜡也者索也歲十二月合聚萬物而索饗之也皮弁素服而祭素服以送終葛帶榛杖喪殺也是大蜡之祭用素服也郊特牲既説蜡祭其下又云黄

衣黄冠而祭息田夫也注云祭謂既蜡臘先祖五祀也於是勞農
以休息之是息民之祭用黄衣也此說孔子之服云黄衣狐裘玉
藻云狐裘黄衣以裼之以此知大蜡息民則有黄衣狐裘也是此
三者之服中衣與外裘其色皆相稱也　注孔曰至佩也　正義
曰云非喪則備佩所宜佩也者案玉藻云古之君子必佩玉右徵
角左宫羽凡帶必有佩玉唯喪則否佩玉有衝牙君子無故玉不
去身君子於玉比德焉天子佩白玉而玄組綬世子佩瑜玉而綦
組綬士佩瓀玟而縕組綬孔子佩象環五寸而綦組綬是非居喪
則備佩此所宜佩也　注王曰衣必有殺縫唯帷裳無殺也　正
義曰謂朝祭之服上衣必有殺縫在下之裳其制正幅如帷名曰
帷裳則無殺縫其餘服之裳則亦有殺縫故深衣之制要在縫半
下縫齊倍要喪服之制裳内削幅注云削猶殺也　注孔曰喪主
素吉主玄吉凶異服　正義曰檀弓云奠以素器以生者有哀素
之心注哀素言哀痛無飾凡物無飾曰素又禮祭服皆玄衣服是
喪主素吉主玄也　注孔曰至弁服　正義曰云吉月月朔也者
以詩云二月初吉周禮云正月之吉皆謂朔日故知此吉月謂朔

日也玄朝服皮弁服者士冠禮云皮弁服素積緇帶素韠注云此與君視朝之服也皮弁者以白鹿皮爲冠象上古也積猶辟也以素爲裳辟蹙其要中皮弁之衣用布亦十五升其色象焉魯自文公不行視朔之禮孔子恐其禮廢故每於月朔必衣此視朝之服而朝於君所謂我愛其禮也

釋 齊本或作齋同側皆反

齊必變食孔曰改常饌居必遷坐孔曰易常處

釋 坐如字范甯才卧反處昌慮反

食不厭精膾不厭細食饐而餲孔曰饐餲臭味變

釋 食音嗣飯也厭於豔反注及下同膾古外反又作鱠饐於冀反字林云飯傷熱溼也央莅央冀二反餲烏邁反一音遏字林乙例反

魚餒而肉敗不食魚敗曰餒

釋 餒奴罪反本又作鮾字書同

色惡不食臭惡不食失飪不食孔曰失飪失生熟之節

釋 飪而甚反

不時不食鄭曰不時非朝夕日中時

釋

朝如字割不正不食不得其醬不食馬曰魚膾非芥醬不食

肉雖多不使勝食氣唯酒無量不及亂沽

酒市脯不食不撤薑食孔曰撤去也齊禁薰物薑辛而不臭故不去釋

食氣如字說文作旣去小食也量音亮沽音姑買也去起呂反下同焄香云反本或作葷同本今作薰不多食

孔曰不過飽祭於公不宿肉周曰助祭於君所得牲體歸則班賜不留神惠祭肉

不出三日出三日不食之矣鄭曰自其家祭肉過三日不食是褻鬼神

之餘食不語寢不言雖蔬食菜羹瓜祭必齊如

也孔曰齊嚴敬貌三物雖薄祭之必敬疏齊必至如也　正義曰此一節論齊祭飲食居處之事也齊必變食者謂

將欲接事鬼神宜自絜靜故改其常饌也居必遷坐者謂改易常處也食不厭精膾不厭細者食飯也牛與羊魚之腥聶而切之爲膾飯與膾所尚精細也食饐而餲魚餒而肉敗不食者饐餲臭味變也魚敗曰餒言飯之氣味變及魚肉敗壞皆不食之色惡不食臭惡不食者謂飯食及肉顏色香臭變惡者皆不食之失飪不食者謂饌失生熟之節也不時不食者謂非朝夕日中時也割不正不食者謂折解牲體脊脅臂臑之屬禮有正數若解割不得其正則不食也不得其醬不食者謂魚膾非得芥醬則不食也肉雖多不使勝食氣者氣小食也言有肉雖多食之不可使過食氣也唯酒無量不及亂者唯人飲酒無有限量但不得多以至困亂也沽酒市脯不食者沽買也酒不自作未必精絜脯不自作不知何物之肉故不食也酒當言飲而亦云不食者因脯而并言之耳經傳之文此類多矣易繫辭云潤之以風雨左傳曰馬牛皆百匹玉藻云大夫不得造車馬皆從一而省文也不撤薑食者撤去也齊禁薰物薑辛而不臭故不去也不多食者不可過飽也自此以上皆蒙齊文凡言不食者皆爲不利人以齊者孔子所慎齊必嚴敬若

必食之或致困病則失嚴敬心故不食也其凡常不必然祭於公
不宿肉者謂助祭於君所得牲體歸則班賜不留神惠經宿也祭
肉不出三日出三日不食之矣者謂自其家之祭肉過三日不食
是褻慢鬼神之餘也食不語寢不言者直言曰言答述曰語方食
不可語語則口中可憎寢息宜靜故不言也雖疏食菜羹瓜祭必
齊如也者祭謂祭先齊謂嚴敬貌言疏食也菜羹也瓜也三物雖薄
將食祭先之時亦必嚴敬　注孔曰饐餲臭味變　正義曰釋器
云食饐謂之餲郭璞曰飯饖臭說文云饖飯傷熱也蒼頡篇云食
臭敗也字林云饐飯傷熱濕也　注魚敗曰餒　正義曰釋器云
肉謂之敗魚謂之餒郭璞云敗臭壞也餒肉爛也　注孔曰至必
敬　正義曰云三物雖薄祭之必敬者祭謂祭先也案玉藻云唯
水漿不祭又云瓜祭上環知此二者雖薄亦祭先也若祭之亦必
齊敬也　席不正不坐鄉人飲酒杖者出斯出矣
孔曰杖者老人也鄉人飲酒之禮主
於老者老者禮畢出孔子從而後出　疏　席不正不坐鄉人飲酒
杖者出斯出矣　正義

曰此明坐席及飲酒之禮也凡爲席之禮天子之席五重諸侯之
席三重大夫再重席南鄉北鄉以西方爲上東鄉西鄉以南方爲
上如此之類是禮之正也若不正則孔子不坐也杖者老人也鄉
人飲酒之禮主於老者老者禮畢出孔子則從而後出者也

鄉人儺朝服而立於阼階孔曰儺驅逐疫鬼恐驚先祖故朝服而立於廟之阼
階【疏】鄉人儺朝服而立於阼階　正義曰此明孔子存室神之
禮也儺索室驅逐疫鬼也恐驚先祖故孔子朝服而立於
廟之阼階鬼神依人庶其依己而安也所以
朝服者大夫朝服以祭故用祭服以依神也【釋】於阼本或作於阼階阼才故反

問人於他邦再拜而送之孔曰拜送使者敬也【疏】問人於他邦再
拜而送之　正義曰此記孔子遺人之禮也問猶遺也謂因問有
物遺之也問者或自有事問人或聞彼有事而問之悉有物表其
意故曲禮云凡以弓劒苞苴簞笥問人者操以受命如使之容此
孔子凡以物遺人於他邦必再拜而送其使者所以示其敬者也

釋 使所吏反 **康子饋藥拜而受之** 包曰饋孔子藥 釋 饋其愧反拜而受之一本或無而之二字 **曰丘未達不敢嘗** 孔曰未知其故故不敢嘗禮也 疏 康子饋藥拜而受之曰丘未達不敢嘗○正義曰此明孔子受饋之禮也魯卿季康子饋孔子藥孔子拜而受之凡受人饋遺可食之物必先嘗而謝之孔子未達其藥之故不敢先嘗故曰丘未達不敢嘗亦其禮也

廄焚子退朝曰傷人乎不問馬 鄭曰重人賤畜退朝自君之朝來歸 疏 廄焚子退朝曰傷人乎不問馬○正義曰此明孔子重人賤畜也廄焚謂孔子家廄被火也孔子罷朝退歸承告而問曰廄焚之時得無傷人乎不問傷馬與否是其重人賤畜之意不問馬一句記者之言也 釋 廄久又反天子家廄也王弼云公廄也焚扶云反曰傷人乎絶句一讀至不字絶句畜許六反

君賜食必正席先嘗之 孔曰敬君惠也既嘗之乃以班賜 **君**

賜腥必熟而薦之孔曰薦其先祖釋腥音星說文字林並作胜云不熟也君

賜生必畜之侍食於君君祭先飯鄭曰於君祭則先飯矣若爲君嘗食然

疏君賜至先飯 ○正義曰此明孔子受君賜食及侍食之禮也君賜食必正席先嘗之者謂君以熟食賜已必正席而坐先品嘗之敬君之惠也君賜必多不可留君之惠旣嘗當以班賜君賜腥必熟而薦之者謂君賜已生肉必烹熟而薦其先祖榮君賜也熟食不薦者褻也君賜生必畜之者謂君賜已牲之未殺者必畜養之以待祭祀之用也侍食於君君祭先飯者謂君召已共食時也於君祭時則先飯矣若爲君嘗食然○注鄭曰至食然 ○正義曰云於君祭則先飯矣者曲禮云主人延客祭注云祭祭先也君子有事不忘本也君子不忘本者有德必酬之故得食而種種出少許置在豆間之地以報先代造食之人也若敵客則得先自祭降等之客則後祭若已侍君而賜之食則不祭若賜食而君以客禮待之則得祭雖得祭又先須君命之祭後乃

敢祭也此言君祭先飯則是非客之也故不祭而先飯若爲君嘗食然也【釋】賜生魯讀生爲牲今從古飯扶晚反若爲嘗食然一本作若爲君嘗食然爲于僞反

疾君視之東首加朝服拕紳包曰夫子疾處南牖之下東首加其朝服拕紳紳大帶不敢不衣朝服見君【疏】疾君視之東首加朝服拕紳　正義曰此明孔子有疾君來視之時也拕加也紳大帶也病者常居北牖下爲君來視則暫時遷嚮南牖下東首令君得南面而視之以病臥不能衣朝服及大帶又不敢不衣朝服見君故但加朝服於身又加大帶於上是禮也【釋】首手又反拕本或作拖徒我反又勑佐反紳音紳牖由夕反衣於既反

君命召不俟駕行矣鄭曰急趨君命行出而車駕隨之【疏】君命召不俟駕行矣　正義曰此明孔子急趨君命也俟猶待也謂君命召已不待駕車而即行出車當駕而隨之也

入大廟每事問【疏】入大廟每事問　正義曰此明孔子因助祭入大廟廟中禮儀祭器

雖知之猶每事復問慎之至也

朋友死無所歸曰於我殯孔曰重朋友之恩無所歸言無親暱疏朋友死無所歸曰於我殯　正義曰此明孔子重朋友之恩也言朋友若死更無親暱可歸孔子則曰於我殯與之爲喪主也釋大音泰殯必刃反暱女力反

朋友之饋雖車馬非祭肉不拜孔曰不拜者有通財之義疏朋友之饋雖車馬非祭肉不拜　正義曰此言孔子輕財重祭之禮也朋友有通財之義故其饋遺之物雖是車馬若非祭肉不拜謝之言其祭肉則拜之尊神惠也

寢不尸包曰偃卧四體布展手足似死人居不容孔曰爲室家之敬難久疏寢不尸居不容　正義曰此言孔子寢息居家之禮也尸死人也言人偃卧四體布展手足似死人孔子則當欹屈也其居家之時則不爲容儀爲室家之敬難久當和舒也釋容羊凶反本或作客苦百反爲于僞反

見齊衰者雖狎必變孔曰

狎者素親狎 釋 褻七雷反 狎户甲反 見冕者與瞽者雖褻必以
貌 周曰褻謂數相見必當以貌禮之 釋 冕鄭本作弁 數色角反 凶服者式之式
負版者 孔曰凶服送死之衣物負版者持邦國之圖籍 有盛饌必變色而
作 孔曰作起也敬主人之親饋 迅雷風烈必變 鄭曰敬天之怒風疾雷為烈 疏
見齊至必變　正義曰此一節言孔子見所哀恤及敬重之事為
之變容也見齊衰者雖狎必變者狎謂素相親狎言見衣齊衰喪
服者雖素親狎亦必為變容此即哀有喪也見冕者與瞽者雖褻
必以貌者冕大夫冠也瞽盲也褻謂數相見也言孔子見大夫與
盲者雖數相見必當以貌禮之此即尊在位恤不成人也凶服者
式之式負版者者凶服送死之衣物也負版者是持邦國之圖籍
者也式者車上之橫木男子立乘有所敬則俯而憑式遂以式為
敬名言孔子乘車之時見送死之衣物見持邦國之圖籍者皆為

式而敬之也有盛饌必變色而作者作起也謂人設盛饌待已已必改容而起敬主人之親饋也迅雷風烈必變者迅急疾也風疾雷爲烈此陰陽氣激爲天之怒故孔子必變容以敬之也　注孔曰狎者素親狎　正義曰案左傳宋華弱均樂轡少相狎曲禮云賢者狎而敬之狎是相褻慢相慣習之名也故爲素相親狎也　注負版者持邦國之圖籍　正義曰案周禮小宰職曰聽閭里以版圖注云版是戶籍圖地圖也聽人訟地者以版圖決之司書職曰邦中之版土地之圖以圖籍相將之物故知負版者是持邦國之圖籍也　(釋)迅音信又音峻

升車必正立執綏　周曰必正立執綏所以爲安

車中不內顧　包曰車中不內顧者前視不過衡軛傍視不過輢轂　(釋)車中不內顧魯讀車中內顧今從古顧音故輿中音餘一本作車中軛於革反本今作抳輢於倚反又居綺反轂古木反

不疾言不親指

(疏)升車至親指　正義曰此記孔子乘車之禮也升車必正立執綏者綏者挽以上車之索也言孔子升車之時必正立執

綏所以爲安也車中不內顧者顧謂迴視也言孔子在車中不鄉內迴顧掩人之私也不疾言不親指者亦謂在車中時也疾急也以車中既高故不疾言不親有所指皆爲惑人也　注包曰車中不內顧者前視不過衡軶傍視不過輢轂　正義曰衡軶是轅端横木駕馬領者輿人注云較兩輢上出軾者則輢轂俱在車之兩傍言孔子在車中前視則不過衡軶之前傍視則不過輢轂之後案曲禮云立視五巂式視馬尾顧不過轂注云立平視也巂猶規也謂輪轉之度案車輪一周爲一規乘車之輪高六尺六寸徑一圍三三六十八得一丈八尺又六寸爲一尺八寸摠一規爲一丈九尺八寸五規爲九十九尺六尺爲步摠爲十六步半在車上得視前十六步半也而此注云前視不過衡軶者禮言中人之制此記聖人之行故前視但不過衡軶耳　色斯舉矣　馬曰見顏色不善則去之　翔而後集　周曰迴翔審觀而後下止　疏　色斯舉矣翔而後集　正義曰此言孔子審去就也謂孔子所處見顏色不善則於斯舉動而去之將所依就則必迴翔審觀而後下止此翔而後集一句以

飛鳥喻也曰山梁雌雉時哉時哉子路共之三嗅而作言山梁雌雉得其時而人不得其時故歎之子路以其時物故共具之非本意不苟食故三臭而作作起也

疏曰山梁雌雉時哉時哉子路共之三嗅而作　正義曰此記孔子感物而歎也梁橋也共具也嗅謂鼻歆其氣也作起也孔子行於山梁見雌雉飲啄得所故歎曰此山梁雌雉得其時哉而人不得其時也子路失指以為夫子云時哉者言是時物也故取而共具之孔子以非已本意義不苟食又不可逆子路之情故但三嗅其氣而起也

釋梁音良鄭云孔子山行見雉食而不粟也時哉一本作時哉時哉共本又作供九用反又音恭三[illegible]曹反又如字嗅許又反

論語註疏卷之五

論語註疏卷第六

先進第十一

疏 正義曰前篇論夫子在鄉黨聖人之行也蓋此篇論弟子賢人之行聖賢相次亦其宜也

子曰先進於禮樂野人也後進於禮樂君子也 孔曰先進後進謂仕先後輩也禮樂因世損益後進與禮樂俱得時之中斯君子矣先進有古人斯野人也 釋文 先進鄭云謂學也輩必內反中丁仲反 如用之則吾從先進 將移風易俗歸之淳素先進猶近古風故從之

疏 子曰至吾從先進 正義曰此章孔子評其弟子之中仕進先後之輩也先進於禮樂野人也者先進謂先輩仕進之人準於禮樂不能因世損益而有古風故曰朴野之人也後進於禮樂君子也者後進[illegible]

輩仕進之人也準於禮樂能因時損益與禮樂俱得時之中故曰君子之人也如用之則吾從先進者言如其用之以爲治則吾從先輩朴野之人夫子之意將移風易俗歸之淳素先進猶近古風故從之也 注孔曰至人也 正義曰云先進後進謂仕先後輩也者下章言從我於陳蔡者皆不及門也謂不及仕進之門則此謂不從於陳蔡得仕進者也蓋先進者當襄昭之世後進者當定哀之世云禮樂因世損益者爲政篇云殷因於夏禮所損益可知也周因於殷禮所損益可知也又周初則禮樂盛周衰則禮樂壞是禮樂因世損益也云後進與禮樂俱得時之中斯君子矣者言禮樂隨世盛衰後進與時消息皆中當於時故爲君子也云先進有古風斯野人也者言先進仕進之人比乎則尚淳素故云斯野人也 (釋) 近附之近

子曰從我於陳蔡者皆不及門也 鄭曰言弟子從我而厄於陳蔡者皆不及仕進之門而失其所

(疏) 子曰從我於陳蔡者皆不及門也 正義曰此章孔子閔弟子之失所言弟子從我而厄於陳蔡者皆不及仕

進之門而失其所也〇釋從才用反德行顔淵閔子騫冉伯牛仲弓言語宰我子貢政事冉有季路文學子游子夏〇疏德行顔淵閔子騫冉伯牛仲弓言語宰我子夏政事冉有季路文學子游子夏

正義曰此章因前章言弟子失所不及仕進遂舉弟子之中才德尤高可仕進之人鄭氏以合前章皇氏別爲一章言若任用德行則有顔淵閔子騫冉伯牛仲弓四人若用其言語辯説以爲行人使適四方則有宰我子貢二人若治理政事决斷不疑則有冉有季路二人若文章博學則有子游子夏二人也然夫子門徒三千達者七十有二而此四科唯舉十人者但言其翹楚者耳或時在陳言之唯舉從者但言其翹楚者耳或時在陳言之唯舉從者其不從者雖有才德亦言不及也

子曰回也非助我者也於吾言無所不説孔曰助益也言回聞言即解無

所發起增益於已【疏】子曰回也非助我者也於吾言無所不說　正義曰此章稱顏回之賢也助益也說解也凡師資問荅以相發起若與子夏論詩子曰起子者商也如此是有益於已也今回也非增益於已者也以其於吾之所言皆默而識之無所不解言回聞言即解無所發起增益於已也【釋】行下孟反鄭云以合前章皇別為一章說音悅解音蟹

子曰孝哉閔子騫人不間於其父母昆弟之言

陳曰言子騫上事父母下順兄弟動靜盡善故人不得有非間之言【疏】子曰孝哉閔子騫人不間於其父母昆弟之言　正義曰此章歎美閔子騫之孝行也昆兄也間謂非毀間廁言子騫上事父母下事兄弟動靜盡善故人不得有非間之言

南容三復白圭

孔曰詩云白圭之玷尚可磨也斯言之玷不可為也南容讀詩至此三反覆之是其心慎言也【釋】三息暫反玷丁簟反

孔子以其兄之子妻之【疏】南容

三復白圭孔子以其兄之子妻之　正義曰此章美南容慎言也復覆也詩云白圭之玷尚可磨也斯言之玷不可爲也南容讀詩至此三反覆之是其心慎言也孔子知其賢故以其兄之女子妻之　注即邦有道不廢邦无道免於刑戮者也弟子各記所聞故又載之　注詩云白圭之玷尚可磨也斯言之玷不可爲也　正義曰此大雅抑篇刺厲王之詩也毛傳云玷缺也箋云斯此也玉之缺尚可磨鑢而平人君政教一失誰能反覆之意言教令尤須謹慎白圭爲圭圭有損缺猶尚可更磨鑢而平若此政教言語之有缺失則遂往而不可改爲王者安危在於出令故特宜慎之是詩人戒其慎言南容心亦欲慎言故三覆讀此也　季康子問弟子孰爲好學孔子對曰有顏回者好學不幸短命死矣今也則亡　疏　季康子問弟子孰爲好學孔子對曰有顏回者好學不幸短命死矣今也則亡　正義曰此章稱顏回之好學也季康子魯執政大夫故言氏稱對此與

哀公問同而答異者以哀公遷怒貳過故因答以諫之康子無之故不云也

顏淵死，顏路請子之車以爲之槨。孔曰路淵父也家貧欲請孔子之車賣以作槨 釋 康子一本作季康子鄭本同好呼報反顏路名無由字子路車音居槨古郭反妻七細反

子曰：才不才，亦各言其子也。鯉也死，有棺而無槨。吾不徒行以爲之槨。以吾從大夫之後，不可徒行也。孔曰鯉孔子之子伯魚也孔子時爲大夫言從大夫之後不可以徒行謙辭也

疏 顏淵死至徒行也

正義曰此并下三章記顏淵死時孔子之語也顏淵死顏路請子之車以爲之槨者路顏淵父也家貧欲請孔子之車賣以作槨也子曰才不才亦各言其子也鯉也死有棺而無槨吾不徒行以爲之槨者此舉親喻疏也言淵才鯉不才雖異亦各言其子則同我子鯉也死時但有棺

以家貧而無椁吾不賣車以作椁今女子死安得賣我車以作椁乎以吾從大夫之後不可徒行也者此言不可賣車作椁之由徒行步行也以吾爲大夫不可步行故也孔子時爲大夫言從大夫之後者謙辭也　注孔曰至辭也　正義曰云鯉孔子之子伯魚也者世家文也云孔子時爲大夫言從大夫之後不可以徒行謙辭也者案孔子世家定公十四年孔子年五十六由大司寇攝行相事魯受齊女樂不聽政三日孔子遂適衛歷至宋鄭陳蔡晉楚去魯凡十四歲而反乎魯然魯終不能用孔子孔子亦不求仕以哀公十六年七十三今案顏回少孔子三十歲三十二而卒則顏回卒時孔子年六十一方在陳蔡矣伯魚年五十先孔子死則鯉也死時孔子蓋年七十左右皆非在大夫位時而此注云時爲大夫未知有何所據也杜預曰嘗爲大夫而去故言後也據其年則顏回先伯魚卒而此云顏回死顏路請子之車以爲之椁子曰鯉也死有棺而無椁又似伯魚先死者王肅家語注云此書久遠年數錯誤未可詳也或以爲假設之辭也徒猶空也謂無甲空行也是步行謂之徒行故左傳襄元年敗鄭徒兵於洧上杜注云徒兵

涉矣

顏淵死子曰噫包曰噫痛傷之聲釋噫於其反天喪予天喪予天喪予者若喪已也再言之者痛惜之甚疏顏淵死子曰噫天喪予天喪予正義曰噫痛傷之聲天喪予者孔子痛惜顏淵死言若天喪已也再言之者痛惜之甚釋喪亡也如字舊息浪反下及注同

顏淵死子哭之慟馬曰慟哀過也釋慟徒送反鄭云變動容貌從者曰子慟矣曰有慟乎孔曰不自知已之悲哀過釋從才用反非夫人之爲慟而誰爲疏顏淵死至誰爲　正義曰子哭之慟者慟過哀也言夫子哭顏淵其悲哀過甚從者曰子慟矣者從者衆弟子見夫子哀過故告曰子慟矣曰有慟乎者時夫子不自知已之悲哀過故荅曰有慟乎邪非夫人之爲慟而誰爲者因弟子言已悲哀過甚遂說已之過哀亦當於理非不也夫人謂顏淵言不於顏淵哭之爲慟而更於誰人爲慟乎

顏淵死

門人欲厚葬之子曰不可禮貧富有宜顏淵貧而門人欲厚葬之故不聽

【釋】夫音符下章夫人同爲于僞反門人厚葬之子曰回也視予猶父也予不得視猶子也非我也夫二三子也馬曰言回自有父父意欲聽門人厚葬我不得割止非其厚葬故云耳【疏】顏淵至三子也正義曰顏淵死門人欲厚葬之者門人顏淵之弟子以其師有賢行故欲豐厚其禮以葬之也子曰不可者禮貧富有宜顏淵貧而門人欲厚葬故不聽之曰不可也門人厚葬之者初咨孔子孔子不聽門人故違孔子而卒厚葬之也子曰回也視予猶父也者此下孔子非其厚葬之語也言回也師事於己視己猶如其父也予不得視猶子也者言回自有父存父意欲聽門人厚葬我不得割止之故曰予不得視猶子也非我也夫二三子也者言厚葬之事非我所爲夫門人二三子爲之也非其厚葬故云耳

季路問

事鬼神子曰未能事人焉能事鬼曰敢問死曰未知生焉知死陳曰鬼神及死事難明語之無益故不荅疏季路至知死正義曰此章明孔子不道無益之語也子路問事鬼神者對則天曰神人曰鬼散則雖人亦曰神故下文獨以鬼荅之子路既承事鬼神其理何如子曰未能事人焉能事鬼者言生人尚未能事之況死者之鬼神安能事之乎曰敢問死者子路又曰敢問人之若死其事何如曰未知生焉知死者孔子言女尚未知生時之事則安知死後乎皆所以抑止子路也以鬼神及死事難明又語之無益故不荅也釋焉於虔反語魚據反

閔子侍側誾誾如也子路行行如也冉有子貢侃侃如也子樂鄭曰樂各盡其性行行剛強之貌釋誾魚巾反行胡浪反或戶郎反侃苦旦反樂音洛注同若由也不得

其死然孔曰不得以壽終　疏　閔子至死然　正義曰此章孔子喜四弟子任其真性也閔子侍側誾誾如也者卑在尊側曰侍誾誾中正之貌如也者言其貌如此也子路行行如也者行行剛強之貌冉有子貢侃侃如也者侃侃和樂之貌子樂者以四子各盡其自然之性故喜樂也若由也不得其死然者然猶焉也言子路以剛必不得以壽終　釋　壽音授

魯人爲長府閔子騫曰仍舊貫如之何何必改作鄭曰長府藏名也藏財貨曰府仍因也貫事也因舊事則可何乃復更改作　釋　仍舊魯讀仍爲仁今從古貫古亂反藏才浪反

子曰夫人不言言必有中王曰言必有中者善其不欲勞民改作　疏　魯人至有中　正義曰此章重於勞民也魯人爲長府者藏財貨曰府長藏名也爲作也言魯人新改作之也閔子騫曰仍舊貫如之何何必改作者子騫見魯人勞民改作長府而爲此辭仍因也貫事也言因舊事則

亦可矣何必乃復更改作也子曰夫人不言言必有中者孔子聞子騫之言而善之也夫人謂子騫言夫此人其惟不言則已若其發言必有中於理此言何必改作是中理之言也善其不欲勞民故以爲中　注鄭曰至改作　正義曰云長府藏名者言魯藏財貨之府名長府也云藏財貨曰府者布帛曰財金玉曰貨周禮天官有大府爲王后藏之長玉府掌王之金玉玩好內府主良貨賄藏在內者外府主泉藏在外者是藏財貨曰府府猶聚也言財貨之所聚也仍因貫事皆釋詁文【釋】中丁仲反注同

子曰由之瑟奚爲於丘之門　馬曰子路鼓瑟不合雅頌　門人不敬子路子曰由也升堂矣未入於室也　馬曰升我堂矣未入於室耳門人不解謂孔子言爲賤子路故復解之

【疏】子曰至室也　正義曰此章言子路之才學分限也子曰由之瑟奚爲於丘之門者由子路名奚何也子路性剛鼓瑟不合雅頌故孔子非之云由之鼓瑟何爲於丘之門乎所以抑其

剛也門人不敬子路者門人不解孔子之意謂孔子言爲賤子路故不敬之也孔曰由也升堂矣未入於室也者以門人不解故孔子復解之言子路之學識深淺譬如自外入内得其門者入室爲深顔淵是也升堂次之子路是也今子路既升我堂矣但未入於室耳豈可不敬也【釋】解音蟹復扶又反

子貢問師與商也孰賢子曰師也過商也不及孔曰言俱不得中【釋】中丁仲反曰然則師愈與子曰過猶不及愈猶勝也【疏】子貢至猶不及

正義曰此章明子張子夏才性優劣子貢問師與商也孰賢者師子張名商子夏名孰誰也子貢問孔子曰子張與子夏二人誰爲賢才子曰師也過商也不及者孔子荅言子張所爲過當而不已子夏則不及而止言俱不得中也曰然則師愈與者愈猶勝也子貢未明夫子之言以爲師也過則是賢才過於子夏故復問曰然則子張勝於子夏與與爲疑辭子曰過猶不及者以子貢不解故復解之曰過當猶

如不及俱不中理也釋愈以王反與音餘季氏富於周公孔曰周公天子之宰卿士而求也爲之聚斂而附益之孔曰冉求爲季氏宰爲之急賦稅釋爲之于僞反又如字注同稅始銳反子曰非吾徒也小子鳴鼓而攻之可也鄭曰小子門人也鳴鼓聲其罪以責之疏季氏至可也正義曰此章夫子責冉求重賦稅也季氏富於周公者季氏魯臣諸侯之卿也周公天子之宰卿士魯其後也孔子之時季氏專執魯政盡征其民其君蠶食深宮賦稅皆非已有故季氏富於周公也而求也爲之聚斂而附益之者時冉求爲季氏冢宰又爲之急賦稅聚斂財物而陪附助益季氏也子曰非吾徒也小子鳴鼓而攻之可也者小子門人也冉求亦夫子門徒當尚仁義今爲季氏聚斂害於仁義故夫子責之曰非我門徒也使其門人鳴鼓以聲其罪而攻責之可也注孔曰周公天子之宰卿士正義曰何休云宰猶治也三公之職

號尊名也杜預注左傳曰卿士王之執政者也

柴也愚

弟子高柴字子羔愚愚直之愚【釋】柴仕皆巢諧二反羔音高左傳作子羔家語作子高禮記作子皋三字不同

參也魯

孔曰魯鈍也曾子性遲鈍【釋】鈍徒遜反

師也辟

馬曰子張才過人失在邪辟文過【釋】辟匹亦反邪似嗟反

由也喭

鄭曰子路之行失於畔喭【釋】喭五旦反行下孟反畔普半反本於作吸

子曰回也其庶乎屢空賜不受命而貨殖焉億則屢中

言回庶幾聖道雖數空匱而樂在其中賜不受教命唯財貨是殖億度是非蓋美回所以勵賜也一曰屢猶每也空猶虛中也以聖人之善道教數子之庶幾猶不至於知道者各內有此害其於庶幾每能虛中者唯回懷道深遠不虛心不能知道子貢雖無數子之病然亦不知道者雖不窮理而幸中雖非天命而偶富亦所以不虛心也

【疏】柴也愚至屢中　正義曰此章孔子歷評六弟子之德行

中失也柴也愚者高柴性愚直也參也魯者曾參性遲鈍也師也辟者子張才過人失在邪辟文過也由也喭者子路之行失於畔喭也子曰回也其庶乎屢空賜不受命而貨殖焉億則屢中者此蓋孔子美顔回所以勵賜也其說有二一云屢數也空匱也億度也言回庶幾聖道雖數空匱貧窶而樂在其中是美回也賜不受教命唯貨財是殖若億度是非則數中言此所以勉勵賜也一曰屢猶每也空猶虛中也言孔子以聖人之善道教數子之庶幾猶不至於知道者各内有此害故也其於庶幾每能虛中者唯有顔回懷道深遠若不虛心不能知道也子貢雖無數子之病然亦不知道者雖不窮理而幸中雖非天命而偶富有此二累亦所以不虛心也　注弟子高柴字子羔　正義曰史記弟子傳云高柴字子羔鄭玄曰衛人少孔子三十歲左傳亦作子羔家語作子高禮記作子皐三字不同其實一也　注鄭曰子路之行失於畔喭　正義曰舊注作吸喭字書吸喭失容也言子路性行剛強常吸喭失於禮容也今本吸作畔王弼云剛猛也　注言回至心也　正義曰云言回庶幾聖道者易下繫辭云顔氏之子其殆庶幾乎是

回庶慕幾微之聖道云雖數空匱而樂在其中者即簞食瓢飲不改其樂是也云賜不受教命者言不受夫子禮教之命云唯財貨是殖者言唯務使貨財生殖蕃息也云億度是非者言又用心億度人事之是非也云蓋美回所以勵賜也者言孔子之意美顏回貧而樂道所以勸勵子貢言汝既富矣又能億則屢中何得不受教命乎云一曰以下者何晏又爲一說也云以聖人之善道教數子之庶幾者言孔子以聖人庶幾之善道並教六子也云猶不至於知道者各內有此害者言聖人不倦並教誨之而猶尚不能至於知幾微善道者以其各自內有愚魯辟喭之病害故也云其於庶幾每能虛中唯回者言唯顏回每能虛其中心知於庶幾之道也云懷道深遠不虛心不能知道者此解虛中之由由其至道深遠若不虛其中心則不能知道也云子貢雖無數子之病者謂無愚魯辟喭之病也然亦不知道者謂亦如四子不知聖道也云雖不窮理而幸中雖非天命而偶富亦所以不虛心也者此解子貢不知道由於有此二累也雖不窮理而幸中釋經億則屢中言雖不窮理盡性但億度之幸中其言也左傳定十五年春邾隱公來

朝子貢觀焉邾子執玉高其容仰公受玉卑其容俯子貢曰以禮觀之二君者皆有死亡焉夏五月壬申公薨仲尼曰賜不幸言而中哀七年以邾子益來是其屢中也雖非天命而偶富釋經不受命而貨殖也言致富之道當由天命與之爵祿今子貢不因天命爵祿而能自致富故曰偶富言有億度之勞富有經營之累以此二事何暇虛心以知道故云亦所以不虛心也【釋】子曰回也其庶乎或分為別章今所不用屢空力住反殖市力反億於力反屢中丁仲反數音朔貫其位反樂音洛度待洛反又徒洛反數子色主反下同

子張問善人之道子曰不踐迹亦不入於室孔曰踐循也言善人不但循追舊迹而已亦少能創業然亦不能入於聖人之奧室【釋】迹本亦作跡子亦反

子曰論篤是與君子者乎色莊者乎論篤者謂口無擇言君子者謂身無鄙行色莊者不惡而嚴以遠小人言此三者皆可以為善人【疏】子張至者乎　正義

曰此章論善人所行之道也子張問善人之道者問行何道可謂善人子曰不踐迹亦不入於室者孔子荅其善人之道也踐循也迹已行舊事也言善人不但循追舊迹而已當自立功立事也而善人好謙亦少能創業故亦不能入於聖人之奧室也子曰論篤是與君子者乎色莊者乎者此亦善人之道也故用爲一章當是異時之語故別言子曰也論篤是與者篤厚也謂口無擇言所論說皆重厚是善人與君子者乎者言身無鄙行之君子亦是善人乎色莊者乎言能顏色莊嚴使小人畏威者亦是善人乎孔子謙不正言故云與乎以疑之也　注論篤至善人　正義曰云口无擇言孝經文也所言皆善故無可擇也云身無鄙行者所行並美無鄙惡也以遠小人不惡而嚴者周易遯卦象辭也（釋）與音餘行下孟反遠于萬反

子路問聞斯行諸包曰賑窮救乏之事子曰有父兄在如之何其聞斯行之孔曰當白父兄不得自專冉有問聞斯行諸子曰

聞斯行之公西華曰由也問聞斯行諸子曰有父兄在求也問聞斯行諸子曰聞斯行之赤也惑敢問孔曰惑其問同而荅異子曰求也退故進之由也兼人故退之鄭曰言冉有性謙退子路務在勝尚人各因其人之失而正之

疏子路至退之　正義曰此章論施予之禮并孔子同荅異之意也子路問聞斯行諸者諸之也子路問於孔子曰若聞人窮乏當賑救之事於斯即得行之乎子曰有父兄在如之何其聞斯行之也者言當先白父兄不得自專也冉有問聞斯行諸子曰聞斯行之者此問與子路同而所荅異也公西華曰由也問聞斯行諸子曰有父兄在求也問聞斯行諸子曰聞斯行之赤也惑敢問者赤公西華名也見其問同而荅異故疑惑而問於孔子也子曰求也退故進之由也兼人故退之者此孔子

言其荅異之意也冉有性謙退子路務在勝尚人各因其人之失而正之故荅異也子畏於匡顏淵後孔曰言與孔子相失故在後子曰吾以女爲死矣曰子在回何敢死包曰言夫子在已無所敢死【疏】子畏至敢死　正義曰此章言仁者必有勇也子畏於匡顏淵後者言孔子畏於匡時與顏回相失既免而回在後方至也子曰吾以女爲死矣者孔子謂顏淵曰吾以女爲致死與匡人鬭也曰子在回何敢死者言夫子若陷於危亡則回必致死今夫子在已則無所敢死言不敢致死也季子然問仲由冉求可謂大臣與孔曰子然季氏子弟自多得臣此二子故問之【釋】忠古文臣字本今作臣與音餘下同子曰吾以子爲異之問曾由與求之問孔曰謂子問異事耳則此二人之問安足大乎所謂大臣者以

道事君不可則止今由與求也可謂具臣矣孔曰言備臣數而已曰然則從之者與孔曰問爲臣皆當從君所欲邪子曰弒父與君亦不從也孔曰言二子雖從其主亦不與爲大逆

疏季子至從也　正義曰此章明爲臣事君之道季子然問仲由冉求可謂大臣與者季子然季氏之子弟也自多得臣此二子故問於夫子曰仲由冉求才能爲政可以謂之大臣與疑而未定故云與也子曰吾以子爲異之問曾由與求之問者此孔子抑其自多也曾則也吾以子爲問異事耳則此二人之問安足多大乎言所問小也所謂大臣者以道事君不可則止者此孔子更爲子然陳說大臣之體也言所可謂之大臣者以正道事君君若不用已道則當退止也今由與求也可謂具臣矣者既陳大臣之體乃言二子非大臣也具備也今二子臣於季氏季氏不道而不能匡救又不退止唯可謂備臣數而已不可謂之大臣也曰

然則從之者與者子然既聞孔子言二子非大臣故又問曰然則二子爲臣皆當從君所欲邪子曰弒父與君亦不從也者孔子更爲說二子之行言二子雖從其主若其主弒父與君爲此大逆亦不與也

子路使子羔爲費宰子曰賊夫人之子包曰子羔學未熟習而使爲政所以爲賊害

釋 費悲位反夫音符

子路曰有民人焉有社稷焉何必讀書然後爲學孔曰言治民事神於是而習之亦學也子曰是故惡夫佞者孔曰疾其以口給應遂己非而不知窮

疏 子路至佞者　正義曰此章勉人學也子路使子羔爲費宰者子路曰季氏故任擧子羔使爲季氏費邑宰也子曰賊夫人之子者賊害也夫人之子指子羔也孔子之意以爲子羔學未熟習而使爲政必累其身所以爲賊害也子路曰有民人焉有社稷焉何必讀書然後爲學者子路辯荅孔子言費邑有人民焉而治之有

社稷之神焉而事之治民事神於是而習之是亦學也何必須讀書然後乃謂爲學也子曰是故惡夫佞者言人所以憎惡夫佞者祗爲口才捷給文過飾非故也今子路以口給應遂己非而不知窮已是故致人惡夫佞者也

子路曾晳孔曰晳曾參父名點釋晳星歷反史記云曾蒧字晳冉有公西華侍坐子曰以吾一日長乎爾毋吾以也孔曰言我問女女無以我長故難對釋長丁丈反難音乃旦反居則曰不吾知也孔曰女常居云人不知己如或知爾則何以哉孔曰如有用女者則何以爲治子路率爾而對率爾先三人對釋先悉薦反曰千乘之國攝乎大國之間加之以師旅因之以饑饉包曰攝迫也迫於大國之間釋

乘繩證反饑音機鄭本作飢同饑其靳反由也爲之比及三年可使有勇且知方也方義方（釋）比必利反方鄭玄方禮法也夫子哂之馬曰哂笑也（釋）哂詩忍反求爾何如對曰方六七十如五六十求性謙退言欲得方六七十如五六十里小國治之而已求也爲之比及三年可使足民如其禮樂以俟君子孔曰求自云能足民而已謂衣食足也若禮樂之化當以待君子謙也赤爾何如對曰非曰能之願學焉宗廟之事如會同端章甫願爲小相焉鄭曰我非自言能願學爲之宗廟之事謂祭祀也諸侯時見曰會殷覜曰同端玄端也衣玄端冠章甫諸

矣曰視朝之服小 釋 非曰音越相息亮反下皆同見賢遍反覜
相謂相君之禮 弔反或本作見衣於旣反冠古亂反朝
直遥反 點爾何如鼓瑟希 孔曰思所以對故音希 鏗爾舍瑟
而作對曰異乎三子者之撰 孔曰置瑟起對撰具也爲政之具鏗者投
瑟之聲 釋 鏗苦耕反投琴聲本今作瑟聲舍音捨撰士免反鄭作僎讀曰詮詮之言善也 子曰何傷
乎亦各言其志也 孔曰各言己志於義無傷 釋 一本作亦各言其志 曰莫
春者春服旣成冠者五六人童子六七人
浴乎沂風乎舞雩詠而歸 包曰莫春者季春三月也春服旣成衣單袷之
時我欲得冠者五六人童子六七人浴乎沂水之上風凉於舞雩之下歌詠先王之道而歸夫子之門 釋 莫音暮又亦作

暮冠古亂反浴音欲沂魚依反雩音于而歸如字鄭本作饋饋酒食也魯讀饋爲歸今從古衣於既反單音丹袷古洽反夫

子喟然歎曰吾與點也周曰善點獨知時釋喟起愧反又苦怪反

三子者出曾晳後曾晳曰夫三子者之言何如子曰亦各言其志也已矣曰夫子何哂由也曰爲國以禮其言不讓是故哂之包曰爲國以禮禮貴讓子路言不讓故笑之釋夫音符唯求則非邦也與安見方六七十如五六十而非邦也者唯赤則非邦也與宗廟會同非諸侯而何孔曰明皆諸侯

之事與子路同釋也與音餘焉於虔反本今無此字宗廟會同徒笑子路不讓本或作宗廟之事如會同非諸侯而何一本作非諸侯如之何赤也爲之小孰能爲之大孔曰赤謙言小相耳誰能爲大相

疏子路至篇末　正義曰此章孔子乘間因弟子侍坐因使各言其志以觀其器能也子路曾晳冉有公西華侍坐者時孔子坐四子侍側亦皆坐也子曰以吾一日長乎爾毋吾以也者孔子將發問先以此言誘掖之也言女等侍吾以吾年長於女謙而少言故云一日今我問女女等毋以吾長而憚難其對也居則曰吾不知也如或知爾則何以哉者此問辭也言女常居則云已有才能人不我知設如有人知女將欲用之則女將何以爲治子路率尔而對者子路性剛故率爾先三人而對也曰千乘之國攝乎大國之間加之以師旅因之以饑饉由也爲之比及三年可使有勇且知方也者此子路所志也千乘之國公侯之大國也攝迫也穀不熟爲饑蔬不熟爲饉方義方也言君有公侯之國迫於大國之間又加之以師旅侵伐復因之以饑饉民困而

由也治之比至三年以來可使其民有勇敢且知義方也夫子哂之者哂笑也夫子笑之也求爾何如者子路既對三子無言故孔子復歷問之冉求爾志何如對曰方六七十如五六十求也爲之比及三年可使足民如其禮樂以俟君子者此冉求之志也俟待也求性謙退言欲得方六七十如五六十里小國治之而已求也治此小國比至三年以來使足民衣食若禮樂之化當以待君子此謙辭也赤爾何如者又問公西華也對曰非曰能之願學焉宗廟之事如會同端章甫願爲小相焉者此赤也之志也曰言也我非自言能之願學爲焉宗廟祭祀之事如有諸侯會同及諸侯衣玄端冠章甫日視朝之時已願爲其小相以相君之禮焉點爾何如者又問曾晳也鼓瑟希者時曾晳方鼓瑟承師之問思所以對故音希也鏗爾舍瑟而作者作起也舍置也鏗投瑟聲也思得其對故置瑟起對投置其瑟而聲鏗然也對曰異乎三子者之撰者撰具也未敢言其志先對此辭言已之所志異乎三子者所陳爲政之具也子曰何傷乎亦各言其志也者孔子見曾晳持謙難其對故以此言誘之曰於義何傷乎亦各言其志也欲令任其所志而

言也曰莫春者春服既成冠者五六人童子六七人浴乎沂風乎舞雩詠而歸者此曾晳所志也莫春季春也春服既成衣單袷之時也我欲得與二十以上冠者五六人十九以下童子六七人浴乎沂水之上風凉於舞雩之下歌詠先王之道而歸夫子之門也夫子喟然歎曰吾與點也者喟然歎之貌夫子聞其樂道故喟然而歎曰吾與點之志善其獨知時而不求爲政也三子者出曾晳後者子路冉有公西華三子先出曾晳後猶侍坐於夫子也曾晳曰夫三子者之言何如者曾晳在後問於夫子曰夫三子者適各言其志其言是非何如也子曰亦各言其志也已矣者言三子亦各言其所志而已无他別是非也曰夫子何哂由也者曾晳又問夫子曰既三子各言其志何獨笑仲由也曰爲國以禮其言不讓是故哂之者此夫子爲說哂之意言爲國以禮禮貴謙讓子路言不讓故笑之也惟求也則非邦也與安見方六七十如五六十而非邦也者惟赤則非邦也與宗廟會同非諸侯而何者此夫子又言不哂其子路欲爲諸侯之事故舉二子所言明皆諸侯之事與子路同其言讓故不笑之徒笑其子路不讓耳赤也爲之小孰能

爲之大者此夫子又言公西華之才堪爲大相今赤謙言小相耳若赤也爲之小相更誰能爲大相　注孔曰晳曾參父名點　正義曰史記弟子傳曰曾蒧音點字晳是也　注方義方　正義曰義宜也方道也言能敎之使知合宜之道也左傳曰愛子敎之以義方　注鄭曰至之禮　正義曰云宗廟之事謂祭祀也者謂禴祠烝嘗及追享朝享禘祫之類皆是也云諸侯時見曰會殷覜曰同者周禮春官大宗伯職文但彼作殷見此作殷覜覜即見也鄭玄注云此禮以諸侯見王爲文時見者言無常期諸侯有不順服者王將有征討之事則旣朝覲王爲壇於國外合諸侯而命事焉春秋傳曰有事而會不協而盟是也殷猶衆也十二歲王如不巡守則六服盡朝朝禮旣畢王亦爲壇合諸侯以命政焉所命之政如王巡守殷見四方四時分來終歲則徧是也云端玄端也衣玄端冠章甫諸侯日視朝之服者其衣正幅深之玄色故曰玄端案王制云周人玄衣而養老注云玄衣素裳天子之燕服爲諸侯朝服彼云玄衣則此玄端也若以素爲裳即是朝服此朝服素裳皆得謂之玄端故此注云端玄端諸侯朝服若上士以玄爲裳中士

以黄爲裳下士以雜色爲裳天子諸侯以朱爲裳則皆爲之玄端不得名爲朝服也云小相謂相君之禮者案周禮秋官司儀職云掌九儀之賓客擯相之禮以詔儀容辭令揖讓之節注云出接賓曰擯入贊禮曰相又曰凡諸云相爲賓及將幣交擯三辭車逆拜辱賓車進答拜三揖三讓毎門止一相注云相謂主君擯者及賓之介也謂之相者於外傳辭耳入門當以禮詔侑也介紹而傳命者君子於其所尊不敢質敬之至也毎門止一相弥相親也是相謂相君之禮也聘禮云卿爲上擯大夫爲承擯士爲紹擯王肅曰君入門介拂闑大夫中棖與闑之閒士介拂棖則卿爲上介大夫爲次介士爲末介也此云願爲小相者謙不敢爲上擯上介之辭願爲承擯紹擯次介之大夫士耳　注包曰至之門　正義曰云我欲得冠者五六人童子六七人者意在取其朋友十餘人耳云浴于沂水之上風涼於舞雩之下者杜預云魯城南自有沂水此是也大沂水出蓋縣南至下邳入泗雩者祈雨之祭名左傳曰龍見而雩是也鄭玄曰雩者吁也吁嗟而請雨也杜預曰雩之言遠也遠爲百穀祈膏雨也使童男女舞之春官女巫職曰旱暵則舞

雩因謂其處爲舞雩舞雩之處有壇墠樹木可以休息故云風凉於舞雩之下也　注周曰善點獨知時　正義曰仲尼祖述堯舜憲章文武生值乱時而君不用三子不能相時志在爲政惟曾皙獨能知時志在澡身浴德詠懷樂道故夫子與之也

顔淵第十二

疏　正義曰此篇論仁政明達君臣父子辨惑折獄君子之爲皆聖賢之格言仕進之階路故次先進也

顔淵問仁子曰克己復禮爲仁馬曰克己約身孔曰復反也身能反禮則爲仁矣一日克己復禮天下歸仁焉馬曰一日猶見歸況終身爲仁由己而由人乎哉孔曰行善在己不在人也顔淵曰請問其目包曰知其必有條目故請問之子曰非禮勿視非

禮勿聽非禮勿言非禮勿動鄭曰此四者克己復禮之目

顏淵曰回雖不敏請事斯語矣王曰敬事此語必行之

疏顏淵至語矣 正義曰此并下三章皆明仁也子曰克己復禮為仁者克約也己身也復反也言能約身反禮則為仁矣一日克己復禮天下歸仁焉者言人君若能一日行克己復禮則天下歸此仁德之君也一日猶見歸況終身行仁乎為仁由己而由人乎哉者言行善由己豈由他人乎哉言不在人也顏淵曰請問其目者淵意知其為仁必有條目故請問之子曰非禮勿視非禮勿聽非禮勿言非禮勿動者此四者克己復禮之目也曲禮曰視瞻毋回立視五巂式視馬尾之類是禮也非此則勿視曲禮云毋側聽則非禮也言無非禮則口無擇言也動無非禮則身無擇行也四者皆所以為仁顏淵曰回雖不敏請事斯語矣者此顏淵領謝師言也言回雖不敏達請敬事此語必行之也 注馬曰克己約身 正義曰此注克訓為約劉炫云克訓勝也己謂身

也身有嗜慾當以禮義齊之嗜慾與禮義戰使禮義勝其嗜慾身得歸復於禮如是乃爲仁也復反也言情爲嗜慾所逼已離禮而更歸復之今刋定云克訓勝也己謂身也謂身能勝去嗜慾反復於禮也 仲弓問仁子曰出門如見大賓使民如承大祭 孔曰爲仁之道莫尚乎敬 己所不欲勿施於人在邦無怨在家無怨 包曰在邦爲諸侯在家爲卿大夫 仲弓曰雍雖不敏請事斯語矣 （疏）

仲弓問仁至語矣　正義曰此章明仁在敬恕也子曰出門如見大賓使民如承大祭者此言爲仁之道莫尚乎敬也大賓公侯之賓也大祭禘郊之屬也人之出門失在倨傲故戒之出門如見公侯之賓使民失於驕易故戒之如承奉禘郊之祭也己所不欲勿施於人者此言仁者必恕也己所不欲無施之於人以他人亦不欲也在邦無怨在家無怨者言既敬且恕若在邦爲諸侯必無人怨

在家爲鄉大夫亦無怨也仲弓曰雍雖不敏請事斯語矣者亦承謝之語也 司馬牛問仁子曰仁者其言也訒 孔曰訒難也牛宋人弟子司馬犂 釋 訒音刃鄭云不忍言也字或作仞犂力兮反史記作科並云字牛 曰其言也訒斯謂之仁已乎

子曰爲之難言之得無訒乎 孔曰行仁難[illegible]仁亦不得不難

疏 司馬牛問仁至訒乎 正義曰此章言仁之難也子曰仁[illegible]
其言也訒者訒難也言仁道至大非但行之難其言之亦難
曰其言也訒斯謂之仁已乎者牛意嫌孔子所言未盡其理故復
問曰秖此其言也訒便謂之仁已乎子曰爲之難言之得無訒乎
者此孔子又爲牛說言訒之意行仁既難言仁亦不得不難 注
孔曰至馬犂 正義曰史記弟子傳云司馬耕字牛牛多言而躁
問仁於孔子孔子曰仁者其言也訒是也 司馬牛問君子子曰君子不

憂不懼孔曰牛兄桓魋將爲亂牛自宋來學常憂懼故孔子解之【釋】魋徒回反曰不憂不懼斯謂之君子已乎子曰內省不疚夫何憂何懼包曰疚病也自省無罪惡無可憂懼【疏】司馬至何懼　正義曰此章明君子也司馬牛問君子者問於孔子言君子之行何如也子曰君子不憂不懼者言君子之人不憂愁不恐懼時牛兄桓魋將爲亂牛自宋來學常憂懼故孔子解之也曰不憂不懼斯謂之君子已乎者亦意少其言復問之子曰內省不疚夫何憂何懼者此孔子更爲牛說不[illegible]之理疚病也自省無罪惡則無可憂懼【釋】疚久又反夫音符司馬牛憂曰人皆有兄弟我獨亡鄭曰牛兄桓魋行惡死亡無日我爲無兄弟也子夏曰商聞之矣死生有命富貴在天君子敬而無

失與人恭而有禮四海之內皆兄弟也君子何患乎無兄弟也包曰君子疏惡而友賢九州之人皆可以禮親〔疏〕司馬至弟也　正義曰此章言人當任命友賢也司馬牛憂曰人皆有兄弟我獨亡者亡無也牛兄桓魋行惡死亡無日故牛常憂而告人曰他人皆有兄弟若桓魋死亡之後我為獨無兄弟也子夏曰商聞之矣死生有命富貴在天君子敬而無失與人恭而有禮四海之內皆兄弟也君子何患乎無兄弟也者子夏見牛憂[illegible]以此言解之也商子夏名謙故去商聞之矣示非妄謬也言人死生短長則有所稟之命財富位貴則在天之所予君子但當敬慎而無過失與人結交恭敬而有禮能此疏惡而友賢則東夷西戎南蠻北狄四海之內九州之人皆可以禮親之為兄弟也君子何須憂患於無兄弟也　注鄭曰至兄弟　正義曰云牛兄桓魋行惡死亡無日者案哀十四年左傳云宋桓魋之寵害於公公將討之未及魋先謀公公知之召皇司馬子仲及左師向巢以命其徒

攻桓氏向魋遂入於曹以叛民叛之而奔衛遂奔齊是其行惡死亡之事也桓氏即向魋也又謂之桓司馬即此桓魋也

子張問明子曰浸潤之譖膚受之愬不行焉可謂明也已矣 鄭曰譖人之言如水之浸潤漸以成之 馬曰膚受之愬皮膚外語非其內實 浸潤之譖膚受之愬[illegible]

釋 浸子鴆反譖側鴆反膚音方于反愬蘇路反

行焉可謂遠也已矣 馬曰無此二者非但爲明其德行高遠人莫能及

疏 子張至已矣 正義曰此章論人之明德子張問明者問於孔子何如可謂之明德也子曰浸潤之譖膚受之愬不行焉可謂明也已矣者此荅爲明也大水之浸潤漸以壞物皮膚受塵漸成垢穢譖人之言如水之浸潤漸以成之使人不覺知也若能辨其情僞使譖愬之言不行可謂明德也浸潤之譖膚受[illegible]不行焉可謂遠也已矣者言人若無此二者非但爲明其德行可

謂高遠矣人莫能及之也　注馬曰膚受之愬皮膚外語非其內實　正義曰愬亦譖也變其文耳皮膚受塵垢穢其外不能入內也以喻譖毀之語但在外萋斐構成其過惡非其人內實有罪也

子貢問政子曰足食足兵民信之矣子貢曰必不得已而去於斯三者何先曰去兵子貢曰必不得已而去於斯二者何先曰去食自古皆有死民無信不立　孔曰死者古今常道人皆有之治邦不可失信　疏　子貢問政至不立　正義曰此章貴信也

子曰足食足兵民信之矣者此荅爲政之事也足食則人知禮節足兵則不軌畏威民信之則服命從化子貢曰必不得已而去於斯三者何先者子貢復問曰若不獲已而除去於此三者之中何者爲先曰去兵者孔子荅言先去兵以兵者凶器民之殘也財用

之蠧也故先去之子貢曰必不得已而去於斯二者何先者子貢復問設若事不獲已須要去之於此食與信二者之中先去何者曰去食自古皆有死民無信不立者孔子荅言二者之中先去食夫食者人命所須去之則人死而去食不去信者言死者古今常道人皆有之治國不可失信失信則国不立也【釋】去起呂反下同於斯三者一讀而去於斯爲絶句

棘子成曰君子質而已矣何以文爲鄭曰舊說云棘子成衛【釋】棘紀力反

子貢曰惜乎夫子之說君子也駟不及舌鄭曰惜乎夫子之說君子也過言一出駟馬追之不及【釋】駟音四

文猶質也質猶文也虎豹之鞹猶犬羊之鞹孔曰皮去毛曰鞹虎豹與犬羊別者正以毛文異耳今使文質同者何以別虎豹與犬羊邪【疏】棘子至之鞹　正義曰此章貴尚文章也

棘子成曰君子質而已矣何以文爲者衞大夫陳成子言曰君子之人淳質而已則可矣何用文章乃爲君子意疾時多文華子貢曰惜乎夫子之說君子也駟不及舌者夫子指成子也子貢聞成子言君子不以文爲其言過謬故歎曰可惜乎棘成子之說君子也過言一出於舌駟馬追之不及文猶質也質猶文也虎豹之鞟猶犬羊之鞟者此子貢舉喻言文章不可去也皮去毛曰鞟言君子野人異者質文不同故也虎豹與犬羊別者正以毛文異耳今若文猶質質猶文使文質同者則君子與鄙夫何以別乎如虎豹之皮去其毛文以爲之鞟與犬羊之鞟同處何以別虎豹與犬羊也【釋】鞟古郭反鄭云革去起呂反別彼列反

公問於有若曰年饑用不足如之何有若對曰盍徹乎鄭曰盍何不也周法什一而稅謂之徹徹通也爲天下之通法【釋】饑居宜反鄭本作飢盍胡臘反徹直列反稅舒銳反

曰二吾猶不足如之何其徹

也孔曰二謂什二而稅對曰百姓足君孰與不足百姓不足君孰與足孔曰孰誰也

疏哀公至與足　正義曰此章明稅法也哀公問於有若曰年飢用不足如之何者魯君哀公問於孔子弟子有若曰年穀不熟國用不足如之何使國用得足也有若對曰盍徹乎者盍猶何不也周法什一而稅謂之徹徹通也爲天下之通法有若意譏哀公重斂故對曰既國用不足何不依通法而稅取乎曰二吾猶不足如之何其徹也者二謂什二而稅哀公不覺其譏故[illegible]什而稅二吾之國用猶尚不足如之何其依徹法什而稅一也對曰百姓足君孰與不足百姓不足君孰與足者孰誰也哀公既言重斂之實故有若又對以盍徹足用之理言若依通法而稅則百姓家給人足百姓既足上命有求則供故曰君誰與不足也今君重斂民則困窮上命所須無以供給故曰百姓不足君孰與足也

注鄭曰至通法　正義曰云周法什一而稅謂之徹者公羊傳曰古者什一而藉古者曷爲什一而藉什一者天下之中正也多

乎什一大桀小桀寡乎什一大貉小貉什一者天下之中正也什
一行而頌聲作矣何休云多取於民比於桀蠻貉無百官制度之
費稅薄穀梁傳亦云古者什一而藉孟子云夏后氏五十而貢殷
人七十而助周人百畝而徹其實皆什一也趙岐注云民耕五十
畝者貢上五畝耕七十畝者以七畝助公家耕百畝者徹取十畝
以爲賦雖異名而多少同故云皆什一也書傳云什一者多矣故
杜預云古者公田之去十取其一謂十畝內取一舊法既已十畝
取一矣春秋魯宣公十五年初稅畝又履其餘畝更復十收其一
乃是十取其二故此哀公曰二吾猶不足謂十內稅二猶尚不足
則從宣公之後遂以十二爲常故曰初言初稅十二自宣公始也
諸書皆言十一而稅而周禮載師云凡任地近郊十一遠郊二十
而三甸稍縣都皆無過十二漆林之征二十而五者彼謂王畿之
內所供多故賦稅重詩書所言十一皆謂畿外之國故此鄭玄云
什一而稅謂之徹徹通也爲天下之通法言天下皆十一耳不言
畿內亦十一也孟子又曰方里爲井井九百畝其中爲公田八家
皆私百畝同養公田公事畢然後敢治私事漢書食貨志取彼意

而爲之文云井田方一里是爲九夫八家共之各受私田百畝公田十畝是爲八百八十畝餘二十畝爲廬舍諸儒多用彼爲義如彼所言則家別一百一十畝是爲十外稅一也鄭玄詩箋云井稅一夫其田百畝則九而稅一其意異於漢書不以志爲說也又孟子對滕文公云請野九一而助國中什一使自賦鄭玄周禮匠人注引孟子此言乃云是邦國亦異外內之法則鄭玄以爲諸侯郊外郊內其法不同郊內十一使自賦其一郊外九而助一是爲二十而稅二故鄭玄又云諸侯謂之徹者通其率以十一爲正言郊內郊外相通其率爲十稅一也杜預直云十取其一則又異於鄭唯謂一夫百畝以十畝歸公趙岐不觧夏五十殷七十之意蓋古者人多田少一夫唯得五十七十畝耳五十而貢貢五畝七十而助助七畝好惡取於此鄭注考工記云周人畿內用夏之貢法邦國用殷之助法

子張問崇德辨惑包曰辨別也【釋】惑本亦作或別彼列反

子曰主忠信徙義崇德也包曰徙義見義則徙意而從之愛

之欲其生惡之欲其死既欲其生又欲其
死是惑也包曰愛惡當有常一欲生之一欲死之是心惑也（釋）惡烏路反誠不以
富亦祇以異鄭曰此詩小雅也祇適也言此行誠不可以致富適足以爲異耳取此詩之異義以非之
也（疏）子張至以異　正義曰此章言人當有常德也子張問崇
德辨惑者崇充也辨別也言欲充盛道德袪別疑惑當何爲
而可也子曰主忠信徙義崇德也者主親也徙遷也言人有忠信
者則親友之見義事則遷意而從之此所以充盛其德也愛之欲
其生惡之欲其死既欲其生又欲其死是惑也者言人心愛惡當
須有常若人有順己己即愛之便欲其生此人忽逆於己己即惡
之則願其死一欲生之一欲死之用心無常是惑也既能別此是
惑則當袪之誠不以富亦祇以異者此詩小雅我行其野篇文也
祇適也言此行誠不足以致富適足以爲異耳取此詩之異義以
非人之惑也　注鄭曰至非之　正義曰案詩刺淫昏之俗不思

舊姻而求新昏也彼誠作成鄭箋云女不以禮為室家成事不足以得富也女亦適以此自異於人道言可惡也此引詩斷章故不與本義同也齊景公問政於孔子孔子對曰君君臣臣父父子子孔曰當此之時陳恒制齊君不君臣不臣父不父子不子故以對公曰善哉信如君不君臣不臣父不父子不子雖有粟吾得而食諸孔曰言將危也陳氏果滅齊

疏齊景至食諸　正義曰此章明治國之政也齊景公問政於孔子者齊君景公問為國之政於夫子也孔子對曰君君臣臣父父子子者言政者正也若君不失君道乃至子不失子道尊卑有序上下不失而後國家正也當此之時陳恒為齊大夫以制齊國君不君臣不臣父不父子不子故孔子以此對之公

曰善哉信如君不君臣不臣父不父子不子雖有粟吾得而食諸者諸之也景公聞孔子之言而信服之故歎曰善哉信如夫子之言而今齊國君不君以至子不子雖有其粟吾得而食之乎言將見危亡必不得食之也

註陳氏果滅齊 正義曰史記田完世家完卒謚為敬仲仲生穉孟夷夷生湣孟莊莊生文子須無文子生桓子無宇桓子生武子啓及僖子乞乞卒子常代之是為田成子成子弒簡公專齊政成子生襄子盤盤生莊子白白生太公和和遷齊康公於海上和立為齊侯和孫威王稱王四世而秦滅之是陳氏滅齊也世家云敬仲之知齊以陳[illegible]為田氏左傳終始稱陳則田必非敬仲所改未知何時改耳

子曰片言可以折獄者其由也與孔曰片猶偏也聽訟必須兩辭以定是非偏信一言以折獄者唯子路可

子路無宿諾宿猶豫也子路篤信恐臨時多故故不豫諾

疏子曰至宿諾 正義曰此章言子路有明斷篤信之德也子曰

片言可以折獄者其由也與者片猶偏也折猶决斷也凡聽訟必須兩辭以定是非偏信一言以决斷獄訟者唯子路可故云其由也與子路无宿諾者宿猶豫也子路篤信恐臨時多故故不豫諾或分此別爲一章今合之　注孔曰至路可　正義曰云聽訟必須兩辭以定是非者周禮秋官大司寇職云以兩造禁民訟以兩齎禁民獄注云訟謂以財貨相告者獄謂相告以罪名者造至也劑今券書也使訟者兩至獄者各齎券書既兩至兩券書乃治之不至及不券書則是自服不直者也故知聽訟必須兩辭以定是非偏信一言則是非難决唯子路才性明辨能聽偏言决斷獄訟故云唯子路可　釋或分此爲別章

子曰聽訟吾猶人也包曰與人等必也使無訟乎王曰化之在前

疏子曰聽訟吾猶人也必也使無訟乎　正義曰此章孔子言己至誠也言聽斷獄訟之時備兩造吾亦猶如常人无以異也言與常人同必也在前以道化之使无爭訟乃善　注王曰化之在前　正義曰案周易訟卦象曰天與水違行訟君子以作事

謀始王弼云聽訟吾猶人也必也使無訟乎无訟在於謀始謀始在於作制契之不明訟之所以生也物有其分職不相濫争何由興訟之所以起契之過也故有德司契而不責於人是化之在前也又案大學云子曰聽訟吾猶人也必也使无訟乎无情者不得盡其辝大畏民志鄭注云情猶實也无實者多虚誕之辝聖人之聽訟與人同耳必使民无實者不敢盡其辝大畏其心志使誠其意不敢訟然則聽訟吾猶人也必也使无訟乎是夫子辝无情者不得盡其辝大畏民志是記者釋夫子无訟之事意與此注王弼不同未知誰是故具載之

子張問政子曰居之無倦行之以忠王曰言爲政之道居之於身无得懈倦行之於民必以忠信

（疏）子張問政子曰居之无倦行之以忠　正義曰此章言爲政之道若居之於身无懈倦行之於民必以忠信也

（釋）倦其卷反亦作卷懈古賣反

子曰博學於文約之以禮亦可以弗畔矣夫鄭曰

弗畔不違道 疏 子曰至弗畔矣夫○正義曰此章及注與雍也篇同當是弟子各記所聞故重載之或本亦有作君子博學於文 釋 博學於文一本作君子博學於文矣夫音符

子曰君子成人之美不成人之惡小人反是 疏 子曰君子成人之美不成人之惡小人反是○正義曰此章言君子之於人嘉善而矜不能又復仁恕故成人之美不成人之惡也小人則嫉賢樂禍而成人之惡不成人之美故曰反是

季康子問政於孔子孔子對曰政者正也子帥以正孰敢不正 鄭曰康子魯上卿諸臣之帥也 疏 季康子問政至不正○正義曰此章言爲政在乎脩己對曰政者正也者言政教者在於齊正也子帥以正孰敢不正者言康子爲魯上卿諸臣之帥也若己能每事以正則己下之臣民誰敢不正也 釋 帥所類反又所律反字從巾同訓並與率同

季

康子患盜問於孔子孔子對曰苟子之不欲雖賞之不竊孔曰欲多情欲言民化於上不從其令從其所好疏季康子至不竊正義曰此章言民從上化也季康子患盜問於孔子者時魯多盜賊康子患之問於孔子欲以除去也孔子對曰苟子之不欲雖賞之不竊者孔子言民化於上不從其令從其所好苟誠也誠如子之不貪欲則民亦不爲盜非特不爲假令賞之民亦知恥而不竊也今多盜賊者正由子之貪欲故耳注孔曰至所好正義曰云民化於上不從其令從其所好者大學曰堯舜率天下以仁而民從之桀紂率天下以暴而民從之其所令反其所好而民不從注云言民化君行也君若好貨而禁民淫於財利不能止也

釋慾音欲又羊住反本今作欲好呼報反

季康子問政於孔子曰如殺無道以就有道何如孔曰就成也欲多殺以止姦孔子

對曰子爲政焉用殺子欲善而民善矣君子之德風小人之德草草上之風必偃孔曰亦欲令康子先自正偃仆也加草以風無不仆者猶民之化於上疏季康子至必偃　正義曰此章言爲政不須刑殺但在上自正則民化之也季康子問政於孔子曰如殺無道以就有道何如者就成也康子之意欲多殺止姦以成爲有道也孔子對曰子爲政焉用殺者言子爲執政安用刑殺也子欲善而民善矣者言子若爲善則民亦化之爲善矣君子之德風小人之德草草上之風必偃者此爲康子設譬也偃仆也在上君子爲政之德若風在下小人從化之德如草加草以風无不仆者猶化民以正無不從者亦欲令康子先自正也釋焉於虔反仆蒲北反尚尚加也本或作上子張問士何如斯可謂之達矣子曰何哉爾所謂達者子

張對曰在邦必聞在家必聞鄭曰言士之所在皆能有名譽子曰是聞也非達也夫達也者質直而好義察言而觀色慮以下人馬曰常有謙退之志察言語觀顏色知其所欲其念慮常欲以下人釋夫音符下同好呼報反下遐嫁反注同在邦必達在家必達馬曰謙尊而光卑而不可踰夫聞也者色取仁而行違居之不疑馬曰此言佞人假仁者之色行之則違安居其僞而不自疑釋行下孟反在邦必聞在家必聞馬曰佞人黨多疏子張至必聞　正義曰此章論士行子張問士何如斯可謂之達矣者士有德之稱問士行何如可謂通達也子曰何哉爾所謂達者夫子復問子張何者是行意所謂達者欲使試言

之也子張對曰在邦必聞在家必聞者聞謂有名譽使人呼之也言士有隱行在邦臣於諸侯必有名聞在家臣於卿大夫亦必有名聞言士之所在皆有名譽意謂此爲達也子曰是聞也非達也者言汝所陳正是名聞之士非是通達之士也夫達也者質直而好義察言而觀色慮以下人者此孔子說達士之行也質正也爲性正直所好義事察人言語觀人顏色知其所欲其念慮常欲以下人言常有謙退之志也在邦必達在家必達者以其謙退故所在通達也夫聞也者色取仁而行違居之不疑者此言佞人色則假取仁者之色而行則違之安居其僞而不自疑也在邦必聞在家必聞者言佞人黨多妄相稱譽故所在皆有名聞也　注馬曰謙尊而光卑而不可踰　正義曰此周易謙卦彖辭也言尊者有謙而更光明盛大卑者有謙而不可踰越引證士有謙德則所在必達也

樊遲從遊於舞雩之下　包曰舞雩之處有壇墠樹木故下可遊焉

釋　從才用反壇徒丹反墠音善

曰敢問崇德脩慝辨惑　孔子慝惡也脩

治也治惡爲善(釋)慝他得反子曰善哉問先事後得非崇德與孔曰先勞於事然後得報(釋)與音余攻其惡無攻人之惡非脩慝與一朝之忿忘其身以及其親非惑與(疏)樊遲至惑與　正義曰此章言脩身之事也樊遲從遊於舞雩之下者舞雩之處有壇墠樹木故弟子樊遲隨從孔子遊於其下也曰敢問崇德脩慝辨惑者脩治也慝惡也此樊遲因從行而問孔子曰敢問欲充盛其德治惡爲善袪別疑惑何爲而可也子曰善哉問者其問皆脩身之要故善之先事後得非崇德與者言先勞於事然後得報是崇德也攻其惡無攻人之惡非脩慝與者攻治也言治其己過無治人之過是治惡也一朝之忿忘其身以及其親非惑與者言君子忿則思難若人有犯己一朝忿之不思其難則忘身也辱其身則善其親故曰以及其親也非惑與言是惑也　注壇墠　正義曰封土爲壇除地爲

墠言雩壇在所除地中故連言壇墠樊遲問仁子曰愛人問知子曰知人樊遲未達子曰舉直錯諸枉能使枉者直包曰舉正直之人用之廢置邪枉之人則皆化為直釋錯或作措同七故反下同枉紆往反邪似嗟反樊遲退見子夏曰鄉也吾見於夫子而問知子曰舉直錯諸枉能使枉者直何謂也子夏曰富哉言乎孔曰富盛也釋鄉許亮反又作曏同見賢遍反舜有天下選於衆舉皋陶不仁者遠矣湯有天下選於衆舉伊尹不仁者遠矣孔曰言舜湯有

天下選擇於衆舉臯陶伊尹(疏)樊遲至遠矣○正義曰此章明仁知也樊遲問仁子曰愛人者則不仁者遠矣仁者至矣

言汎愛濟衆是仁道也問知子曰知人者言知人賢才而舉之是知也樊遲未達子曰舉直錯諸枉能使枉者直者樊遲未曉達知人之意故孔子復解之言舉正直之人而用之廢置邪枉之人則皆化爲直故曰能使枉者直也樊遲退見子夏曰鄉也吾見於夫子而問知子曰舉直錯諸枉能使枉者直何謂也者樊遲雖聞舉直錯枉之語猶自未喻故復問子夏也子夏曰富哉言乎者子夏聞言即解故歎美之曰富盛哉此言乎舜有天下選於衆舉臯陶不仁者遠矣湯有天下選於衆舉伊尹不仁者遠矣者此子夏爲樊遲說舉直錯枉之事也言舜湯有天下選擇於衆舉用臯陶伊尹則不仁者遠矣仁者至矣是其能使邪枉者亦化之直也

(釋)選息縣反又息轉反下同陶音遥遠如字又于万反下同

子貢問友子曰忠告而善道之不可則止毋自辱焉包曰忠告以是非告之以

善道導之不見從則止必言之或見辱〔疏〕子貢問友子曰忠告而善道之不可則止毋自辱焉　正義曰此章論友也言盡其忠以是非告之又以善道導之若不從已則止而不告不導也毋得強告導之以自取困辱焉以其必言之或時見辱〔釋〕告古毒反道導也毋音無

曾子曰君子以文會友孔曰友以文德合

以友輔仁孔曰友相切磋之道所以輔成己之仁〔疏〕曾子曰君子以文會友以友輔仁　正義曰此章亦論友言君子之人以文德會合朋友朋友有相切磋琢磨之道所以輔成己之仁德也〔釋〕磋七何反有今作友道如字

論語註疏卷之六

論語注疏卷第七

子路第十三

疏　正義曰此篇論善人君子爲邦教民仁政孝弟中行常德皆治國修身之要大意與前篇相類且回也入室由也升堂故以爲次也

子路問政子曰先之勞之　孔曰先導之以德使民信之然後勞之易曰說以使民民忘其勞　釋　勞之孔如字鄭力報反導本亦作道說音悅　請益曰無倦　孔曰子路嫌其少故請益曰無倦者行此上事無倦則可　疏　子路問政至無倦　正義曰此章言爲政先德澤也子曰先之勞之者言爲政者先導之以德使民信之然後可以政役之事勞之則民從其令也請益者子路嫌其少故請益之曰無倦者夫子言行此上

事無倦怠則可也注易曰說以使民民忘其勞正義曰此周
易兑卦彖辭文也言先以悦豫撫民然後使之從事則民皆竭力
忘其勞苦也引之以
證先之勞之之義也
【釋】撫本亦作𢘓音無倦其卷反
仲弓爲季氏宰
問政子曰先有司王曰言爲政當先任有司而後責其事赦小過舉
賢才曰焉知賢才而舉之曰舉爾所知爾
所不知人其舍諸孔曰女所不知者人將自舉之各舉其所知則賢才無遺【疏】仲弓
至舍諸　正義曰此章言政在舉賢也仲弓爲季氏宰問政者冉
雍爲季氏家宰而問政於夫子也子曰先有司赦小過舉賢才者
有司屬吏也言爲政當先委任屬吏各有所司而後責其成事赦
放小過寬則得衆也舉用賢才使官得其人野無遺逸是政之善
者也焉知賢才而舉之者仲弓聞使舉賢意言賢才難可徧知故
復問曰安知其賢才而得舉用之也曰舉爾所知爾所不知人其

舍諸者舍置也諸之也夫子教之曰但舉女之所知女所不知人將自舉之其肯置之而不舉乎既各舉其所知則舉賢才無遺

釋焉於虔反舍如字置也　子路曰衛君待子而爲政子將奚先包曰問往將何所先行　子曰必也正名乎馬曰正百事之名　子路曰有是哉子之迂也奚其正包曰迂猶遠也言孔子之言遠於事　釋迂音于鄭本作子于往也　子曰野哉由也孔曰野猶不達　君子於其所不知蓋闕如也包曰君子於其所不知當闕而勿據今由不知正名之義而謂之迂遠　名不正則言不順言不順則事不成事不成則禮樂不興禮樂不興則刑罰不

中孔曰禮以安上樂以移風二者不行則有淫刑濫罰釋中丁仲反下同濫力暫反刑罰不中則民無所錯手足故君子名之必可言也言之必可行也王曰所名之事必可得而明言所言之事必可得而遵行釋錯七故反本又作措君子於其言無所苟而已矣疏子路至已矣正義曰此章論政在正名也子路曰衛君待子而爲政子將奚先者何也案世家孔子自楚反乎衛是時衛君輒父不得立在外諸侯數以爲讓而孔子弟子多仕於衛衛君欲得孔子爲政故子路問之曰往將何所先行子曰必也正名乎者言將先正百事之名也子路曰有是哉子之迂也奚其正者迂猶遠也子路言豈有若是哉夫子之言遠於事也何其正名乎子曰野哉由也者野猶不達也夫子見子路言迂故曰不達理哉此仲由也君子於其所不知蓋闕如也者此責子路不知正名之義而便言迂遠也言君子於

其所不知蓋當闕而勿據今由不知正名之義而便謂之迂遠不亦野哉名不正則言不順言不順則事不成事不成則禮樂不興禮樂不興則刑罰不中刑罰不中則民無所錯手足者此孔子更陳正名之理也夫事以順成名由言舉名若不正則言不順序言不順序則政事不成政事不成則君不安於上風不移於下是禮樂不興行也禮樂不行則有淫刑濫罰故不中也刑罰枉濫民則蹐地局天動罹刑網故無所錯其手足也故君子名之必可言也言之必可行也君子於其言無所苟而已矣者此又言正名之事非爲苟且也君子名此事必使可明言言此事必使可遵行君子於其所言無苟且也若名之不可言言之不可行是苟且而言也

○注孔曰至濫罰　正義曰云禮以安上樂以移風者孝經廣要道章文言禮所以正君臣父子之別明男女長幼之序故可以安上化下風俗移易先入樂聲變隨人心正由君德正之與變因樂而彰故可以移風易俗也云二者不行則有淫刑濫罰者禮運云禮者所以治政安君也政不正則君位危君位危則大臣倍小臣竊刑肅而俗敝則法無常樂記曰五刑不用百姓無患天子不

悉如此則樂達矣故禮樂二者不行則刑罰淫濫而不中也　注王曰至遵行　正義曰所名之事必可得而明言者若禮人名不以國以國則廢名是不可明言也云所言之事必可得而遵行者緇衣曰可言也不可行君子弗言也可行也不可言君子弗行也熊氏云君子賢人可行不可言作凡人法若曾子有母之喪水漿不入於口七日不可言説以爲法是不可遵行也是以可明言可遵行而後君子名言之也

樊遲請學稼子曰吾不如老農請學爲圃曰吾不如老圃馬曰樹五穀曰稼樹菜蔬曰圃　樊遲出子曰小人哉樊須也上好禮則民莫敢不敬上好義則民莫敢不服上好信則民莫敢不用情孔曰情情實也言民化於上各以情應　夫如是則四方之

民襁負其子而至矣焉用稼包曰禮義與信足以成德何用學稼以教民乎負者以器曰襁

疏樊遲至用稼　正義曰此章言禮義忠信爲治民之要樊遲請學稼者樹五穀曰稼弟子樊須請於夫子學播種之法欲以教民也子曰吾不如老農者孔子怒其不學禮義而學稼種故拒之曰稼種之事吾不如久老之農夫也請學爲圃者樹菜蔬曰圃樊遲又請於夫子學樹藝菜蔬之法曰吾不如老圃者亦拒其請也言樹藝菜蔬之法吾不如久老爲圃者樊遲出子曰小人哉樊須也者樊遲既請而出夫子與諸弟子言曰小人哉此樊須也謂其不學禮義而學農圃故曰小人也上好禮則民莫敢不敬上好義則民莫敢不服上好信則民莫敢不用情者孔子遂言禮義與信可以教民也禮毋不敬故上好行禮則民化之莫敢不敬也人聞義則服故上好行義則民莫敢不服也以信待物物亦以實應之故上若好信則民莫不用其情情猶情實也言民於上各以實應也夫如是則四方之民襁負其子而至矣焉用稼者此又言夫禮義與信足以成德化民如是則四方之

民感化自來皆以襁負其子而至矣何用學稼以教民乎
注樹五穀曰稼樹菜蔬曰圃　正義曰樹者種殖之名五穀者黍稷麻麥豆也周禮注云種穀曰稼如嫁女以有所生也周禮太宰職云園圃毓草木注云樹果蓏曰圃園其樊也然則園者外畔藩籬之名其內之地種樹菜果則謂之圃蔬則菜也鄭玄周禮注云百草根實可食者釋文云蔬不熟爲饉郭璞曰凡草菜可食者通名爲蔬　注負者以器曰襁　正義曰博物志云織縷爲之廣八寸長丈二以約小兒於背　釋　夫音符襁居丈反又作繈同博物志云織縷爲之廣八寸長丈二以約小兒於背

子曰誦詩三百授之以政不達使於四方不能專對雖多亦奚以爲

專猶獨也　疏　子曰至以爲　正義曰此章言人之才學貴於適用若多學而不能用則如不學也誦謂諷誦周禮注云倍文曰諷以聲節之曰誦詩有國風雅頌凡三百五篇皆言天子諸侯之政也古者使適四方有會同之事皆賦詩以見意今

有人能諷誦詩文三百篇之多若授之以政使居位治民而不能通達使於四方不能獨對諷誦雖多亦何以爲言無所益也

（釋）使所吏反

子曰其身正不令而行其身不正雖令不從

令教令也

（疏）子曰至不從　正義曰此章言爲政者當以身先也言上之人其身若正不在教令民自觀化而行之其身若不正雖教令滋章臣亦不從也

子曰魯衛之政兄弟也

包曰魯周公之封衛康叔之封周公康叔既爲兄弟康叔睦於周公其國之政亦如兄弟

（疏）子曰魯衛之政兄弟也　正義曰此章孔子評論魯衛二國之政相似如周公康叔之爲兄弟也魯周公之封衛康叔之封周公康叔既爲兄弟康叔睦於周公其國之政亦如兄弟也

子謂衛公子荆善居室

王曰荆與蘧瑗史鰌並爲君子

（釋）蘧其居反瑗于眷反鰌音秋

始有曰苟合矣少有曰苟完

矣富有曰苟美矣疏子謂至美矣　正義曰此章孔子稱謂衛公子荆有君子之德也善居室者言居家理也始有曰苟合矣者家始富有不言己才能所致但曰苟且聚合也少有曰苟完矣者又少有增多但曰苟且完全矣富有曰苟美矣者富有大備但曰苟且有此富美耳終無泰侈之心也　注王曰荆與蘧瑗史鰌並爲君子　正義曰案左傳襄二十九年吴公子札來聘遂適衛説蘧瑗史狗史鰌公子荆公叔發公子朝曰衛多君子未有患也是與蘧瑗史鰌並爲君子也

子適衛冉有僕孔曰孔子之衛冉有御子曰庶矣哉孔曰庶衆也言衛人衆多冉有曰既庶矣又何加焉曰富之曰既富矣又何加焉曰教之疏子適至教之　正義曰此章言治民之法也子適衛冉有僕者適之也孔子之衛冉有爲僕以御車也子曰庶矣哉者庶衆也至衛境見衛人衆多故孔子歎美之冉有

曰既庶矣又何加焉者言民既衆多復何加益也曰富之者孔子言當施舍薄歛使衣食足也曰既富矣又何加焉者冉有言民既饒足復何加益之曰教之者孔子言當敎以義方使知禮節也

子曰苟有用我者期月而已可也三年有成孔曰言誠有用我於政事者期月而可以行其政教必三年乃有成功〔疏〕子曰至有成　正義曰此章孔子自言爲政之迹也苟誠也期月周月也謂周一年之十二月也孔子言誠有用我於政事者期月而可以行其政敎必滿三年乃有成功也〔釋〕期音基

子曰善人爲邦百年亦可以勝殘去殺矣王曰勝殘殘暴之人使不爲惡也去殺不用刑殺也〔釋〕勝音外

誠哉是言也孔曰古有此言孔子信之〔疏〕子曰至言也　正義曰此章言善人君子治國至於百年以來亦可以勝殘暴之人使不爲惡去刑殺而不用矣誠哉是言者古有此言孔子信之故曰

誠哉是言也

子曰如有王者必世而後仁孔曰三十年曰世如有受命王者必三十年仁政乃成

疏子曰至後仁　正義曰三十年曰世此章言如有受天命而王天下者必三十年仁政乃成也

釋王于況反又如字

子曰苟正其身矣於從政乎何有不能正其身如正人何

疏子曰至人何　正義曰此章言政者正也欲正於人在先正其身也苟誠也誠能自正其身則於從政乎何有言不難也若自不能正其身則雖令不從如正人何言必不能正人也

冉子退朝周曰謂罷朝於魯君

釋朝直遥反鄭玄季氏朝

子曰何晏也對曰有政馬曰政者有所改更匡正

釋晏於諫反

子曰其事也馬曰事者凡行常事如有政雖不吾以吾其與聞之馬曰如有

政非常之事我爲大夫雖疏冉子至聞之　正義曰此章明政不見任用必當與聞之事之別也冉子退朝者時冉有臣於季氏朝廷曰退謂罷朝於魯君也子曰何晏也者晏晚也孔子訝其退朝晚故問之對曰有政者冉子言有所改更匡正之政故退晚也子曰其事也如有政雖不吾以吾其與聞之者孔子言女之所謂政者但凡行常事耳設如有大政非常之事我爲大夫雖不見任用必當與聞之也　注周曰謂罷朝於魯君　正義曰周氏以爲夫子云雖不吾以吾其與聞皆論君朝之事故云罷朝於魯君鄭玄以冉有臣於季氏故以朝爲季氏之朝少儀大朝廷曰退謂於朝廷之中若欲散還則稱曰退以近君爲進還私遠君稱退故此退朝謂罷朝也　注馬曰事者凡行常事　正義曰案昭二十五年左傳曰爲政事庸力行務以從四時杜預曰在君爲政在臣爲事杜意據此文時冉子仕於季氏稱季氏有政孔子謂之爲事是在君爲政在臣爲事也何晏以爲仲尼稱孝友是亦爲政明其政事通言但隨事大小異其名耳故不同鄭杜之說而取周馬之言以朝爲魯君之朝以事爲君之凡行常事也釋

與音預　定公問一言而可以興邦有諸孔子對曰言不可以若是其幾也王曰以其大要一言不能正興國幾近也有近一言可以興國人之言曰爲君難爲臣不易如知爲君之難也不幾乎一言而興邦乎孔曰事不可以一言而成如知此則可近也〔釋〕易以豉反　曰一言而喪邦有諸孔子對曰言不可以若是其幾也人之言曰予無樂乎爲君唯其言而莫予違也孔曰言無樂於爲君所樂者唯樂其言而不見違〔釋〕喪息浪反　樂音洛　如其善而莫之違也不亦善

乎如不善而莫之違也不幾乎一言而喪邦乎孔曰人君所言善無違之者則善也所言不善而無敢違之者則近一言而喪國【疏】定公至邦乎○正義曰此章言爲君之道也定公問一言而可以興邦有諸者魯君定公問於孔子爲君之道有一言善而可以興其國有之乎孔子對曰言不可以若是其幾也者幾近也孔子以其大要一言不能正興國故云言不可以若是有近一言可以興國者故云其幾也人之言曰爲君難爲臣不易如知爲君之難也不幾乎一言而興邦乎者此孔子稱其近興國之一言也事不可以一言而成如人君知此爲君難此則可近也曰一言而喪邦有諸者定公又問曰人君一言不善而致亡國有之乎孔子對曰言不可以若是其幾也者亦言有近一言可以亡國也人之言曰予無樂乎爲君唯其言而莫予違也者此舉近亡國之一言也言我無樂於爲君所樂者唯樂其言而不見違也如其善而莫之違也不亦善乎如不善而莫之違也不幾乎一言而喪邦乎者此孔子又評其理言人君所

言善無違之者則善也所言不善而無敢違之者則近一言而亡國也

葉公問政子曰近者說遠者來疏葉公至者來　正義曰此章楚葉縣公問爲政之法於孔子也子曰當施惠於近者使之喜說則遠者當慕化而來也

子夏爲莒父宰問政鄭曰舊說云莒父魯下邑子曰無欲速無見小利欲速則不達見小利則大事不成孔曰事不可以速成而欲其速則不達矣小利妨大則大事不成疏子夏至不成　正義曰此章弟子子夏爲魯下邑莒父之宰問爲政之法於夫子也子曰無欲速無見小利者言事有程期無欲速成當存大體無見小利也欲速則不達見小利則大事不成者此又言其欲速見小利害政之意若事不可以速成者而欲其速則其事不達矣務見小利而行之則妨大政故大事不成也

葉公語孔子曰吾黨有直

躬者孔曰直躬直身而行釋語魚據反躬鄭本作弓云直人名弓其父攘羊而子證之周曰有因而盜曰攘釋攘如羊反孔子曰吾黨之直者異於是父爲子隱子爲父隱直在其中矣疏葉公至中矣　正義曰此章明爲直之禮也葉公語孔子曰吾黨有直躬者躬身也言吾鄉黨中有直身而行者其父攘羊而子證之者此所直行之事也有因而盜曰攘言因羊來入己家父即取之而子言於失羊之主證父之盜葉公以此子爲直行而誇於孔子也孔子曰吾黨之直者異於是父爲子隱子爲父隱直在其中矣者孔子言此以拒葉公也言吾黨之直者異於此證父之直也子苟有過父爲隱之則慈也父苟有過子爲隱之則孝也孝慈則忠忠則直也故曰直在其中矣今律大功以上得相容隱告言父祖者入十惡則典禮亦爾而葉公以證父爲直者江熙云葉公見聖人之訓動有隱諱故舉直躬欲以此言毀訾儒教抗衡中國夫

子荅之辭正而義切荆蠻之豪喪其誇矣（釋）爲于僞反樊遲問仁子曰居處恭執事敬與人忠雖之夷狄不可棄也包曰雖之夷狄無禮義之處猶不可棄去而不行（疏）樊遲至棄也　正義曰此章明仁者之行也弟子樊遲問仁於孔子子曰居處恭執事敬與人忠雖之夷狄不可棄也者言凡人居處多放恣執事則懈惰與人交則不盡忠在仁者居處恭謹執事敬慎忠以與人也此恭敬及忠雖之適夷狄無禮義之處亦不可棄而不行也　子貢問曰何如斯可謂之士矣子曰行已有耻孔曰有耻者有所不爲使於四方不辱君命可謂士矣曰敢問其次曰宗族稱孝焉鄉黨稱弟焉曰敢問其次曰

言必信行必果硜硜然小人哉抑亦可以爲次矣鄭曰行必果所欲行必果敢爲之硜硜者小人之貌也抑亦其次言可以爲次釋使所吏反弟亦作悌同大計反行下孟反注同硜苦耕反曰今之從政者何如子曰噫斗筲之人何足算也鄭曰噫心不平之聲筲竹器容斗二升算數也疏子曰至算也

正義曰此章明士行也子貢問曰何如斯可謂之士矣者士有德之稱故子貢問於孔子曰其行何如此可謂之士也子曰行已有恥使於四方不辱君命可謂士矣者此荅士之高行也言行已之道若有不善恥而不爲爲臣奉命出使能遭時制宜不辱君命有此二行可謂士矣曰敢問其次者子貢復問士之爲行次於此二者云何曰宗族稱孝焉鄉黨稱弟焉者此孔子復爲言其士行之次也宗族同宗族屬也善父母爲孝宗族内親見其孝而稱之善事長上爲弟鄉黨差遠見其弟而稱之也曰敢問其次者子貢

又問更有何行可次於此也曰言必信行必果硜硜然小人哉所亦可以爲次矣者孔子又爲言其次也若人不能信以行義而言必執信行不能相時度宜所欲行者必果敢爲之硜硜者小人之貌也言此二行雖非君子所爲乃硜硜然小人耳抑辭也所亦其次言可以爲次也曰今之從政者何如者子貢復問今之從政之士其行何如也子曰噫斗筲之人何足算也者噫心不平之聲斗量名容十斗筲竹器容斗二升算數也孔子見時從政者皆無士行唯小器耳故心不平之而曰噫今斗筲小器之人何足數也言不足數故不述其行 釋 噫於其反筲所交反算悉亂反本或作筭數色主反

子曰不得中行而與之必也狂狷乎包曰中行行能得其中者言不得中行則欲得狂狷者 釋 狷音絹

狂者進取狷者有所不爲也包曰狂者進取於善道狷者守節無爲欲得此二人者以時多進退取其常一 疏 子曰至爲也 正義曰此章孔子疾時人不純一也子曰不得中行而與

之必也狂狷乎者中行行能得其中者也言旣不得中行之人而與之同處必也得狂狷之人可也狂者進取狷者有所不爲者比説狂狷之行也狂者進取於善道知進而不知退狷者守節無爲應進而退也二者俱不得中而性常一欲得此二人者以時多進退取其常一也

子曰南人有言曰人而無恒不可以作巫醫孔曰南人南國之人鄭曰言巫醫不能治無恒之人〔釋〕醫於其反

善夫包曰善南人之言也〔釋〕夫音符

不恒其德或承之羞孔曰此易恒卦之辭言德無常則羞辱承之

子曰不占而已矣鄭曰易所以占吉凶無常之人易所不占〔疏〕子曰至已矣

正義曰此章疾性行無常之人也子曰南人有言曰人而無恒不可以作巫醫者南人南國之人也巫主接神除邪醫主療病南國之人嘗有言曰人而性行無常不可以爲巫醫言巫醫不能治無常之人也善夫者孔子善南人之言有徵也不恒其德或承

之羞者此易恒卦之辭孔子引之言德無常則羞辱承之也子曰不占而已者孔子既引易文又言夫易所以占吉凶無恒之人易所不占也　注孔曰至承之　正義曰云此易恒卦之辭者謂此經所言是易恒卦九三爻辭也王弼云處三陽之中居下體之上處上體之下上不全尊下不全卑中不在體體在乎恒而分無所定無恒者也德行無恒自相違錯不可致詰故或承之羞也

子曰君子和而不同小人同而不和君子心和然其所見各異故曰不同小人所嗜好者同然各爭利故曰不和疏子曰至不和　正義曰此章別君子小人志行不同之事也君子心和然其所見各異故曰不同小人所嗜好者則同然各爭利故曰不和釋嗜常志反　好呼報反

子貢問曰鄉人皆好之何如子曰未可也鄉人皆惡之何如子曰未可也不如鄉人之善

者好之其不善者惡之孔曰善人善已惡人惡已是善善明是惡惡著疏子貢至惡之　正義曰此章別好惡子貢問曰鄉人皆好之何如者言有一人爲一鄉之所愛好此人何如可謂善人乎子曰未可也者言未可爲善或一鄉皆惡此人與之同黨故爲衆所稱是以未可鄉人皆惡之何如者此子貢又問夫子泥鄉人皆好未可[illegible]善若鄉人衆共憎惡此人何如可謂善人乎子曰未可也者言亦未可爲善或一鄉皆善此人獨惡故爲衆所疾是以未可不如鄉人之善者好之其不善者惡之者孔子既皆不可其問[illegible]爲說[illegible]善人也言鄉之善人善之惡人惡之眞善人也　注孔曰至惡著

○正義曰言鄉人皆好之是善善不明鄉人皆惡之是惡惡不著若鄉人之善者善之惡者惡之則是善善分明惡惡顯著也

釋惡烏路反注及下同

子曰君子易事而難說也孔曰不責備於一人故釋易以豉反下同說之不以道不說也及易事釋說音悅下同

其使人也器之孔曰度才而官之釋度徒洛反小人難事而易說也說之雖不以道說也及其使人也求備焉疏子曰至備焉　正義曰此章論君子小人不同之事也子曰君子易事而難說也者言君子不責備於一人故易事不受妄說故難說也說之不以道不說也及其使人也器之者此覆明難說易事之理言君子有正德若人說已不以道而妄說則不喜說也是以難說度人才器而官之不責備故易事小人難事而易說也者小人反君子故也說之雖不以道說也及其使人也求備焉者此覆明易說難事之理以小人無人說媚雖不以道而妄說之亦喜說故易說也及其使人也責備於一人焉故難事也

子曰君子泰而不驕小人驕而不泰君子自縱泰似驕而不驕小人拘忌而實自驕矜疏子曰至不泰　正義曰此章論君子小人禮貌不同之事

也君子自縱泰似驕而實不驕小人實自驕矜而強自拘忌不能寬泰也

子曰剛毅木訥近仁王曰剛無欲毅果敢木質樸訥遲鈍有斯四者近於仁

疏子曰剛毅木訥近仁 正義曰此章言有此四者之性行近於仁道也仁者靜剛無欲亦靜故剛近仁也仁者必有勇毅者果敢故毅近仁也仁者不尚華飾木者質樸故木近仁也仁者其言也訒訥者遲鈍故訥近仁也

釋毅魚既反訥奴忽反樸普剝反鈍徒頓反

子路問曰何如斯可謂之士矣子曰切切偲偲怡怡如也可謂士矣朋友切切偲偲兄弟怡怡馬曰切切偲偲相切責之貌怡怡和順之貌

疏子路至怡怡 正義曰此章明士行也子路問曰何如斯可謂之士矣者問士之行何如也子曰切切偲偲怡怡如也可謂士矣者此荅士行也朋友切切偲偲兄弟怡怡者此覆明其所施也切切偲偲相切責

之貌朋友以道義切磋琢磨故施於朋友也怡怡和順之貌兄弟天倫當相友恭故怡怡施於兄弟也【釋】偲音絲本又作愢怡以之反

子曰善人教民七年亦可以即戎矣包曰即就也戎兵也可以攻戰【疏】子曰至戎矣　正義曰此章言善人爲政之法也善人謂君子也即就也戎兵也言君子爲政教民至於七年使民知禮義與信亦可以就兵戎攻戰之事也言七年者夫子以意言之耳

子曰以不教民戰是謂棄之馬曰言用不習之民使之攻戰必破敗是謂棄之【疏】子曰至棄之　正義曰此章言用不習之民使之攻戰必致破敗是謂棄之若棄擲也

憲問第十四

【疏】正義曰此篇論三王二霸之迹諸侯大夫之行爲仁知恥脩己安民皆政之大節也故以類相聚次於問政也

憲問恥子曰邦有道穀（孔曰穀祿也邦有道當食祿）邦無道穀恥也（孔曰君無道而在其朝食其祿是恥辱）【釋】（朝直遥反本亦作在朝）克伐怨欲不行焉可以爲仁矣（馬曰克好勝人伐自伐其功怨忌小怨欲貪欲也）【釋】（好呼報反）子曰可以爲難矣仁則吾不知也（包曰四者行之難未足以爲仁）

【疏】憲問恥至知也　正義曰此章明恥辱及仁德也憲謂弟子原憲問於夫子曰人之行何爲可恥辱也子曰邦有道穀邦無道穀恥也者穀祿也孔子荅言邦有道當食祿君無道而在其朝食其祿是恥辱也克伐怨欲不行焉可以爲仁矣者克好勝人也伐自伐其功也怨忌小怨也欲貪欲也原憲復問曰若此四者不行焉可以爲仁人矣乎子曰可以爲難矣仁則吾不知也者孔子荅言不行四者可以爲難未足以爲仁也　注馬曰至欲也　正義曰云克好勝人者克訓勝也

左傳僖九年秦伯將納晉惠公謂其大夫公孫枝曰夷吾其定乎對曰言多忌克難哉公曰忌則多怨又焉能克杜預曰其言雖多忌適足以自害不能勝人也是克爲好勝人也云伐自伐其功者書曰汝惟不伐天下莫與汝爭功老子曰自伐者無功言人有功誇示之則人不與乃無功也是伐去其功若伐去樹木然故經傳謂誇功爲伐謂自伐其功也　釋　行下孟反　一如字

子曰士而懷居不足以爲士矣士當志道不求安而懷其居非士也　疏　子曰至士矣　正義曰此章言士當志於道不求安居而懷安其居則非士也

子曰邦有道危言危行包曰危厲也邦有道可以厲言行邦無道危行言孫孫順也厲行不隨俗順言以遠害　疏　子曰至言孫　正義曰此章教人言行之法也危厲也孫順也言邦有道可以厲言行邦無道則厲其行不隨汙俗順言辭以避當時之害也　釋　孫音遜遠于萬反

子曰有德

者必有言德不可以億中故必有言有言者不必有德仁者必有勇勇者不必有仁疏子曰至有仁　正義曰此章論有德有仁者之行也子曰有德者必有言者德不可以無言億中故必有言也有言者不必有德者辯佞口給不必有德也仁者必有勇者見危授命殺身以成仁是必有勇也勇者不必有仁者若暴虎馮河之勇不必有仁也南宮适孔曰适南宮敬叔魯大夫釋适古活反本又作括問於孔子曰羿善射奡盪舟孔曰羿有窮國之君篡夏后相之位其臣寒浞殺之因其室而生奡奡多力能陸地行舟爲夏后少康所殺釋羿音詣奡五報反盪吐浪反篡初患反相息亮反浞仕捉反少詩照反俱不得其死然孔曰此二子者皆不得以壽終禹稷躬稼而有天下夫子不荅馬曰禹盡力於溝洫稷播

百穀故曰躬稼禹及其身稷及後世皆王盡津忍反洫呼域
适意欲以禹稷比孔子孔子謙故不荅也【釋】反王于況反

南宮适出子曰君子哉若人尚德哉若人

孔曰賤不義而貴有德故曰君子【疏】南宮适至若人○正義曰此章賤不義而貴有德也南宮适者魯大夫南宮敬叔也問於孔子曰羿善射奡盪舟俱不得其死然禹稷躬稼而有天下者羿有窮國之君以其善射篡夏后相之位其臣寒浞殺之奡寒浞之子多力盪推也能陸地推舟而行為夏后少康所殺然猶焉也此二子者皆不得其壽終而死焉禹盡力於溝洫洪水既除烝民乃粒稷后稷也名棄周之始祖播種百穀皆以身親稼穡故曰禹稷躬稼也禹受舜社稷及後世至文武皆王天下故曰而有天下也夫子不荅者适意欲以禹稷比孔子孔子謙故不荅也南宮适出者既問而退也子曰君子哉若人尚德哉若人者以其賤羿奡之不義貴禹稷之有德故美之曰君子哉若此人也尚德哉若此人也○注孔曰适南宮敬叔魯大夫○正義曰此即南宮縚也

字子容鄭注檀弓云敬叔魯孟僖子之子仲孫閱是也注孔曰至
所殺　正義曰云羿有窮國之君者羿居窮石之地故以窮爲國
號以有配之猶言有周有夏也窮國之君曰羿羿是有窮君之名
號也孔注尚書云羿諸侯名杜注左傳云羿有窮君之號則與孔
不同也說文云羿帝嚳射官也賈逵云羿之先祖世爲先王射官
故帝嚳賜羿弓矢使司射淮南子云堯時十日並生堯使羿射九
日而落之楚辭天問云羿焉彃日烏解羽歸藏易亦云羿彃十日
說文云彃者射也此三者言雖不經難以取信要言帝嚳時有羿
堯時亦有羿則羿是善射之號非復人之名字信如彼言則不知
此羿名爲何也云篡夏后相之位者襄四年左傳曰昔有夏之方
衰也后羿自鉏遷於窮石因夏民以代夏政杜注云禹孫太康淫
放失國夏人立其弟仲康仲康亦微弱仲康卒子相立羿遂代相
號曰有窮是也云其臣寒浞殺之因其室而生奡者傳又曰寒浞
伯明氏之讒子弟也伯明后寒棄之夷羿收之信而使之以爲己
相浞行媚于內而施賂于外愚弄其民而虞羿于田樹之詐慝以
取其國家內外咸服羿猶不悛將歸自田家衆殺而享之浞因羿

室生澆及豷是也澆即奡也聲轉字異故彼此不同云奡多力能陸地行舟者以此文云奡盪舟盪訓推也故知多力能陸地推舟而行也云爲夏后少康所殺者哀元年左傳曰昔有過澆殺斟灌以伐斟鄩滅夏后相后緡方娠逃出自竇歸于有仍生少康焉爲仍牧正惎澆能戒之澆使椒求之逃奔有虞爲之庖正以除其害虞思於是妻之以二姚而邑諸綸有田一成有衆一旅能布其德而兆其謀以收夏衆撫其官職使女艾諜澆使季杼誘豷遂滅過戈復禹之績是也過澆國戈豷國如彼傳文當是羿逐出后相乃自立爲天子相依斟灌斟鄩夏祚權尚未滅蓋與羿並稱之也及寒浞殺羿因羿室而生澆澆巳長大自能用師始滅后相相死之後始生少康少康生杼杼又年長巳堪誘豷方始滅浞而立少康計太康失邦及少康紹國向有百載乃滅有窮而夏本紀云仲康崩子相立相崩子少康立都不言羿浞之事是馬遷之疏也　注馬曰至荅也　正義曰云禹盡力於溝洫者泰伯篇文云稷播百穀者舜典文也又益稷云暨稷播奏庶艱食鮮食懋遷有無化居烝民乃粒故摠曰躬稼云禹及其身稷及後世皆王者禹受舜禪

是及身也稷後十五世至文王受命武王誅紂是及後世也皆王有天下而爲王也云适意欲以禹稷比孔子者言孔子勤行道德亦當王有天下也孔子持謙不敢以巳比於禹稷故不荅其言也

子曰君子而不仁者有矣夫未有小人而仁者也孔曰雖曰君子猶未能備【疏】子曰至者也　正義曰此章言仁道難備也雖曰君子猶未能備而有時不仁也若管仲九合諸侯不以兵車可謂仁矣而鏤簋朱紘山節藻棁是不仁也小人性不及仁道故未有仁者【釋】夫音符

子曰愛之能勿勞乎忠焉能勿誨乎孔曰言人有所愛必欲勞來之有所忠必欲教誨之【疏】子曰至誨乎　正義曰此章論忠愛之心也言人有所愛必欲勞來之有所忠必欲教誨之也【釋】勞力報反注同來力代反

子曰爲命裨諶草創之孔曰裨諶鄭大夫氏名也謀於野則獲於國則否鄭國將有諸侯之

事則使乘車以適野 釋 裨婢支反諶時針反創初向反制也依
而謀作盟會之辭 說文此是創痍字創制之字當作刱乘
繩證反乘以本 今作乘車以
世叔討論之行人子羽修飾之
東里子産潤色之 馬曰世叔鄭大夫游吉也討治也裨
諶既造謀世叔復治而論之詳而審
之行人掌使之官子羽公孫揮子産居東
里因以爲號更此四賢而成故鮮有敗事 疏 子曰至色之 正
義曰此章迹鄭國
大夫之善也子曰爲命裨諶草創之者裨諶鄭大夫也命謂政命
盟會之辭也言鄭國將有諸侯之事作盟會政命之辭則使裨諶
適草野以創制之世叔討論之者世叔即子大叔鄭大夫游吉也
討治也裨諶既造謀世叔復治而論之詳而審之也行人子羽修
飾之者行人掌使之官子羽公孫揮亦鄭大夫也世叔既討論復
令公孫揮修飾之也東里子産潤色之者東里鄭城中里名子産
居東里因以爲號修飾潤色皆謂增修使華美也既更此四賢而
成故鮮有敗事也 注孔曰至之辭 正義曰云謀於野則獲於

國則否者襄三十一年左傳云此下注皆出於彼案彼傳云子產之從政也擇能而使之馮簡子能斷大事子大叔美秀而文公孫揮知四國之爲而辯於其大夫之族姓班位貴賤能否而又善爲辭令裨諶能謀謀於野則獲謀於邑則否鄭國將有諸侯之事子產問四國之爲於子羽且使多爲辭令與裨諶乘以適野使謀可否而告馮簡子使斷之事成乃授子太叔使行之以應對賓客是以鮮有敗事是也　注馬曰至敗事　正義曰云行人掌使之官皆周禮秋官有大行人小行人皆大夫也掌諸侯朝覲宗遇會同之禮儀及時聘間問之事則諸侯之行人亦然故云掌使之官謂掌其爲使之官也　釋　復扶又反使所吏反揮許歸反吏古衡反鮮仙善反

或問子產子曰惠人也孔曰惠愛也子產古之遺愛問子西曰彼哉彼哉馬曰子西鄭大夫彼哉彼哉言無足稱或曰楚令尹子西問管仲曰人也猶詩言所謂伊人奪伯氏駢邑三百飯疏

食没齒無怨言孔曰伯氏齊大夫駢邑地名齒年也伯氏食邑三百家管仲奪之使至疏食而没齒無怨言以其當理故【疏】或問至怨言　正義曰此章歷評子産子西管仲之爲人也或問子産者或人問於夫子曰鄭大夫子産何如人也子曰惠人也者惠愛也言子産仁恩被物愛人之人也問子西者或人又問鄭大夫子西之行曰彼哉彼哉者彼謂子西也言如彼人哉如彼人哉無足可稱也問管仲者或人又問齊大夫管夷吾也曰人也奪伯氏駢邑三百飯疏食没齒無怨言者此荅言管仲是當理之人也指管仲猶云此人也伯氏齊大夫駢邑地名没謂終没齒年也伯氏食邑於駢凡三百家管仲奪之使貧但飯疏食至於終年亦無怨言以其管仲當理故也

注孔曰至遺愛　正義曰惠愛釋詁文云子産古之遺愛也昭二十年左傳曰子産卒仲尼聞之出涕曰古之遺愛也杜注云子産見愛有古人之遺風　注馬曰至子西　正義曰云子西鄭大夫者案左傳子駟之子公孫夏也或曰楚令尹子西者案左傳公子申也代囊瓦爲令尹爲白公勝所殺者也　注猶詩言所謂伊人

○正義曰詩秦風蒹葭文也毛傳云伊維也鄭箋云伊當作緊緊猶是也伊人若言是人也（釋）駢薄田反又薄亭反餅扶晚反疏本又作蔬所居反食如字又音嗣注疏食同當丁浪反

子曰貧而無怨難富而無驕易（疏）子曰至驕易　正義曰此章言人之貧乏多所怨恨而無怨爲難江熙云顏原無怨不可及世人若豐富好生驕逸而無驕爲易江熙云子貢不驕猶可能也

子曰孟公綽爲趙魏老則優不可以爲滕薛大夫孔曰公綽魯大夫趙魏皆晉卿家臣稱老公綽性寡欲趙魏貪賢家老無職故優滕薛小國大夫職煩故不可爲（疏）子曰至大夫　正義曰此章評魯大夫孟公綽之才性也趙魏皆晉卿所食采邑名也家臣稱老公綽性寡欲趙魏貪賢家老無職若公綽爲之則優游有餘裕也滕薛乃小國而大夫職煩則不可爲也（釋）難乃旦反易以豉反綽昌略反本又作焯滕徒登反薛息列反

子路問成

人子曰若臧武仲之知馬曰魯大夫臧孫紇〔釋〕知音智紇恨發反公綽之不欲馬曰孟公綽卞莊子之勇周曰卞邑大夫〔釋〕卞皮彥反鄭云秦大夫冉求之藝文之以禮樂孔曰加之以禮樂文成亦可以爲成人矣曰今之成人者何必然見利思義馬曰義然後取不苟得見危授命久要不忘平生之言亦可以爲成人矣孔曰久要舊約也平生猶少時〔疏〕子路至成人矣○正義曰此章論成人之行也子路問成人者問於夫子行何德行謂之成人子曰若臧武仲之知公綽之不欲卞莊子之勇冉求之藝文之以禮樂亦可以爲成人矣者此荅成人之行也必也知如武仲廉如公綽勇如卞莊子藝如冉求既有知廉勇藝復以禮樂文成之雖未

足多亦可以爲成人矣曰今之成人者何必然者夫子鄉言成人者是古之人也又言今之成人不必能備如此也見利思義見危授命久要不忘平生之言亦可以爲成人矣者此今之成人行也見財利思合義然後取之見君親有危以當致命以救之久要舊約也平生猶少時言與人少時有舊約雖年長貴達不忘其言能此三事亦可以爲成人也疏注馬曰魯大夫臧孫紇　正義曰案春秋襄二十三年左氏傳以阿順季氏出奔邾又以防求爲後於魯致防而奔齊齊侯將爲臧紇田臧孫聞之見齊侯與之言伐晉對曰多則多矣抑君似鼠夫鼠晝伏夜動不穴於寢廟畏人故也今君聞晉之亂而後作焉寧將事之非鼠如何乃弗與田仲尼曰知之難也有臧武仲之知杜注云謂能避齊禍是武仲之知也釋少詩照反

子問公叔文子於公明賈曰信乎夫子不言不笑不取乎孔曰公叔文子衛大夫公孫拔文謚釋拔皮八反公明賈對曰以告者過

也夫子時然後言人不厭其言樂然後笑人不厭其笑義然後取人不厭其取子曰其然豈其然乎馬曰美其得道嫌不能悉然疏子問至然乎 正義曰此章言衛大夫公孫拔之德行也子問公叔文子於公明賈曰信乎夫子不言不笑不取乎者夫子謂文子也孔子舊聞文子有此三行疑而未信故問於公明賈曰信實乎公明賈對曰以告者過也者過誤也賈對孔子言以告者誤云不言不笑不取耳夫子時然後言人不厭其言樂然後笑人不厭其笑義然後取人不厭其取者賈言文子亦有言笑及取但中時然後言無游言也故人不厭棄其言可樂然後笑不苟笑也故人不厭惡其笑也見得思義合宜然後取之不貪取也故人不厭倦其取也子曰其然豈其然乎者然如此也孔子聞賈之言驚而美之也美其得道故曰其如是又嫌不能悉然故曰豈可盡能如此者乎 注孔曰公叔文子衛大夫公孫拔之

謚 正義曰案世本云獻公生成子當當生文子拔拔生朱爲公叔氏謚法慈惠愛民曰文〔釋〕厭於豔反 樂音洛

子曰臧武仲以防求爲後於魯雖曰不要君吾不信也孔曰防武仲故邑爲後立後也魯襄公二十三年武仲爲孟氏所譖出奔邾自邾如防使爲以大蔡納請曰紇非敢害也知不足也非敢私請苟守先祀無廢二勳敢不辟邑乃立臧爲紇致防而奔齊此所謂要君

〔疏〕子曰至信也 正義曰此章論臧孫紇要君之事防武仲故邑爲後猶立後也武仲據防邑求立後於魯他人雖曰武仲不是要君吾不信也言實是要君 注孔曰至要君 正義曰云魯襄公二十三年武仲爲孟氏所譖出奔邾者此及下至致防而奔齊皆左氏傳文也案彼傳云季武子無適子公彌長而愛悼子欲立之訪於臧紇紇爲立之公彌即公鉏也孟孫惡臧孫季孫愛之孟氏之御騶豐點好羯也孟莊子疾豐點謂公鉏苟立羯請讎臧氏孟孫卒遂立羯孟氏閉門告於季孫曰臧氏將爲亂不使我葬季孫不

信臧孫聞之戒冬十月孟氏將辟藉除於臧氏臧孫使正夫助之
除於東門甲從已而視之孟氏又告季孫季孫怒命攻臧氏乙亥
臧紇斬鹿門之關以出奔邾是也云自邾如防使爲以大蔡納請
者傳又曰初臧宣叔娶于鑄生賈及爲而死繼室以其姪穆姜之
姨子也生紇長於公宮姜氏愛之故立之臧賈臧爲出在鑄臧武
仲自邾使告臧賈且致大蔡焉曰紇不使失守宗祧敢告不弔紇
之罪不及不祀子以大蔡納請其可賈曰君家之禍也非子之過
也賈聞命矣再拜受龜使爲以納請遂自爲也臧孫如防使來告
是也杜預曰大蔡大龜云紇非敢害也知不足也者此下皆彼傳
文言使甲從已但慮事淺耳云非敢私請者言爲其先人請也云
苟守先祀無廢二勳者二勳文仲宣叔云敢不辟邑乃立臧爲
紇致防而奔齊此所謂要君者據邑請後故孔子以爲要君
（釋）防音房要一遥反諸莊鴆反知音智辟音避

子曰晉文公譎而不正

鄭曰譎者詐也謂召天子而使諸侯朝之仲尼曰以臣
召君不可以訓故書曰天王狩於河陽是譎而不正也（釋）譎古穴反

朝直遥反狩本亦作守手又反

齊桓公正而不譎

馬曰伐楚以公義責包茅之貢不入問昭王南征不還是正而不譎也

疏

子曰至不譎　正義曰此章論二霸之事也譎詐也謂晉文公召天子而使諸侯朝之是詐而不正也齊桓公伐楚實因侵蔡而遂伐楚乃以公義責包茅之貢不入問昭王南征不還是正而不詐也　注鄭曰至正也　正義曰云謂召天子而使諸侯朝之者案左傳僖二十八年冬會于溫是會也晉侯召王以諸侯見且使王狩是也云仲尼曰以臣召君不可以訓故書曰天王狩於河陽者亦彼傳文也云是譎而不正也者晉侯本意欲大合諸侯之師共尊事天子以為臣之名義實無覬覦之心但於時周室既衰天子微弱忽然帥九國之師將數十萬衆入京師以臨天子似有篡奪之謀恐為天子拒逆或復天子怖懼棄位出奔則晉侯心實盡誠無辭可解故自嫌彊大不敢朝王故召諸侯來會于溫溫去京師路近因加諷諭令王就命受朝天子不可以受朝為辭故令假稱出狩諸侯因會遇王遂共朝王得盡君臣之禮皆孔子所謂譎而不正之事聖人作法所

以貽訓後世以臣召君不可以爲教訓故改正舊史舊史當依實
而書言晉侯召王且使王狩仲尼書曰天王狩于河陽言天王自
來狩獵于河陽之地使若獵失其地故書之以識王然　注馬曰
至譎也　正義曰云伐楚以公義責包茅之貢不入問昭王南征
不還者案左傳僖四年春齊侯以諸侯之師侵蔡蔡潰遂伐楚楚
子使與師言曰君處北海寡人處南海唯是風馬牛不相及也不
虞君之涉吾地何故管仲對曰昔召康公命我先君大公曰五侯
九伯女實征之以夾輔周室賜我先君履東至于海西至于河南
至于穆陵北至于無棣爾貢包茅不入王祭不共無以縮酒寡人
是徵昭王南征而不復寡人是問是也杜注云包裹束也茅菁茅
也束而灌之以酒爲縮酒尚書包匭菁茅茅之爲異未審昭王成
王之孫南巡守涉漢舡壞而溺周人諱而不赴諸侯不知其故故
問之案禹貢荆州包匭菁茅孔安國云其所包裹而致者匭匣也
菁以爲菹茅以縮酒郊特牲云縮酌用茅鄭玄云使之以茅縮去
滓也周禮甸師祭祀共蕭茅鄭興云蕭字或爲茜茜讀爲縮束茅
立之祭前沃酒其上酒滲下去若神飲之故謂之縮縮滲也故齊

桓公責楚不貢包茅王祭不共無以縮酒杜預用鄭興之說孔安國以菁與茅别杜云茅菁茅則以菁茅爲一時令荆州貢茅必當異於餘處杜更無傳說故云茅之爲異未審也沈氏云太史公封禪書云江淮之間一茅三脊杜云未審者以三脊之茅比目之魚比翼之鳥皆是靈物不可常貢故杜云未審也舊說皆言漢濱之人以膠膠舡故得水而壞昭王弱焉不知本出何書

子路曰桓公殺公子糾召忽死之管仲不死曰未仁乎孔曰齊襄公立無常鮑叔牙曰君使民慢亂將作矣奉公子小白出奔莒襄公從弟公孫無知殺襄公管夷吾召忽奉公子糾出奔魯齊人殺無知魯伐齊納子糾小白自莒先入是爲桓公乃殺子糾召忽死之〔釋〕糾居黝反召音邵慢武諫反從才用反弑申志反本亦作殺

子曰桓公九合諸侯不以兵車管仲之力也如其仁如其仁孔曰誰如管仲之仁

疏子路至其仁　正義曰此章論齊大夫管仲之行也子路曰桓公殺公子糾召忽死之管仲不死曰未仁乎者召忽管仲皆事子糾及桓公殺公子糾召忽致死而管仲獨不死復臣桓公故子路言管仲未得爲仁乎子曰桓公九合諸侯不以兵車管仲之力也如其仁如其仁者孔子聞子路言管仲未仁故爲說其行仁之事言齊桓公九合諸侯不以兵車謂衣裳之會也存亡繼絶諸夏乂安皆管仲之力也足得爲仁餘更有誰如其管仲之仁再言之者所以拒子路美管仲之深也言九合者史記云兵車之會三乘車之會六穀梁傳云衣裳之會十有一范甯注云十二年會北杏十四年會鄄十五年又會鄄十六年會幽二十七年又會幽僖元年會檉二年會貫三年會陽穀五年會首戴七年會甯毋九年會葵丘凡十一會不取北杏及陽穀爲九也　注孔曰至死之

○正義曰云襄公立無常至出奔莒皆莊八年左傳文也杜注云政令無常鮑叔牙小白傅小白僖公庶子云襄公從弟公孫無知殺襄公者春秋莊八年冬十有一月癸未齊無知弒其君諸兒是也云管夷吾召忽奉公子糾出奔魯者亦莊八年左傳文云齊人

殺無知魯伐齊納子糾者莊九年經文也云小白自莒先入是爲桓公者九年傳文也云殺子糾召忽死之者案莊九年傳云夏公伐齊納子糾桓公自莒先入秋師及齊師戰于乾時我師敗績鮑叔帥師來言曰子糾親也請君討之管召讎也請受而甘心焉乃殺子糾于生竇召忽死之管仲請囚鮑叔受之及堂阜而稅之歸而以告曰管夷吾治於高傒使相可也公從之是也

子貢曰管仲非仁者與桓公殺公子糾不能死又相之子曰管仲相桓公霸諸侯一匡天下馬曰匡正也天子微弱桓公帥諸侯以尊周室一正天下（釋）與音餘相息亮反下同民到于今受其賜受其賜者謂不被髮左衽之惠微管仲吾其被髮左衽矣馬曰微無也無管仲則君不君臣不臣皆爲夷狄（釋）被皮寄反衽而審反一音而鴆反豈

若匹夫匹婦之爲諒也自經於溝瀆而莫之知也王曰經經死於溝瀆中也管仲召忽之於公子糾君臣之義未正成故死之未足深嘉不死未足多非死事既難亦在於過厚故仲尼但美管仲之功亦不言召忽不當死也

疏○子貢至知也　正義曰此章亦論管仲之行子貢曰管仲非仁者與者子貢言齊大夫管仲不仁疑而未定故云與桓公殺公子糾不能死又相之者子貢既言非仁遂言非仁之事管仲與召忽同事公子糾則有君臣之義理當授命致死而齊桓公使魯殺公子糾召忽則死管仲不能致死復爲桓公之相是無仁心於子糾故子貢非之也子曰管仲相桓公霸諸侯一匡天下者此下孔子爲子貢說管仲之仁也匡正也霸把也諸侯把天子之政也言時周天子微弱管仲相桓公帥諸侯以尊周室一正天下也民到于今受其賜者謂受不被髮左衽之惠賜也微管仲吾其被髮左衽矣者微無也衽謂衣衿衣衿向左謂之左衽夷狄之人被髮左衽言無管仲則君不君臣不臣中國皆爲夷狄故云吾其被髮

左衽也豈若匹夫匹婦之爲諒也自經於溝瀆而莫之知也者自經謂經死於溝瀆中也諒信也匹夫匹婦謂庶人也無别妾媵唯夫婦相匹而已言管仲志在立功創業豈肯若庶人之爲小信自經死於溝瀆中而使人莫知其名也且管仲召忽之於臣子糾君臣之義未正成故召忽死之未足深嘉管仲不死未足多非死事既難亦在於過厚故仲尼但美管仲之功亦不言召忽不當死

注馬曰至天下　正義曰云匡正也釋言文云天子微弱桓公帥諸侯以尊周室一正天下者成二年左傳云五伯之霸也杜預云夏伯昆吾商伯大彭豕韋周伯齊桓晉文是三代有五伯矣伯者長也言爲諸侯之長也鄭玄云天子衰諸侯興故曰霸霸者把也言把持王者之政教故其字或作伯或作霸也是天子微弱桓公帥諸侯以尊周室一正天下故曰霸諸侯也

公叔文子之臣大夫僎與文子同升諸公孔曰大夫僎本文子家臣薦之使與己並爲大夫同升在公朝（釋）僎本又作撰同士免反朝直遥反子聞之曰可

以爲文矣孔曰言行如是可謚爲文〔疏〕公叔至文矣　正義曰此章論衛大夫公孫拔之行也公叔文子之臣大夫僎與文子同升諸公者諸於也大夫僎本文子家臣文子薦之使與己並爲大夫同升在公朝也子聞之曰可以爲文矣者孔子聞其行如是故稱之曰可以謚爲文矣以謚法錫民爵位曰文故也〔釋〕行下孟反子言衛靈公之無道也康子曰夫如是奚而不喪孔子曰仲叔圉治賓客祝鮀治宗廟王孫賈治軍旅夫如是奚其喪孔曰言雖無道所任者各當其才何爲當亡

〔疏〕子言至其喪　正義曰此章言治國在於任材也子言衛靈公之無道也康子曰夫如是奚而不喪者喪亡也奚何也夫子因言衛靈公之無道季康子乃問之曰夫靈公無道如是何爲而國不亡乎孔子曰仲叔圉治賓客祝鮀治宗廟王孫賈治軍旅

夫如是奚其喪者言君雖無道有此三人所任者各當其才何爲當亡〔釋〕夫音符下同喪息浪反下同又如字圉魚呂反鮀徒何反各當丁浪反

子曰其言之不怍則爲之也難馬曰怍慙也內有其實則言之不慙積其實者爲之難〔疏〕子曰至也難　正義曰此章疾時人內無其實而辭多慙怍怍慙也人若內有其實則其言之不慙怍則內積其實者爲之也甚難〔釋〕怍才洛反

陳成子弒簡公

孔子沐浴而朝告於哀公曰陳恒弒其君請討之馬曰成子齊大夫陳恒也將告君故先齊齊必沐浴〔釋〕弒本亦作殺同音試下同朝直遥反齊側皆反亦作齋字

公曰告夫三子孔曰謂三卿也〔釋〕夫音符下同

孔子曰以吾從大夫之後不敢不告也君曰告夫

三子者馬曰我禮當告君不當告三子君使我往故復往釋復扶又反下同之三子告不可孔子曰以吾從大夫之後不敢不告也馬曰孔子由君命之三子告不可故復以此辭語之而止疏陳成至告也　正義曰此章記孔子惡無道之事也陳成子弒簡公者春秋哀十四年齊人弒其君壬是也孔子沐浴而朝告於哀公曰陳恒弒其君請討之者孔子在魯聞齊弒君故齊戒沐浴而朝告於魯君哀公曰齊大夫陳恒弒其君請往討伐之公曰告夫三子者哀公使孔子告夫季孫孟孫叔孫三卿也孔子曰以吾從大夫之後不敢不告也者嘗爲大夫而去故云從大夫之後聞夫不義禮當告君故云不敢不告君曰告夫三子者言我禮當告君不當告三子君使我往故復往也之三子告不可者之往也往三子所告之三子不肯討齊也孔曰以吾從大夫之後不敢不告也者孔子以君命往告三子三子不可其請故孔子復以此辭語之而止案左傳録此事與此小異此云沐浴而朝

彼玄齊而請此云公曰告夫三子彼玄公曰子告季孫禮齊必沐浴三子季孫爲長各記其一故不同耳此又云之三子告彼無文者傳是史官所録記其與君言耳退後别告三子唯弟子知之史官不見其告故傳無文也【釋】之三子告本或作二三子告非也語魚據反

子路問事君子曰勿欺也而犯之孔曰事君之道義不可欺當能犯顏諫爭【疏】子路至犯之　正義曰此章言事君之道義不可欺而當能犯顏諫爭之【釋】爭作去聲

子曰君子上達小人下達本爲上末爲下【疏】子曰至下達　正義曰此章言君子小人所曉達不同也本爲上謂德義也末爲下謂財利也言君子達於德義小人達於財利

子曰古之學者爲己今之學者爲人孔曰爲己履而行之爲人徒能言之【疏】子曰至爲人　正義曰此章言古今學者不同也古人之學則履而行之是爲己也今人之學空能

爲人言說之已不能行身入爲人也范曄云爲人者馮譽以顯物爲已者因心以會道也 釋 爲于僞反下及注同 蘧

伯玉使人於孔子孔子與之坐而問焉 孔曰

伯玉衛大夫蘧瑗 釋 蘧其[illegible] 曰夫子何爲對曰夫子欲寡

其過而未能也 言夫子欲寡其過而未能無過 使者出子曰使乎

使乎 陳曰再言使乎者善之也言使得其人 疏 蘧伯至使乎 正義曰此章論衛大夫蘧瑗之德蘧伯玉使人

於孔子孔子與之坐而問焉曰夫子何爲者夫子指蘧伯玉也蘧

伯玉有君子之名故孔子問其使人曰夫子何所云爲而得此賢

子之名譽乎對曰夫子欲寡其過而未能也者言夫子常自修省

欲寡少其過而未能無過也使者出子曰使乎使乎者孔子善其

使得其人故言使乎所以善之者顏回尚未能無過 釋 使所吏反下同

況伯玉乎而使者云未能是伯玉之心不見欺也

子曰不在其位不謀其政曾子曰君子思不出其位孔曰不越其職疏子曰至其位　正義曰此章戒人之僣濫侵官也言若已不在此位則不得謀議此位之政事也曾子遂曰君子思謀當不出已位言思慮所及不越其職也子曰君子恥其言而過其行疏子曰至其行　正義曰此章勉人使言行相副也君子言行相顧若言過其行謂有言而行不副君子所恥也釋行下孟反又如字子曰君子道者三我無能焉仁者不憂知者不惑勇者不懼子貢曰夫子自道也疏子曰至道也　正義曰此章論君子之道子曰君子道者三我無能焉者言君子之道有三我皆不能也仁者不憂知者不惑勇者不懼者此其三也仁者樂天知命內省不疚故不憂也知者明

於事故不惑勇者折衝禦侮故不懼[illegible]我皆不能此三者子
貢曰夫子自道也者子貢言夫子實有仁知及勇而謙稱我無故
曰夫子自道說也所謂謙尊而光 子貢方人 孔曰比方人也 釋 知音智惑音惑方如字鄭本作謗謂
言人之過惡 子曰賜也賢乎哉夫我則不暇 孔曰不暇比方
人也 疏 子貢至不暇○正義曰此章抑子貢也子貢方人者謂比方人也子貢多言嘗舉其人倫以相比方子曰賜也賢乎
哉夫我則不暇者夫知人則哲堯舜猶病而子貢輒比方人怒其
輕易故曰賜也賢乎哉所以抑之也夫我則不暇比方人也
釋 夫音符暇行訝反 子曰不患人之不己知患其不
能也 王曰徒患己之無能 疏 子曰至能也○正義曰此章勉人修德也言不患人不知己但患己之無能
子曰不逆詐不億不信抑亦先覺者是賢

乎孔曰先覺人情者是寧能爲賢乎或時反怨人【疏】子曰至賢乎　正義曰此章戒人不可逆知人之詐不可億度人之不信也抑語辭也言先覺人者是寧能爲賢乎言非賢也所以非賢者以詐僞不信之人爲人億度逆知反怨恨人故先覺者非爲賢也【釋】億於力反怨紆萬反又於元反本或作寃

微生畝謂孔子曰丘何爲是栖栖者與無乃爲佞乎包曰微生姓畝名【釋】丘何或作兵何鄭作丘何是本今作丘何爲是

孔子曰非敢爲佞也疾固也包曰疾世固陋欲行道以化之【疏】微生至疾固也　正義曰此章記孔子疾世固陋之事也微生畝謂孔子曰丘何爲是栖栖者與無乃爲佞乎者栖栖猶皇皇也微生畝隱士之姓名也以言謂孔子曰丘呼孔子名也何爲如是東西南北而栖栖皇皇者與乃爲佞說之事於世乎孔子曰非敢爲佞也疾固也者孔子荅言不敢爲佞但疾世固陋欲行道以化之

子曰驥

不稱其力稱其德也鄭曰德者調良之謂疏子曰至德也正義曰此章疾時尚力取勝而不貴德驥是古之善馬名人不稱其任釋驥音冀古之善馬也重致遠之力但稱其調良之德也馬既如是人亦宜然

或曰以德報怨何如子曰何以報德德恩惠之德以直報怨以德報德疏或曰至報德正義曰此章論酬恩報怨之法也或曰以德報怨何如者或人之意欲人犯而不校故問孔子曰以恩德報讎怨何如子曰何以報德者孔子荅言若報怨既用其德若受人恩惠之德不知何以報之也以直報怨以德報德者既不許或人以德報怨故陳其正法言當以直道報讎怨以恩德報德也　注德恩惠之德　正義曰謂德加於彼彼荷其恩故謂荷恩為德左傳云然則德我乎又曰王德狄人皆是也

子曰莫我知也夫子貢曰何為其莫知子也

子貢怪夫子言何爲莫知已故問【釋】也夫音符

子曰：不怨天，不尤人，馬曰孔子不用於世而不怨天人不知已亦不尤人【釋】怨於袁反又於願反注同尤鄭玄尤非也下學而上達，孔曰下學人事上知天命知我者其天乎！聖人與天地合其德故曰唯天知已

【疏】子曰至天乎　正義曰此章孔子自明其志也子曰莫我知也夫者言無人知我志者也子貢曰何爲其莫知子也者子貢怪夫子言故問何爲莫知已子曰不怨天不尤人者尤非也孔子言已不用於世而不怨天人不知已亦不非人也下學而上達者言已下學人事上知天命時有否泰故用有行藏是以不怨天尤人也知我者其天乎者言唯天知已志也　注聖人與天地合其德　正義曰此易乾卦文言文也合其德者謂覆載也引之者以證　天知夫子者以夫子聖人與天地合德故也

公伯寮愬子路於季孫，馬曰愬譖也伯寮魯人子服景伯

以告孔曰魯大夫子服何忌也告告孔子夫子固有惑志孔曰季孫信讒恚子
路釋恚一睡反於公伯寮吾力猶能肆諸市朝鄭曰
吾勢力猶能辨子路之無罪於季孫使之誅寮而肆之有罪既刑陳其尸曰肆釋朝直遥反子曰道之
將行也與命也道之將廢也與命也公伯
寮其如命何疏公伯至命何　正義曰此章言道之廢行皆由天命也公伯寮愬子路於季孫
者愬譖也伯寮子路皆臣於季孫伯寮誣子路以罪而譖於季孫
也子服景伯以告者以其事告孔子也曰夫子固有惑志者夫子
謂季孫言季孫堅固已有疑惑之志謂信讒恚子路也於公伯寮
吾力猶能肆諸市朝者有罪既刑陳其尸曰肆景伯言吾勢力猶
能辨子路之無罪於季孫使之誅寮而肆之子曰道之將行也與
命也道之將廢也與命也公伯寮其如命何者孔子不許其告故

言道之廢行皆由天命雖公伯寮之譖其能違天而興廢子路乎
注伯寮魯人弟子也　正義曰史記弟子傳云公伯寮字子周
魯人愬子路於季孫者　注孔曰魯大夫子服何忌也　正義曰
案左傳哀十二年吴人將以公見晉侯子服景伯對使者吴人乃
止既而悔之將囚景伯景伯曰何也立後於魯矣杜注云何景伯
名然則景伯單名何而此注云何忌誤也　注有罪既刑陳其尸
曰肆　正義曰秋官鄉士職云協曰刑殺肆之三日鄭玄曰肆猶
申也陳也是言有罪既殺陳其尸曰肆也言市朝者應劭曰大夫
已上於朝士已下於市　子曰賢者辟世孔曰世主莫得而臣　釋　與音餘辟音避下同
其次辟地馬曰去亂國適治邦　其次辟色孔曰色斯舉矣　其次辟言
孔曰有惡言乃去　子曰作者七人矣包曰作爲也爲之者凡七人謂長沮桀溺丈人石門荷蕢
儀封人楚　子曰至人矣　正義曰此章言自古隱逸賢者之
狂接輿　疏　行[illegible]世[illegible]人隱高蹈

塵外枕流漱石天子[illegible]而不臣也其次[illegible]者[illegible]能高栖絶
世但擇地而處去亂國適治邦者也其次辟色者不能豫擇治亂
但觀君之顏色若有厭己之色於斯舉而去之也其次辟言者不
能觀色斯舉有惡言乃去之也子曰作者七人矣者作爲也言爲
此行者凡有七人　注孔曰色斯舉矣　正義曰此鄉黨篇文也
注包曰至接輿　正義曰作爲釋言文云爲之者凡七人謂長
沮桀溺丈人石門荷蕢儀封人楚狂接輿者謂長沮一桀溺二荷
蓧丈人三石門晨門四荷蕢五儀封人六楚狂接輿七也王弼云
七人伯夷叔齊虞仲夷逸朱張柳下惠少連鄭康成云伯夷叔齊
虞仲辟世者荷蓧長沮桀溺辟地者柳下惠少連辟色者荷蕢楚
狂接輿辟言者七當爲十字之誤也　釋　沮七余反荷胡我反本又作何音同蕢其位反下皆同輿音餘　子路
宿於石門晨門曰奚自　晨門者閽人也　釋　閽音昏本或作昏同　子
路曰自孔氏曰是知其不可而爲之者與

包曰言孔子知世不可爲而強爲之〔疏〕子路至者與　正義曰此章記隱者晨門之言也子路宿於石門晨門曰奚自者石門地名也晨門掌晨昏開閉門者謂閽人也自從也奚何也時子路宿於石門夙興爲門人所問曰汝何從來乎子路曰自孔氏者子路荅閽人言自孔氏處來也曰是知其不可而爲之者與者晨門聞子路云從孔氏未審孔氏爲誰又舊知孔子之行故問曰是知其世不可爲而周流東西彊爲之者此孔氏與意非孔子不能隱遯避世也〔釋〕與音餘

子擊磬於衛有荷蕢而過孔氏之門者曰有心哉擊磬乎蕢草器也有心謂契契然〔釋〕契苦計反一音苦結反

既而曰鄙哉硜硜乎莫己知也斯已而已矣此硜硜者徒信己而已言亦無益〔釋〕硜苦耕反莫己知音紀下斯已同

深則厲淺則揭包曰以衣涉水爲厲揭揭衣也

言隨世以行已若過水必以濟知其不可則當不爲【音】揭起例反揭揭上起例反下起列反又皆起例反

子曰果哉末之難矣未知已志而便譏已所以爲果末無也無難者以其不能解已之道

【疏】子擊至難矣 ○正義曰此章記隱者荷蕢之言也子擊磬於衛者時孔子在衛而自擊磬爲聲也有荷蕢而過孔氏之門者曰有心哉擊磬乎者荷檐揭也蕢草器也有心謂契契然當孔子擊磬之時有檐揭草器之人經過孔氏之門聞其磬聲乃言曰有心契契然憂苦哉此擊磬之聲乎既而曰鄙哉硜硜乎莫已知也斯已而已矣者既已也硜硜鄙賤貌莫無也斯此也荷蕢者既言有心哉擊磬乎又察其磬聲已而言曰可鄙賤哉硜硜乎無人知已此硜硜者徒信已而已言無益也深則厲淺則揭者此衛風匏有苦葉之詩以衣涉水爲厲揭揭衣也荷蕢者引之欲令孔子隨世以行已若過水深則當厲不當揭淺則當揭而不當厲以喻行已知其不可則不當爲也子曰果哉末之難矣者孔子聞荷蕢者譏已故發此言果謂果敢末無也言未知已志而便譏已所以

爲果敢無難者以其不能解已之道不以爲難故云無難也　注蕢草器也有心謂契契然　正義曰蕢草器見説文小雅大東云契契寤歎毛傳云契契憂苦也　注包曰至不爲　正義曰云以衣涉水爲厲揭揭衣也者爾雅釋水文也孫炎曰揭衣褰裳也衣涉濡褌也（釋）難如字或乃旦反解音蟹

子張曰書云高宗諒陰三年不言何謂也孔曰高宗殷之中興王武丁也諒信也陰猶默也（釋）諒音亮陰如字鄭讀禮爲梁領杜預解古傳爲諒闇貌也中丁仲反

子曰何必高宗古之人皆然君薨百官總己馬曰己百官以聽於冢宰三年孔曰冢宰天官卿佐王治者三年喪畢然後王自聽政

（疏）子張至三年　正義曰此章論天子諸侯居喪之禮也子張曰書云高宗諒陰三年不言何謂也者高宗諒陰三年不言周書無逸篇文也高宗殷[illegible]武丁也諒信也陰默也言武丁居父憂信任

冢宰默而不言三年矣子張未達其理而問於夫子也子曰何必
高宗古之人皆然君薨百官總己以聽於冢宰三年者孔子荅言
何必獨高宗古之人皆如是諸侯死曰薨言君旣薨新君即位使
百官各總己職以聽決於冢宰三年喪畢然後王自聽政　注孔
曰至默也　正義曰云高宗殷之中興王武丁也者孔安國云盤
庚弟小乙子名武丁德高可尊故號高宗喪服四制引書云高宗
諒陰三年不言善之也王者莫不行此禮何以獨善之也曰高宗
者武丁武丁者殷之賢王也繼世即位而慈良於喪當此之時殷
衰而復興禮廢而復起故載之於書中而高之故謂之高宗三年
之喪君不言也是説不言之意也云諒信也陰默也者謂信任冢
宰默而不言也禮記作諒闇鄭玄以爲凶廬非孔義也今所不取
○注孔曰至聽政　正義曰云冢宰天官卿佐王治者者案周禮
天官太宰之職掌建邦之六典以佐王治邦國叙官云乃立天官
冢宰使帥其屬而掌邦治以佐王均邦國治官之屬太宰卿一人
鄭注引此文云君薨百官總己以聽於冢宰言冢宰於百官無所
不主爾雅曰冢大也冢宰太宰也變冢言大進退異名也百官總

焉則謂之冢列職於王則稱大冢大之上也山頂曰冢故云冢宰
天官卿佐王治者也云三年喪畢然後王自聽政者謂卒哭除服
之後三年心喪已畢然後王自聽政也知非衰麻三年者晉書杜
預傳云太始十年元皇后崩依漢魏舊制既葬帝及羣臣皆除服
疑皇太子亦應除否詔諸尚書會僕射盧欽論之唯預以爲古者
天子諸侯三年之喪始服齊斬既葬除喪服諒闇以居心喪終制
不與士庶同禮於是盧欽魏舒問預證據預曰春秋晉侯享諸侯
子產相鄭伯時簡公未葬請免喪以聽命君子謂之得禮宰咺歸
惠公仲子之賵傳曰弔生不及哀此皆既葬除服諒陰之證也書
傳之說既多學者未之思耳喪服諸侯爲天子亦斬衰豈可謂終
服三年也預又作議曰周景王有后世子之喪既葬除喪而宴樂
晉叔向幾之曰三年之喪雖貴遂服禮也王雖不遂宴樂以早此
亦天子喪事見於古也稱高宗不言喪服三年而云諒陰三年此
釋服心喪之文也譏景王不譏其除喪而譏其宴樂早則既葬應
除而違諒闇之節也堯喪舜諒闇三年故稱遏密八音由此言之
天子居喪齊斬之制非杖絰帶當遂其服既葬而除諒闇以終之

三年無改於父之道故曰百官總已以聽冢宰喪服既除故更稱不言之美明不復寢苫枕塊以荒大政也禮記云三年之喪自天子達又云父母之喪無貴賤一也又云端衰喪車皆無等此通謂天子居喪衣服之制同於凡人心喪之禮終於三年亦無服喪三年之文天子之位至尊萬機之政至大羣臣之衆至廣不得同之於凡人故大行既葬祔祭於廟則因疏而除之已不除則羣臣莫敢除故屈已以除之而諒闇以終制天下之人皆曰我王之仁也屈已以從宜皆曰我王之孝也既除而心喪我王猶若此之篤也凡我臣子亦安得不自勉以崇禮此亦聖制移風易俗之本也議奏皇太子遂除衰麻而諒闇終喪是知三年喪畢謂心喪畢然後王自聽政也〔釋〕治者本亦作治也直吏反

子曰上好禮則民易使也民莫敢不敬故易使〔疏〕子曰至使也正義曰此章言君上好禮則民莫敢不敬故易使也〔釋〕好呼報反易以豉反

子路問君子子曰脩己以敬孔曰敬其身曰如斯

而已乎曰脩己以安人孔曰人謂朋友九族曰如斯而已乎曰脩己以安百姓脩己以安百姓堯舜其猶病諸孔曰病猶難也疏子路至病諸　正義曰此章論君子之道也子路問於孔子爲行何如可謂之君子也子曰脩己以敬者言君子當敬其身也曰如斯而已乎者子路嫌其少故曰君子之道豈如此而已曰修己以安人者人謂朋友九族孔子更爲廣之言當修己又以恩惠安於親族也曰如斯而已乎者子路猶嫌其少故又言此曰修己以安百姓者百姓謂衆人也言當修己以安天下之衆人也脩己以安百姓堯舜其猶病諸者病猶難也諸之也孔子恐其未已故人說此言言此修己以安百姓之事雖堯舜之聖其猶難之況君子乎釋難乃旦反原壤夷俟馬曰原壤魯人孔子故舊夷踞俟待也踞待孔子釋壤而丈反踞音據子曰幼而不孫弟長

而無述焉老而不死是爲賊賊謂賊害 釋 孫音遜弟大計反長丁丈反以杖叩其脛孔曰叩擊也脛脚脛 疏 原壤夷俟至其脛 正義曰此章記孔子責原壤之辭原壤魯人孔子故舊夷踞也俟待也原壤聞孔子來乃申兩足箕踞以待孔子也子曰幼而不孫弟長而無述焉老而不死是爲賊者孔子見其無禮故以此言責之孫順也言原壤幼少不順弟於長上及長無德行可稱述今老而不死不修禮敬是爲賊害以杖叩其脛者叩擊也脛脚脛既數責之復以杖擊其脚脛令不踞也 注馬曰至孔子 正義曰原壤魯人孔子故舊者檀弓云孔子之故人曰原壤是也云夷踞俟待也踞待孔子者說文云踞蹲也蹲即坐也禮揖人必違其位今原壤坐待孔子故孔子責之也 釋 叩音口又音扣脛戶定反闕黨童子將命馬曰闕黨之童子將命者傳賓主之語出入 釋 傳直專反或問之曰益者與子曰吾見其

居於位也童子隅坐無位成人乃有位【釋】與音餘見其與先生並
行也非求益者也欲速成者也包曰先生成人也並行不差在
後違禮欲速成人【疏】闕黨至者也　正義曰此章戒人當行少
者則非求益也　長之禮也闕黨童子將命者闕黨黨名童
子未冠者之稱將命謂傳賓主之語出入時闕黨之童子能傳賓
主之命也或問之曰益者與者或人見其童子能將命故問孔子
曰此童子是自求進益之道也與子曰吾見其居於位也見其與
先生並行也非求益者也欲速成者也者孔子荅或人言此童子
非求進益者也乃是欲速成人者也知者禮童子隅坐無位成人
乃有位今吾見此童子其居於成人之位禮父之齒隨行兄之齒
鴈行今吾見此童子其與先生成人者並行不
差在後違禮越禮故知欲速成人者非求益也【釋】差初佳反一音初賣反

論語注疏卷第七

論語註疏卷第八

衛靈公第十五

疏 正義曰此篇記孔子先禮後兵去亂就治并明忠信仁知勸學爲邦無所毀譽必察好惡志士君子之道事君相師之儀皆有恥且格之事故次前篇也

衛靈公問陳於孔子 孔曰軍陳行列之法 釋 陳直刃反注同本亦作陣行戸剛反 孔子對曰俎豆之事則嘗聞之矣 孔曰俎豆禮器 釋 俎側呂反 軍旅之事未之學也 鄭曰万二千五百人爲軍五百人爲旅軍旅末事本未立不可教以末事 疏 衛靈至學也 正義曰此章記孔子先禮後兵之事也衛靈公問陳於孔子者問軍

陳行列之法於孔子也孔子對曰俎豆之事則嘗聞之矣軍旅之事未之學也者俎豆禮器萬二千五百人為軍五百人為旅孔子之意治國以禮義為本軍旅為末本未立則不可教以末事今靈公但問軍陳故對曰俎豆行禮之事則嘗聞之軍旅用兵之事未之學也左傳哀十一年孔文子之將攻太叔也訪於仲尼仲尼曰胡簋之事則嘗學之矣甲兵之事未之聞也其意亦與此同軍旅甲兵亦治國之具也彼以文子非禮欲以國內用兵此以靈公空問軍陳故並不荅非輕甲兵也　注俎豆禮器　正義曰案明堂位云俎有虞氏以梡夏后氏以嶡殷以椇周以房俎鄭注云梡斷木為四足而已嶡之言蹷也謂中足為橫距之象周禮謂之距椇之言枳椇也謂曲橈之也房謂足下跗也上下兩間有似於堂房魯頌曰籩豆大房又曰夏后氏以楬豆殷玉豆周獻豆鄭注云楬無異物之飾也獻疏刻之齊人謂無髮為禿楬其委曲制度備在禮圖　注鄭曰萬二千五百人為軍五百人為旅　正義曰皆司馬序官文也

明日遂行在陳絕糧從者病莫能興孔曰

從者弟子興起也孔子去衛如曹曹不容又之宋宋遭匡人之難又之陳會吳伐陳陳亂故乏食〔釋〕糧音粮鄭本作粻音張從才用反難乃旦反

子路慍見曰君子亦有窮乎子曰君子固窮小人窮斯濫矣

濫溢也君子固亦有窮時但不如小人窮則濫溢為非

〔疏〕明日至濫矣　正義曰此章記孔子困於陳也明日遂行者缶荅靈公之明日也遂去衛國而之於他邦也在陳絕糧從者病莫能興者從者弟子也興起也孔子適在陳值吳伐陳陳亂故乏絕糧食弟子從者困病莫能興起也子路慍見曰君子亦有窮乎者慍怒也子路以為君子學則祿在其中不當有窮困今乃窮困故慍怒而見問於夫子曰君子豈亦如常人有窮困邪子曰君子固窮小人窮斯濫矣者濫溢也言君子固亦有窮困時但不如小人窮則濫溢為非　注孔曰至乏食　正義曰云孔子去衛如曹曹不容又之宋宋遭匡人之難又之陳會吳伐陳者皆以孔子世家文而知也如之皆訓往〔釋〕[illegible]

下同見賢遍反下同濫力暫反鄭云竊也子曰賜也女以予爲多學而
識之者與對曰然孔曰然謂多學而識之釋與音餘下非與也與同非
與孔曰問今不然曰非也予一以貫之善有元事有會天下殊塗而同歸百
慮而一致知其元則衆善舉疏子曰至貫之　正義曰此章言
矣故不待多學而一知之疏善道有統也子曰賜也女以予
爲多學而識之者與者孔子問子貢女意以我爲多其學問記識
之者與與語辭[illegible]然者子貢意以爲然是夫子多學而識之也非
與者子貢又言今乃非多學而識之者與曰非也予一以貫之者
孔子荅言已之善道非多學而識之也我但用一理以通貫之以
其善有元事有會知其元則衆善舉矣故不待多學一以知之
注天下殊塗而同歸百慮而一致　正義曰周易下繫辭文也
釋貫古亂反子曰由知德者鮮矣王曰君子固窮而子路慍見故謂之

少於知德䟽子曰由知德者鮮矣　正義曰此一章言子路鮮於知德鮮少也由子路名言君子固窮而子路慍見故謂之少於知德也釋鮮仙善反

子曰無爲而治者其舜也與夫何爲哉恭己正南面而已矣言任官得其人故無爲而治

䟽子曰無爲而治者其舜也與夫何爲哉恭己正南面而已矣　正義曰此一章美帝舜也帝王之道貴在無爲清靜而民化之然後之王者亦罕能及故孔子曰無爲而天下治者其舜也與所以無爲者以其任官得人夫舜何必有爲哉但恭敬己身正南面嚮明而已　注言任官得其人故無爲而治　正義曰案舜典命禹宅百揆棄后稷契作司徒皐陶作士垂共工益作朕虞伯夷作秩宗夔典樂教冑子龍作納言幷四岳十二牧凡二十二人皆得其人故舜無爲而治也釋治直吏反夫音符

子張問行子曰言忠信行篤敬雖蠻貊之

邦行矣言不忠信行不篤敬雖州里行乎哉鄭曰万二千五百家爲州五家爲鄰五鄰爲里行乎哉言不可行〔釋〕行篤下孟反下行不篤敬亦同貊亡白反說文作貉云北方人也立則見其參於前也在輿則見其倚於衡也夫然後行包曰衡軛也言思念忠信立則常想見參然在目前在輿則若倚車軛〔釋〕參所金反注同輿音餘倚於綺反注同夫音符軛音厄本亦作梔子張書諸紳孔曰紳大帶

〔疏〕子張至諸紳　正義曰此一章言可常行之行也子張問行者問於夫子何如則可常行子曰言忠信行篤敬雖蠻貊之邦行矣言不忠信行不篤敬雖州里行乎哉孔子荅言必當言盡忠誠不欺於物行必敦厚而常謹敬則雖蠻貊遠國其道行矣反此雖州里近處而行乎哉言不可行也立則見其參於前也在輿則見其倚於衡也夫然後行者輿是車輿也衡軛

世言常思念忠信篤敬立則想見參然在目前在輿則若倚車軛夫能如是而後可行子張書諸紳者紳大帶也子張以孔子之言書之紳帶意其佩服無忽忘也　注鄭曰至爲里　正義曰周禮大司徒職云五家爲比五比爲閭四閭爲族五族爲黨五黨爲州是二千五百家爲州也今云万二千五百家爲州誤也云五家爲鄰五鄰爲里遂人職文也　注紳大帶　正義曰以帶束腰垂其餘以爲飾謂之紳王藻說帶云大夫大帶是一名大帶也王藻稱天子素帶朱裏終辟諸侯素帶不朱裏而終辟大夫素帶辟垂士練帶率下辟居士錦帶弟子縞帶并紐約用組三寸長齊於帶紳長制士三尺有司二尺有五寸子游曰參分帶下紳居二焉紳韠結三齊大夫大帶四寸雜帶君朱綠大夫玄帶士緇辟二寸再繚四寸凡帶有率無箴功此紳帶之制也（釋）紳音申大帶也

子曰直哉史魚孔曰衛大夫史鰌（釋）鰌音秋邦有道如矢邦無道如矢孔曰有道無道行直如矢言不曲（釋）行下孟反君子哉

蘧伯玉邦有道則仕邦無道則可卷而懷之包曰卷而懷謂不與時政柔順不忤於人

疏子曰至懷之　正義曰此章美衛大夫史魚蘧瑗之行也直哉史魚者美史魚之行正直也邦有道如矢邦無道如矢者此其直之行也矢箭也史鰌之德其性惟直國之有道無道行直如箭言不隨世變曲也君子哉蘧伯玉者美伯玉有君子之德也邦有道則仕邦無道則可卷而懷之者此其君子之行也國若有道則肆其聰明而在位也國若無道則韜光晦知不與時政亦常柔順不忤逆於人是以謂之君子也

釋卷眷勉反注同與音預忤五故反

子曰可與言而不與言失人不可與言而與之言失言知者不失人亦不失言

疏子曰至失言　正義曰此章戒其知人也若中人以上可以語上是可與言而不與言是失於彼人也若中人以下不可以語上而

已與之言則失於已言也惟知者明於事二者俱不失

子曰志士仁人無求生以害仁有殺身以成仁孔曰無求生而害仁死而後成仁則志士仁人不愛其身也

疏子曰志士仁人無求生以害仁有殺身以成仁　正義曰此章言志善之士仁愛之人無求生而害仁若身死而後成仁則志士仁人不愛其身有殺其身以成其仁者也若伯夷叔齊及比干是也

釋知音智

子貢問為仁子曰工欲善其事必先利其器居是邦也事其大夫之賢者友其士之仁者孔曰言工以利器為用人以賢友為助

疏子貢至仁者　正義曰此章明為仁之法也子貢問為仁者子貢欲為仁未知其法故問之子曰工欲善其事必先利其器者將荅為仁先為設譬也若百工欲善其所為之事當先脩利所用之器居是邦也當事其大

夫之賢者友其士之仁者此設譬也言工以利器爲用人以賢友爲助大夫尊故言事士卑故言友大夫言賢士言仁互文也

顔淵問爲邦子曰行夏之時據見万物之生以爲四時之始取其易知（釋）易以䜴反

乘殷之輅馬曰殷車曰大輅左傳曰大輅越席昭其儉也（釋）輅音路本亦作路越戸括反

服周之冕包曰冕禮冠周之禮文而備取其黈纊塞耳不任視聽（釋）黈吐口反纊音曠

樂則韶舞韶舜樂也盡善盡美故取之（釋）盡津忍反下同

放鄭聲遠佞人鄭聲淫佞人殆孔曰鄭聲佞人亦俱能感人心與雅樂賢人同而使人淫亂危殆故當放遠之

（疏）顔淵至人殆　正義曰此章言治國之法也顔淵問爲邦者爲猶治也問治國之禮法於孔子也子曰行夏之時者此下孔子荅以爲邦所行用之禮樂車服也夏之時謂以建寅之月爲正也據見萬物之生以爲四時之

始取其易知故使行之乘殷之輅者殷車曰大輅謂木輅也取其儉素故使乘之服周之冕者冕禮冠也周之禮文而備取其黈纊塞耳不任視聽故使服之樂則韶舞者韶舜樂名也以其盡善盡美故使取之放鄭聲遠佞人鄭聲淫佞人殆者文當放棄鄭衛之聲遠離便佞之人以鄭聲佞人亦俱能感人心與雅樂賢人同然而使人淫亂危殆故使放遠之　注馬曰至儉也　正義曰云殷車曰大輅者明堂位曰大路殷輅也鄭注云大路木路也漢祭天乘殷之路今謂之桑根車者是也路訓大也君之所在以大爲號門曰路門寢曰路寢車曰路車故人君之車通以路爲名周禮巾車掌王之五路鄭玄云王在路焉曰路彼解天子之車故云王在耳其實諸侯之車亦稱爲路云左傳曰大輅越席昭其儉也者桓二年文也越席結蒲爲席置於路中以茵藉示其儉也服虔云大路木路引之者以證殷路一名大路也杜元凱以大路爲玉路今所不取　注包曰至視聽　正義曰云冕禮冠周之禮文而備者冠者首服之大名冕者冠中之別號故云冕禮冠也世本云黃帝作冕宋仲子云冕冠之有旒者禮文殘缺形制難詳周禮弁師掌

王之五冕皆玄冕朱裏止言玄朱而已不言所用之物子罕篇云
麻冕禮也蓋以木爲幹而用布衣之上玄下朱取天地之色其長
短廣狹則經傳無文阮諶三禮圖漢禮器制度云冕制皆長尺六
寸廣八寸天子以下皆同沈引董巴輿服志云廣七寸長尺二
寸應劭漢官儀云廣七寸長八寸沈又云廣八寸長尺六寸者
天子之冕廣七寸長尺二寸者諸侯之冕廣七寸長八寸者大
夫之冕但古禮殘缺未知孰是故備載焉司馬彪漢書輿服
志云孝明帝永平二年初詔有司采周官禮記尚書之文制冕皆
前圓後方朱裏玄上前垂四寸後垂三寸天子白玉珠十二旒三
公諸侯青玉珠七旒卿大夫黑玉珠五旒皆有前無後此則漢法
耳其古禮鄭玄注弁師云天子袞冕以五采繅前後各十二斿斿
有五采玉十有二鷩冕前後九斿毳冕前後七斿希冕前後五斿
玄冕前後三斿斿皆五采玉十有二上公袞冕三采繅前後九斿
斿有三采玉九侯伯鷩冕三采繅前後七斿斿有三采玉七子男
毳冕三采繅前後五斿斿有三采玉五孤卿以下皆二采繅二采
玉其斿及王各依命數耳謂之冕者冕俛也以其後高前下有俛

俯之形故因名焉盖以在上位者失於驕矜欲令位弥高而志弥下故制此服令貴者下賤也去取其黈纊塞耳不任視聽者黈纊黃緜也案今禮圖袞冕以下皆有充耳天子以黈纊諸侯以青纊以其冕旒垂目黈纊塞耳欲使無爲清靜以化其民故不任視聽也 釋 遠于萬反 佞乃定反

子曰人無遠慮必有近憂 王曰君子當思患而預防之 疏 子曰人無遠慮必有近憂 正義曰此章戒人備豫不虞也 注王曰君子當思患而預防之 正義曰此同易既濟象辭也王弼云存不忘亡既濟不忘未濟也

子曰已矣乎吾未見好德如好色者也 疏 子曰至者也 正義曰此章疾時人好色而不好德也

子曰臧文仲其竊位者與知柳下惠之賢而不與立也 孔曰柳下惠展禽也知賢而不舉是爲竊位 疏 子曰至立也 正義曰此章[illegible]

入舉賢也竊猶偷也言魯大夫臧文仲知賢不舉偷盜其位故曰竊位以其知柳下惠之賢而不稱舉與立於朝廷也 注柳下惠展禽也 正義曰案魯語展禽對臧文仲云獲聞之是其人氏展名獲字禽柳下是其所食之邑名謚曰惠列女傳柳下惠死門人將謚之妻曰夫子之謚宜爲惠乎門人從以爲謚莊子云柳下季者季是五十字禽是二十字 釋好並呼報反下好行同者與音餘

子曰躬自厚而薄責於人則遠怨矣孔曰責己厚責人薄所以遠怨咎 疏子曰至怨矣 正義曰此章戒人責己也躬身也言凡事自責厚薄責於人則所以遠怨咎也 釋遠于萬反注同咎其九反

子曰不曰如之何孔曰不曰如之何者猶言不曰柰是何也如之何者吾末如之何也矣孔曰如之何者言禍難已成吾亦無如之何 疏子曰至已矣 正義曰此章戒人豫防禍難也如柰也不曰如之何猶言不曰柰是何末無也若曰

柰是何者則是禍難已成不可救藥吾亦無柰之何子曰羣居終日言不及義好行小慧難矣哉鄭曰小慧謂小小之才知難矣哉言終無成疏子曰至矣哉正義曰此章貴義小慧謂小小才知言人羣朋共居終竟一日所言不及義事但好小小才知以陵誇於人難有所成矣哉言終無成者也釋慧音惠魯讀慧爲惠今從古知音智子曰君子義以爲質禮以行之孫以出之信以成之君子哉鄭曰義以爲質謂操行孫以出之謂言語疏子曰至子哉正義曰此章論君子之行也義以爲質謂操執以行者當以義爲體質文之以禮然後行之孫順其言語以出之守信以成之能此四者可謂君子哉釋孫音遜子曰君子病無能焉不病人之不己知也包曰君子之人但病無聖人之

道不病人 疏 子曰至知也 正義曰此章戒人脩己也[illegible]之不知己也言君子之人但患己無聖人之道不患人之不知己

子曰君子疾没世而名不稱焉 疾猶病也 疏 子曰君子疾没世而名不稱焉 正義曰此章勸人脩德也疾猶病也言君子病其終世而善名不稱也

子曰君子求諸己小人求諸人 君子責己小人責人 疏 子曰君子求諸己小人求諸人 正義曰此章言君子責於己小人責於人也求責也諸於也

子曰君子矜而不爭羣而不黨 包曰矜矜莊也 孔曰黨助也君子雖衆不相私助義之與比 釋 爭爭訟之爭 疏 子曰至不黨 正義曰此章言君子貌雖矜莊而不爭鬬君子雖衆而不私相黨助義之與比也 釋 比毗志反

子曰君子不以言舉人 包曰有言者不必有德故不可以言舉人 不以人

廢言王曰不可以無德而廢善言 疏 子曰至廢言　正義曰此章言君子用人取其善節也有言者不必有德故不可以言舉人當察言觀行然後舉之夫婦之愚可以與知故不可以無德而廢善言也 子貢問曰有一言而可以終身行之者乎子曰其恕乎已所不欲勿施於人言已之所惡勿加施於人 疏 子貢至於人　正義曰此章言人當恕已以及物也子貢問曰有一言而可以終身行之者乎者問於孔子求脩身之要道也子曰其恕乎已所不欲勿施於人者孔子荅言唯仁恕之一言可終身行之也已之所惡勿加施於人即是恕也 子曰吾之於人也誰毀誰譽如有所譽者其有所試矣包曰所譽者輙試以事不虛譽而已 釋文 譽音餘下注同 斯民也三代之所以直

道而行也馬曰三代夏殷周所因民如此無所阿私所以云直道而行疏子曰至行也正義曰此章論正直之道也子曰吾之於人也誰毁誰譽者毁謂譖害譽謂稱揚言我之於人也於誰毁於誰譽無私譽也如有所譽者其有所試矣者言所稱譽者輒試以事不虛譽而已也斯民也三代之所以直道而行也者斯此也三代夏殷周也言如此周民無所阿私夏殷周三代之令王所以得稱直道而行也子曰吾猶及史之闕文也包曰古之良史於書字有疑則闕之以待知者有馬者借人乘之今亡矣夫包曰有馬不能調良則借人乘習之孔子自謂及見其人如此至今無有矣言此者以俗多穿鑿疏子曰至矣夫正義曰此章疾時人多穿鑿也子曰吾猶及史之闕文也者史是掌書之官也文字也古之良史於書字有疑則闕之以待能者不敢穿鑿孔子言我尚及見此古史闕疑之文有馬者借人乘之者此舉喻也喻已有馬不能調良當借人乘習之也今亡矣夫者亡無也孔子自謂

及見其人如此闕疑至今則無有矣言此者以俗多穿鑿〔釋〕借子夜反注同夫音符　子曰巧言亂

德小不忍則亂大謀　孔曰巧言利口則亂德義小不忍則亂大謀〔疏〕子曰

巧言亂德小不忍則亂大謀　正義曰此章戒人慎口忍事也有言者不必有德故巧言利口則亂德義山藪藏疾國君含垢故小

事不忍則亂大謀　子曰衆惡之必察焉衆好之必察

焉　王曰或衆阿黨比周或其人特立不羣故好惡不可不察也〔疏〕子曰至察焉　正義曰此章論知人之事也夫

知人未易設有一人爲衆所惡不可即從雷同而惡之或其人特立不羣故必察焉又設有一人爲衆所好亦不可即從衆而好之

或此人行惡爲衆乃阿黨比周故不可不察　注王曰衆或阿黨比周　正義曰此解衆好之也謂此多惡人私相阿曲朋黨比近周

密也文十八年左傳云渾敦之惡云頑嚚不友是與比周杜注云比近也周密也[illegible]相[illegible]也周[illegible]親密也惟是[illegible]義非[illegible]

吾惡之名爲政[illegible]曰若[illegible]剛[illegible]此小人比所[illegible]惡
曰忠信爲周阿黨爲比以君子小人相對故觀文爲說也〇釋烏
路反好呼報反注同比毗志反 子曰人能弘道非道弘人 王曰才大者道
隨大才小者道隨小故不能弘人 疏 子曰人能弘道非道弘人 正義曰此章論道也弘大也道者通物之名虛無妙用
不可須臾離但仁者見之謂之仁知者見之謂之知是人才大者
道隨之大也故曰人能弘道百姓則日用而不知是人才小者道
亦隨小而道不能大其人也故曰非道弘人 子曰過而不改是謂過矣
疏 子曰過而不改是謂過矣 正義曰此章戒人改過也
人誰無過過而能改善莫大焉過而不改是謂過矣 子
曰吾嘗終日不食終夜不寢以思無益不
如學也 疏 子曰至學也 正義曰此章勸人學也 子曰君子謀道

不謀食耕也餒在其中矣學也祿在其中矣君子憂道不憂貧鄭曰餒餓也言人雖念耕而不學故飢餓學則得祿雖不耕而不餒此勸人學

疏子曰至憂貧　正義曰此章亦勸人學也人非道不立故必先謀於道道高則祿來故不假謀於食餒餓也言人雖念耕而不學則無知歲有凶荒故飢餓學則得祿雖不耕而不餒是以君子但憂道德不成不憂貧乏也然耕也未必皆餓學也未必皆得祿大判而言故云耳

釋餒奴罪反

子曰知及之仁不能守之雖得之必失之包曰知能及治其官而仁不能守雖得之必失之

釋知音智注及下同

知及之仁能守之不莊以涖之則民不敬包曰不嚴以臨之則民不敬[illegible]

釋涖音利[illegible]

知及之仁能守之

莊以涖之動之不以禮未善也禮然後善

疏子曰至善也　正義曰此章論居官臨民之法也子曰知及之仁不能守之雖得之必失之者得位由知守位在仁若人知能及治其官而仁不能守雖得祿位必將失之知及之仁能守之不莊以涖之則民不敬者莊嚴也涖臨也言雖知及其官仁能守位不嚴以臨之則民不敬從其上知及之仁能守之莊以涖之動之不以禮未善也者言動必以禮然後善季充云夫知及以得其失也蕩仁守以靜其失也寬莊涖以威其失也猛故必須禮然後和之以禮制知則精而不蕩以禮輔仁則溫而不寬以禮御莊則威而不猛故安上治民莫善於禮顏特進云知以通其變仁以安其性莊以安其慢禮以安其情化民之善必備此四者

子曰君子不可小知而可大受也小人不可大受而可小知也王曰君子之道深遠不可小了知而可大受小人之道淺近可

小了知而不　疏　子曰至知也　正義曰此章言君子小人道德可大受也　深淺不同之事也言君子之道深遠仰之弥高鑽之弥堅故不可小了知也使人饜飫而已是可大受也小人之道淺近易爲窮竭故不可大受而可小了知也

子曰民之於仁也甚於水火　馬曰水火及仁皆民所仰而生者仁最爲甚　水火吾見蹈而死者矣未見蹈仁而死者也　馬曰蹈水火或時殺人蹈仁未嘗殺人

疏　子曰至者也　正義曰此章勸人行仁道也子曰民之於仁也甚於水火者言水火飲食所由仁者善行之長皆民所仰而生者也若較其三者所用則仁最爲甚也水火吾見蹈而死者矣未見蹈仁而死者也此明仁甚於水火之事也蹈猶履也水火雖所以養人若履蹊之或時殺人若履行仁道未嘗殺人也王弼云民之遠於仁甚於水火見有蹈水火者未嘗見蹈仁者也　音　蹈徒報反

也蹈[illegible]馬音示[illegible]得[illegible]

子曰當仁不

讓於師孔曰當行仁之急不復讓於師言行仁急　疏子曰當仁不讓於師　正義曰此章言行仁之急也弟子之法爲事雖當讓於師若當行仁之事不復讓於師也　釋復扶又反　子曰君子貞而不諒孔曰貞正諒信也君子之人正其道耳言不必小信　疏子曰君子貞而不諒　正義曰此章貴正道而輕小信也貞正也諒信也君子之人正其道耳言不必不信案昭元年左傳云子產爲豐施歸州田於韓宣子曰日君以夫公孫段爲能任其事而賜之州田今無祿早世不獲久享君德其子弗敢有不敢以聞於君私致諸子宣子辭子產曰古人有言曰其父析薪其子弗克負荷施將懼不能任其先人之祿其況能任大國之賜縱吾子爲政而可後之人若屬有疆埸之言敝邑獲戾而豐氏受其討吾子取州是免敝邑於戾而建置豐氏也敢以爲請杜注曰傳言子產貞而不諒言段受晉邑本而歸之是正也知宣子欲之而言畏懼後禍是不信故杜氏引此文爲注也　子曰事君敬其事而後其

食孔曰先盡力而後食祿疏子曰至其食　正義曰此章言爲臣事君之法也言當先盡力敬其職事必有勳績而後食祿者也子曰有教無類馬曰言人所在見教無有種類疏子曰有教無類　正義曰此章言教人之法也類謂種類言人所在見教無有貴賤種類也子曰道不同不相爲謀疏子曰至爲謀　正義曰此章言人之爲事必須先謀若道同者共謀則精審不誤若道不同而相爲謀則事不成也子曰辭達而已矣孔曰凡事莫過於實辭達則足矣不須文豔之辭疏子曰辭達而已矣　正義曰此章明言語之法也凡事莫過於實辭達則足矣不煩文豔也釋爲于僞反豔以驗反師冕見孔曰師樂人盲者名冕釋見賢遍反及階子曰階也及席子曰席也皆坐子告之曰某在斯某在斯

孔曰歷告以坐中人姓字所在處 ○相息亮反 師冕出子張問曰與師言之道與子曰然固相師之道也馬曰相導也

疏 師冕見至道也 王善曰此章論相師之禮也師冕見者師樂人盲者名冕見謂來見孔子也及階子曰階也及席子曰席也者師冕及階及席孔子並告之使師冕知而升階登席也皆坐子告之曰某在斯某在斯者孔子見瞽者必起弟子亦起冕既登席而坐孔子及弟子亦皆坐孔子歷以坐中人姓字所在處告師冕使知也師冕出子張問曰與師言之道與者道謂禮也子張見孔子歷告之未嘗知此禮既師冕出去而問孔子曰此是與師言之禮與子曰然固相師之道也者相猶導也孔子然答子張言此固是相導樂師之禮也

季氏第十六

〔疏〕正義曰此篇論天下無道政在大夫故孔子陳其正道揚其衰失稱損益以教人舉詩禮以訓子明君子之行正夫人之名以前篇首章記衛君靈公失禮此篇首章言魯臣季氏專恣故以次之也

季氏將伐顓臾冉有季路見於孔子曰季氏將有事於顓臾孔曰顓臾伏羲之後風姓之國本魯之附庸當時臣屬魯季氏貪其土地欲滅而取之冉有與季路為季氏臣來告孔子〔釋〕顓音專臾音瑜見賢遍反伏本亦作宓音密又音伏羲許宜反孔子曰求無乃爾是過與孔曰冉求為季氏宰相其室為之聚斂故孔子獨疑求教之〔釋〕與音餘下同相息亮反為之于偽反夫顓臾昔者先王以為東蒙主孔曰使主祭蒙山〔釋〕夫音符下今夫並[illegible]同且在邦域之中

矣孔曰魯七百里之邦顓臾爲附庸在其域中釋邦或作封是社稷之臣也

何以伐爲孔曰已屬魯爲社稷之臣何用滅之爲冉有曰夫子欲之

吾二臣者皆不欲也孔曰歸咎於季氏孔子曰求周

任有言曰陳力就列不能者止馬曰周任古之良史言當陳其才力度己所任以就其位不能則當止釋任音壬注同度待洛反危而不持顛而

不扶則將焉用彼相矣包曰言輔相人者當能持危扶顛若不能何用相爲

釋焉於虔反相息亮反注同下相夫子同且爾言過矣虎兕出於柙

龜玉毀於櫝中是誰之過與馬曰柙檻也櫝匱也失虎毀玉豈非

典守之過邪 釋 兕徐履反押戶甲反本亦作匣櫝音獨下同檻戶覽反匱其位反 冉有曰今夫

顓臾固而近於費 馬曰固謂城郭完堅兵甲利也費季氏邑 釋 費悲位反注同

今不取後世必爲子孫憂孔子曰求君子

疾夫 孔曰疾如汝之言 釋 後世必爲子孫憂本或作必爲子孫憂 舍曰欲之

而必爲之辭 孔曰舍其貪利之說而更作他辭是所疾也 釋 舍音捨 丘也

聞有國有家者不患寡而患不均 孔曰國諸侯家卿大

夫不患土地人民之寡少患政理之不均平 釋 理本作治直吏反 不患貧而患不

安 孔曰憂不能安民耳民安則國富 蓋均無貧和無寡安無傾

包曰政教均平則不患貧矣上下和同不患寡矣小大安寧不傾危矣夫如是故遠人不服則修文德以來之既來之則安之今由與求也相夫子遠人不服而不能來也邦分崩離析而不能守也孔曰民有異心曰分欲去曰崩不可會聚曰離析【釋】析星歷反而謀動干戈於邦內孔曰干楯也戈戟也【釋】邦內鄭本作封內楯又作盾並食允反吾恐季孫之憂不在顓臾而在蕭牆之內也鄭曰蕭之言肅也牆謂屏也君臣相見之禮至屏而加肅敬焉是以謂之蕭牆後季氏家臣陽虎果囚季桓子

【疏】季氏至內也　正義曰此章論魯卿季氏專恣征伐之事也季氏將伐顓臾者顓臾伏羲之後風姓之國本魯

之附庸當時臣屬於魯而季氏貪其土地欲滅而取之也冉有季路見於孔子曰季氏將有事於顓臾者冉有季路爲季氏臣來告孔子言季氏將有征伐之事於顓臾也孔子曰求無乃爾是過與者無乃乃也爾女也雖二子同來告以冉求爲季氏宰相其室爲之聚斂故孔子獨疑求教之言將伐顓臾乃女是罪過與與疑辭也夫顓臾昔者先王以爲東蒙主者言昔者先王始封顓臾爲附庸之君使主祭蒙山蒙山在東故曰東蒙且在邦域之中矣者魯之封域方七百里顓臾爲附庸在其域中也是社稷之臣也何以伐爲者言顓臾已屬魯爲社稷之臣何用伐滅之爲冉有曰夫子欲之吾二臣者皆不欲也者夫子謂季氏也冉有歸其咎惡於季氏也故言季氏欲伐我二人皆不欲也孔子曰求周任有言曰陳力就列不能者止周任古之良史也夫子見冉有歸咎於季氏故呼其名引周任之言以責之言爲人臣者當陳其才力度已所任以就其列位不能則當自止退也危而不持顛而不扶則將焉用彼相矣者相謂輔相焉何也言輔相人者當持其主之傾危扶其主之顛躓若其不能何用彼相爲且爾言過矣者爾汝也汝爲季氏

輔相而歸咎於季氏豈是汝之言罪過矣虎兕出於柙龜玉毀於櫝中是誰之過與者此又爲輔相之人作譬也柙檻也櫝匱也虎兕皆猛獸故設檻以制之龜玉皆大寶故設匱以藏之若虎兕失出於檻龜玉損毀於匱中是誰之過與言是典守者之過也以喻主君有闕是輔相者之過也冉有曰今夫顓臾固而近於費今不取後世必爲子孫憂者此冉有乃自言欲伐顓臾之意也固謂城郭完堅兵甲利也費季氏邑言今夫顓臾城郭甲兵堅固而又近於費邑若今不伐而取之後世必爲季氏子孫之憂也孔子曰求君子疾夫舍曰欲之而必爲之辭者孔子見冉有言將伐顓臾之意故又呼冉有名而責之如汝之言君子所憎疾夫以舍其貪利之說而更作他辭是所疾也丘也聞有國有家者不患寡而患不均者此下孔子又爲言其正治之法以示非臆說故云丘也聞國謂諸侯家謂卿大夫言爲諸侯卿大夫者不患土地人民之寡少但患政理之不均平也不患貧而患不安者言不憂國家貧但憂不能安民耳民安則國富也蓋均無貧和無寡安無傾者孔子既陳其所聞更爲言其理蓋言政教均平則不貧矣上下和同不患寡矣

小大安寧不傾危矣如上所聞此應云均無寡安無貧而此乃云均無平和無寡安無傾者欲見政教均平又須上下和睦然後國富民多而社稷不傾危也故衍其文耳夫如是故遠人不服則修文德以來之既來之則安之者言夫政教能均平和安如此故遠方之人有不服者則當修文德使遠人慕其德化而來遠人既來當以恩惠安存之今由與求也相夫子者謂冉有季路輔相季氏也遠人不服而不能來也者謂不修文德也邦分崩離析而不能守也者民有異心曰分欲去曰崩不可會聚曰離析言國內之民又不能以恩惠安撫致有異心不可會聚莫能固守也而謀動干戈於邦內者謂將伐顓臾也吾恐季孫之憂不在顓臾而在蕭牆之內也蕭牆謂屏也蕭之言肅也君臣相見之禮至屏而加肅敬焉是以謂之蕭牆孔子聖人有先見之明見季氏家臣擅命必知將爲季氏之禍因冉有言顓臾後世必爲子孫憂故言吾恐季孫之憂不遠在顓臾而近在蕭牆之內後季氏家臣陽虎果囚季桓子

注孔曰至孔子　正義曰云顓臾伏羲之後風姓之國者僖二十一年左傳云任宿須句顓臾風姓也實司太皞與有濟之祀

杜注云大皞伏羲之後故主其祀顓臾在泰山南武陽縣東北是也云本魯之附庸當時臣屬魯者王制云公侯田方百里伯七十里子男五十里不能五十里者不合於天子附於諸侯曰附庸鄭注云不合謂不朝會也小城曰附庸附庸者以國事附於大國未能以其名通也言此顓臾始封為附庸之君以國事附於魯耳猶不為魯臣故曰魯之附庸春秋之世彊陵弱衆暴寡故當此季氏之時而顓臾已屬魯為臣故曰當時臣屬魯也　注使主祭蒙山　正義曰禹貢徐州云蒙羽其藝地理志云泰山蒙陰縣蒙山在西南有祠顓臾國在蒙山下　注孔曰魯七百里之封顓臾為附庸在其域中　正義曰明堂位曰成王以周公為有勲勞於天下是以封周公於曲阜地方七百里革車千乘鄭注云曲阜魯地上公之封地方五百里加魯以四等之附庸方百里者二十四并五五二十五積四十九開方之得七百里言其顓臾為附庸在此七百里封域之中也　注周任古之良史　正義曰周大夫也與史佚臧文仲並古人立言之賢者也　注馬曰至過邪　正義曰云柙檻也者說文云柙檻也檻櫳也一曰圈以藏虎兕爾

雅云兕似牛郭璞云一角青色重千斤説文云兕如野牛青毛其皮堅厚可制鎧交州記曰兕出九德有一角角長三尺餘形如馬鞭柄是也云櫝匱也者亦説文云也　注孔曰干楯也戈戟也　正義曰干一名楯今謂之旁牌方言云楯自關而東或謂之楯或謂之干關西謂之楯是干楯為一也施紛以持之孔注尚書費誓云施乃楯紛紛如綬而小繫於楯以持之且以為飾也干扞也並之以扞蔽故牧誓云比爾干也戈者考工記云戈祕六尺有六寸其刃廣二寸内倍之胡三之援四之鄭玄注云戈今勾子戟也或謂之雞鳴或謂之擁頸内謂胡以内接祕者也長四寸胡六寸援八寸鄭司農云援直刃也胡其孑　〔釋〕不在顓臾或作不在

孔子曰天下有道則禮樂征伐自天子出天下無道則禮樂征伐自諸侯出自諸侯出蓋十世希不失矣孔曰希少也周幽王為犬戎所殺平王東遷周始微弱諸

侯自作禮樂專行征伐始於隱公至昭公十世失政死於乾侯也〔釋〕乾音干自大夫出五世希不失矣孔曰季文子初得政至桓子五世爲家臣陽虎所囚也陪臣執國命三世希不失矣馬曰陪重也謂家臣陽虎爲季氏家臣至虎三世而出奔齊〔釋〕陪蒲回反重直龍切天下有道則政不在大夫孔曰制之由君天下有道則庶人不議孔曰無所非議〔疏〕孔子至不議　正義曰此一章論天下有道無道禮樂征伐所出不同及言衰失之世數也孔子曰天下有道則禮樂征伐自天子出者王者功成制禮治定作樂大司馬之官掌九伐之法諸侯不得制作禮樂賜弓矢然後專征伐是天下有道之時禮樂征伐自天子出也天下無道則禮樂征伐自諸侯出者謂天子微弱諸侯上僭自作禮樂專行征伐也自諸侯出蓋十世希不失矣者希少也言政出諸侯不過十世少失其位不失者少

也若魯昭公出奔齊是也自大夫出五世希不失矣者言政在大夫不過五世必失其位不失者少矣若魯大夫季桓子爲陽虎所囚是也陪臣執国命三世希不失矣者陪重也謂家臣也大夫已爲臣故謂家臣爲重臣言陪臣擅權執國之政命不過三世必失其位不失者少矣若陽虎三世而出奔齊是也天下有道則政不在大夫者凡爲政命制之由君也天下有道則庶人不議者議謂謗議言天下有道則上酌民言以爲政教所行皆是則庶人無有非毀謗議也　注孔曰至乾侯　正義曰云周幽王爲犬戎所殺平王東遷者案周本紀云幽王三年嬖褒姒生伯服幽王欲廢大子大子母申侯女而爲后幽王得褒姒愛之欲廢申后并去大子用褒姒爲后以其子伯服爲大子幽王之廢后去大子也申侯怒乃與繒西夷犬戎共攻幽王幽王舉烽火徵兵兵莫至遂殺幽王驪山下虜褒姒盡取周賂而去云隱六年左傳稱周桓公言於王曰我周之東遷晉鄭焉依周本紀又云於是諸侯乃即申侯而共立故幽王太子宜咎是爲平王也云周始微弱者地理志云幽王淫褒姒以滅宗周子平王東居洛邑是王室之尊與諸侯無異

不能復雅故其詩譜王國風周始微弱也云諸侯僭禮樂者謂僭爲天子之禮樂若魯昭公之比也案昭二十五年公羊傳云子家駒曰諸侯僭於天子大夫僭於諸侯久矣昭公曰吾何僭矣哉子家駒曰設兩觀乘大路朱干玉戚以舞大夏八佾以舞大武是也云專行征伐者謂不由王命專擅行其征伐春秋之時諸侯皆是也云始於隱公至昭公十世失政死於乾侯者隱公名息姑伯禽七世孫惠公弗皇子聲子所生平王四十九年即位是王室微弱政在諸侯始於隱公隱公卒弟桓公允立卒子莊公同立卒子閔公開立卒兄僖公申立卒子文公興立卒子宣公倭立卒子成公黑肱立卒子襄公午立卒子昭公裯立是爲十世也春秋昭公二十五年公孫於齊三十二年卒於乾侯是也　注孔曰至所因　正義曰季文子初得政至桓子五世者謂文子武子悼子平子桓子爲五世也云爲家臣陽虎所因者定五年左傳云九月乙亥陽虎囚季桓子及公父文伯是也　注陽虎至奔齊　正義曰魯伐陽虎陽虎出奔齊在定九年

孔子曰祿之去公室五世矣鄭曰

言此之時魯定公之初魯自東門襄仲殺文公之子赤而立宣公於是政在大夫爵祿不從君出至定公爲五世矣政逮於大夫四世矣孔曰文子武子悼子平子【釋】逮音代一音弟故夫三桓之子孫微矣孔曰三桓謂仲孫叔孫季孫三卿皆出桓公故曰三桓也仲孫氏改其氏稱孟氏至哀公皆衰【疏】孔曰至微矣　正義曰此章言魯公室[illegible]政在大夫也孔子曰祿之去公室五世矣者謂政在大夫爵祿不從君出始於宣公言此之時在魯定公之初故爲五世矣政逮於大夫四世矣者逮及也言君之政令及於大夫至今四世矣謂季文子武子悼子平子也故夫三桓之子孫微矣者三桓謂仲孫叔孫季孫三卿皆出桓公故曰三桓也仲孫氏改其氏稱孟氏以禮樂征伐自大夫出五世希不失故夫三桓之子孫至哀公時皆衰微也　注鄭曰至世矣　正義曰魯自東門襄仲殺文公之子赤而立宣公者文十八年左傳云文公二妃敬嬴生宣公敬嬴嬖而私事[illegible]宣公長[illegible]屬諸[illegible]襄仲欲立之叔仲不可仲見于

齊侯而請之齊侯新立而欲親魯許之冬十月仲殺惡及視而立
宣公是也公羊傳作子赤襄仲居東門故曰東門襄仲云至定公
爲五世矣者謂宣公成公襄公昭公定公也　注孔曰　釋　夫音
文子武子悼子平子　正義曰此據左氏及世家文也　符

孔子曰益者三友損者三友友直友諒友多聞益矣友便辟　馬曰便辟巧辟人之所忌以求容媚　釋　便婢緜反辟婢亦反下皆同　友善柔　馬曰面柔也　友便佞損矣　鄭曰便辯也謂佞而辯　疏

孔子至損矣　正義曰此章戒人擇友也益者三友損者三友者
以人爲友損益於己其類各三也友直友諒友多聞益矣者直謂
正直諒謂誠信多聞謂博學以此三種之人爲友則有益於己也
友便辟友善柔友便佞損矣者便辟巧辟人之所忌以求容媚者
也善柔謂面柔和顏說色以誘人者也便辯也謂　釋　佞乃
佞而復辯以此三種之人爲友則有損於己也　定反　孔

子曰益者三樂損者三樂樂節禮樂動得禮樂之節（釋）三樂五教反下不出者同禮樂音岳樂道人之善樂多賢友益矣樂驕樂孔曰恃尊貴以自恣（釋）驕樂音洛下宴樂同樂佚遊王曰佚遊出入不節（釋）佚本亦作逸音同樂宴樂損矣孔曰宴樂沈荒淫瀆三者自損之道也

（疏）孔子至損矣　正義曰此章言人心樂好損益之事各有三種也樂節禮樂者謂凡所動作皆得禮樂之節也樂道人之善者謂好稱人之美也樂多賢友者謂好多得賢人以爲朋友也言好此三者於身有益矣也樂驕樂者謂恃尊貴以自恣也樂佚遊者謂好出入不節也樂宴樂者謂好沈荒淫瀆也言好此三者自損之道也注沈荒淫瀆　正義曰云沈者書微子云沈酗於酒言人以酒亂若沈没於水故以耽酒爲沈也荒者廢也謂有所好樂而廢所掌之職事也書云酒荒於[illegible]邑內[illegible]荒外作禽荒皆是淫[illegible]過也言

耽酒爲過差也瀆慢也言無復禮節也孔子曰侍於君子有三愆

孔曰愆過也釋愆起虔反言未及之而言謂之躁鄭曰躁不安靜

釋躁早報反魯讀躁爲傲今從古言及之而不言謂之隱孔曰隱匿

不盡情實釋匿女力反未見顏色而言謂之瞽周曰未見君子顏色

所趣向而便逆先意語者猶瞽也疏孔子至之瞽　正義曰此章戒卑侍於尊審慎言語之法也侍於君子有三愆者愆

過也言卑侍於尊有三種過失之事言未及之而言謂之躁者謂

君子言事未及於己而輒先言是謂躁動不安靜也言及之而不

言謂之隱者謂君子言論及己己應言而不言是謂隱匿不盡情

實也未見顏色而言謂之瞽者瞽謂無目之人也言未見君子顏

色所趣向而便逆先意語者猶若無目人也釋瞽音古向今又作鄉許亮反孔子曰君子

有三戒少之時血氣未定戒之在色及其壯也血氣方剛戒之在鬬及其老也血氣既衰戒之在得孔曰得貪得疏孔子至在得　正義曰此章言君子之人自少及老有三種戒愼之事也少之時血氣未定戒之在色者少謂人年二十九以下血氣猶弱筋骨未定貪色則自損故戒之及其壯也血氣方剛戒之在鬬者壯謂氣力方當剛强喜於爭鬬故戒之及其老也血氣既衰戒之在得者老謂五十以上得謂貪得血氣既衰多好聚斂故戒之釋少之詩照反鬬丁豆反得或作德非

孔子曰君子有三畏畏天命順吉逆凶天之命也畏大人大人即聖人與天地合其德畏聖人之言深遠不可易知測聖人之言釋易以豉反小人不知天命而不

畏也悏踈故不知畏 釋 悏苦回反 狎大人直而不肆故狎之 釋 狎胡甲反 侮聖人之言不可小知故侮之 疏 孔子至之言　正義曰此章言君子小人敬慢不同也君子有三畏者心服曰畏言君子心所畏服有三種之事也畏天命者謂作善降之百祥作不善降之百殃順吉逆凶天之命也故君子畏之畏大人者大人即聖人也與天地合其德故君子畏之畏聖人之言者聖人之言深遠不可易知測故君子畏之也小人不知天命而不畏者言小人與君子相反天道悏踈故小人不知畏也狎大人者狎謂慣忽聖人直而不肆故小人忽之侮聖人之言者侮謂輕慢聖人之言不可小知故小人輕慢之而不行也　注順吉逆凶天之命也　正義曰虞書大禹謨云惠迪吉從逆凶惟影響孔安國云順道吉從逆凶吉凶之報若影之隨形響之應聲言不虛道即天命也天命無不報故可畏之　注大人即聖人與天地合其德　正義曰易云利見大人即聖人也乾卦文言云夫大人者與天地合其德莊氏云謂覆載也與日月合其明謂照臨也與四時合

其序若賞以春夏刑以秋冬之類也與鬼神合其吉凶若福善禍淫也此獨舉天地合其德者舉一隅也　注恢疏故不知畏　正義曰案老子道德經云天網恢恢疎而不失言天之網羅恢恢疎遠刑淫賞善不失毫分也　注直而不肆故狎之　正義曰肆謂放肆言大人質直而不放肆故小人輕狎之也　釋　侮亡甫反

孔子曰生而知之者上也學而知之者次也困而學之又其次也　孔曰困謂有所不通　困而不學民斯為下矣　疏　孔子至下矣　正義曰此章勸人學也生而知之者上也者謂聖人也學而知之者次也者言由學而知道次於聖人謂賢人也困而學之又其次也者人本不好學因其行事有所困憚不通發憤而學之者復次於賢人也困而不學民斯為下矣者謂知困而不能學此為下愚之民也　注孔曰困謂有所不通　正義曰言於事不能通達者也左傳昭七年公如楚孟僖子為介不能相儀及楚不能荅

郊勞九月公至自楚孟僖子病不能相禮乃講學之是其困而學之者也

孔子曰君子有九思視思明聽思聰色思溫貌思恭言思忠事思敬疑思問忿思難見得思義

【疏】孔子至思義　正義曰此章言君子有九種之事當用心思慮使合禮義也視思明者目覩為視見微為明言君子覩視當思見微若離婁也聽思聰者耳聞為聽聽遠為聰言君子耳聽當思聞遠若師曠也色思溫者顏色不可嚴猛當思溫和也貌思恭者體貌接物不可驕亢常思恭遜也言思忠者凡所言論不可隱欺常思盡其忠心也事思敬者凡人執事多惰窳君子常思謹敬也疑思問者已有疑事不使在躬當思問以辨之也忿思難者謂人以非理忤己已必忿怒心雖忿怒不可輕易當思其後得無患難乎若一朝之忿忘其身以及其親是不思難者也見得思義者言若有所得當思義然後取不可苟也

【釋】忿芳粉反　難乃旦反

孔子曰見善如不及見不善如探湯吾見其人矣吾聞其語矣孔曰探湯喻去惡疾釋探吐南反隱居以求其志行義以達其道吾聞其語矣未見其人也疏孔子至人也　正義曰此章言善人難得也見善如不及者言爲善常汲汲也見不善如探湯者人之探試熱湯其去之必速以喻見惡事去之疾也吾見其人矣吾聞其語矣者言今人與古人皆有能若此者也隱居以求其志者謂隱遯幽居以求遂其己志也行義以達其道者謂好行義事以達其仁道也吾聞其語矣未見其人也者言但聞其語說古有此行之人也今則無有故未見其人也齊景公有馬千駟死之日民無德而稱焉孔曰千駟四千匹伯夷叔齊餓于首

陽之下馬曰首陽山在河東蒲坂縣華山之北河曲之中釋坂音反華如字又戶化反民到于今稱之其斯之謂與王曰此所謂以德爲稱疏齊景公至謂與

正義曰此章貴德也齊景公有馬千駟死之日民無得而稱焉者景公齊君景謚也馬四匹爲駟千駟四千匹也言齊君景公雖富有千駟及其死也無德可稱伯夷叔齊餓于首陽之下民到于今稱之其斯之謂與者夷齊孤竹君之二子讓位適周遇武王伐紂諫之不入及武王既誅紂義不食周粟故于河東郡蒲坂縣首陽山下采薇而食終於餓死雖然窮餓民到于今稱之以爲古之賢人其此所謂以德爲稱者與釋與音餘

陳亢問於伯魚曰子亦有異聞乎馬曰以爲伯魚孔子之子所聞當有異釋亢音剛又苦浪反對曰未也嘗獨立孔曰獨立謂孔子鯉趨而過庭曰學詩乎對

曰未也不學詩無以言鯉退而學詩他日又獨立鯉趨而過庭曰學禮乎對曰未也不學禮無以立鯉退而學禮聞斯二者陳亢退而喜曰問一得三聞詩聞禮又聞君子之遠其子也

疏　陳亢至子也　正義曰此章勉人爲詩爲禮也陳亢問於伯魚曰子亦有異聞乎者伯魚孔子之子鯉也弟子陳亢以爲伯魚是孔子之子所聞當有異於餘人故問之對曰未也者荅言未有異聞也嘗獨立鯉趨而過庭曰學詩乎對曰未也不學詩無以言鯉退而學詩者伯魚對陳亢言雖未有異聞有時夫子曾獨立於堂鯉疾趨而過其中庭夫子謂已曰學詩乎已即對曰未也夫子又言不學詩無以言以古者會同皆賦詩見意若不學詩何以爲言也鯉於是

退而遂學通於詩也他日又獨立鯉趨而過庭曰學禮乎對曰未也不學禮無以立鯉退而學禮者謂異日夫子又嘗獨立而伯魚趨過夫子訓之曰學禮乎荅言未也夫子又言若不學禮無以立身以禮者恭儉莊敬人有禮則安無禮則危故不學之則无以立其身也鯉於是退而學通於禮聞斯二者言別無異聞但聞此詩禮二者也陳亢退而喜者既問伯魚退而喜悅也曰問一得三聞詩聞禮又聞君子之遠其子也者亢言始但問異聞是問一也今乃聞詩可以言禮可以立且鯉也過庭方始受訓則知不常嘻嘻褻慢是又聞君子之踈遠其子也故爲得三所以喜也

邦君之妻君稱之曰夫人夫人自稱曰小童邦人稱之曰君夫人稱諸異邦曰寡小君異邦人稱之亦曰君夫人孔曰小君君夫人之稱對異邦謙故曰寡小君當此之時諸侯嫡妾不正稱號不審故孔子正言其禮也 疏

君夫人　正義曰此章正夫人之名稱也邦君之妻者諸侯夫人也妻者齊也言與夫齊體上下之通稱故曰邦君之妻也稱之曰夫人者夫之言扶也能扶成人君之德也邦君自稱其妻則曰夫人也夫人自稱曰小童者自稱謙言已小弱之童稚也邦人稱之曰君夫人者謂國中之臣民言則繫君而稱之言是君之夫人故曰君夫人也稱諸異邦曰寡小君者諸於也謂已國臣民稱已君之夫人於他國之人則曰寡小君對異邦謙也以對異邦稱君曰寡君謙言寡德之君夫人對君爲小故曰寡小君也異邦人稱之亦曰君夫人者謂稱他國君妻亦曰君夫人也以當此之時諸侯嫡妾不正稱號不審故孔子正言其禮也

論語註疏卷之八

論語註疏卷第九

陽貨第十七

疏 正義曰此篇論陪臣專恣因明性習智愚禮樂本末六蔽之惡二南之美君子小人爲行各異今之與古其疾不同以前篇首章言大夫之惡此篇首章記家臣之亂尊卑之差故以相次也

陽貨欲見孔子孔子不見 孔曰陽貨陽虎也季氏家臣而專魯國之政欲見孔子使仕

歸孔子豚 孔曰欲使往謝故遺孔子豚 釋 歸如字鄭本作饋魯讀爲歸今從古豚徒門反遺唯季反

孔子時其亡也而往拜之遇諸塗 孔曰塗道也於道路與相逢 釋 塗字當作途音徒

謂孔子曰來予與爾言

曰懷其寶而迷其邦可謂仁乎曰不可馬曰言孔子不仕是懷寶也知國不治而不為政是迷邦也 釋 治直吏反 好從事而亟失時可謂知乎曰不可孔曰言孔子栖栖好從事而數不遇失時不得為有知 釋 好呼報反亟去冀反知音智數色角反 日月逝矣歲不我與馬曰年老歲月已往當急仕 孔子曰諾吾將仕矣孔曰以順辭免 疏 陽貨至仕矣

正義曰此章論家臣專恣孔子孫辭遠害之事也陽貨欲見孔子者陽貨陽虎也蓋名虎字貨為季氏家臣而專魯國之政欲見孔子將使之仕也孔子不見者疾其家臣專政故不與相見也歸孔子豚者歸遺也豚豕之小者陽貨欲使孔子往謝因得從容見之故遺孔子豚也孔子時其亡而往拜之者謂伺虎不在家時而往謝之也遇諸塗者塗道也孔子既至貨家而反於道路與相

逢也謂孔子曰來予與爾言者貨呼孔子使來就已言我與汝有所言也曰懷其寶而迷其邦可謂仁乎者此陽貨謂孔子之言也寶以喻道德言孔子不仕是懷藏其道德也知國不治而不爲政是使迷亂其國也仁者當拯弱興衰使功被當世今汝乃懷寶迷邦可以謂之仁乎曰不可者此孔子遜辭言如此者不可謂之仁也好從事而亟失時可謂知乎者此亦陽貨謂孔子辭亟數也言孔子栖栖好從事而數不遇失時可謂有知者乎不得爲有知也曰不可者此亦孔子遜辭言如此者不可謂之知也日月逝矣歲不我與者此陽貨勸孔子求仕之辭逝往也言孔子年老歲月已往不復留待我也當急求仕孔子曰諾吾將仕矣者諾應辭也孔子知其勸仕故應荅之言我將求仕以順辭免去也

子曰性相近也習相遠也孔曰君子慎所習

子曰唯上知與下愚不移孔曰上知不可使爲惡下愚不可使強賢

（疏）子曰性相近也習相遠也子曰唯上知與下愚不移

正義曰此章言君子當慎其所習也性謂人所稟受以

生而静者也夫爲外物所感則人皆相似是近也既爲外物所感則習以性成若習於善則爲君子若習於惡則爲小人是相遠也故君子慎所習然此乃是中人耳其性可上可下故遇善則升逢惡則墜也孔子又嘗曰唯上知聖人不可移之使爲惡下愚之人不可移之使强賢此則非如中人性習相近遠也

釋强其丈反

子之武城聞弦歌之聲孔曰子游爲武城宰夫子莞爾而笑莞爾小笑貌釋莞華板反本亦作莧曰割雞焉用牛刀孔曰言治小何須用大道釋焉於虔反子游對曰昔者偃也聞諸夫子曰君子學道則愛人小人學道則易使也孔曰道謂禮樂也樂以和人人和則易使釋易以豉反子曰二三子孔曰從行者釋從才用反偃之言是

也前言戲之耳孔曰：戲以治小而用大道。【疏】「子之」至「之耳」。正義曰：此章論治民之道也。「子之武城，聞弦歌之聲」者，之，適也。武城，魯邑名。時子游爲武城宰，意欲以禮樂化導於民，故弦歌。孔子因適武城而聞其聲也。「夫子莞爾而笑，曰：割雞焉用牛刀」者，莞爾，小笑皃。言雞乃小牲，割之當用小刀，何用解牛之大刀，以喻治小何須用大道。今子游治小用大，故笑之。「子游對曰：昔者偃也聞諸夫子曰：君子學道則愛人，小人學道則易使也」者，子游見孔子笑其治小用大，故稱名而引舊聞於夫子之言以對之。道謂禮樂也。禮節人心，樂和人聲。言若在位君子學禮樂則愛養下人也，若在下小人學禮樂則人和而易使也。「子曰：二三子」者，呼其弟子從行者也。「偃之言是也，前言戲之耳」者，孔子語其從者，言子游之說是，我前言戲之，以治小而用大道，其實用大道是也。

公山弗擾以費畔，召，子欲往。孔曰：弗擾爲季氏宰，與陽虎共執季桓子，而召孔子。【釋】擾，而小反。費，悲位反。子路不說，曰：末之也已何必公山氏之之也孔曰之適也無可之則止何必公山氏之適釋說音悅子曰夫召我者而豈徒哉如有用我者吾其爲東周乎興周道於東方故曰東周疏公山至周乎　正義曰此章論孔子欲不避亂而興周道也公山弗擾以費畔召子欲往者弗擾即左傳公山不狃也字子洩爲季氏費邑宰與陽虎共執季桓子據邑以畔來召孔子孔子欲往從之也子路不說曰末之也已何必公山氏之之也者上下二之俱訓爲適末無也已止也子路以爲君子當去亂就治今孔子乃欲就亂故不喜說且曰無可適也則止之何必公山氏之適也子曰夫召我者而豈徒哉如有用我者吾其爲東周乎者孔子荅其欲往之意也徒空也言夫人召我者豈空然哉必將用我道也如有用我道者我則興周道於東方其使魯爲東周乎吾是以不擇地而欲往也　注弗擾爲季氏宰與陽虎共執季桓子　正義曰案定五年左傳曰六月季平子行東野還未

至丙申卒于房陽虎將以璵璠斂仲梁懷弗與曰改步改玉陽虎欲逐之告公山不狃不狃曰彼爲君也子何怨焉旣葬桓子行東野及費子洩爲費宰逆勞於郊桓子敬之勞仲梁懷仲梁懷弗敬子洩怒謂陽虎子行之乎九月乙亥陽虎囚季桓子是其事也至八年又與陽虎謀殺桓子陽虎敗而出至十二年季氏將墮費公山不狃叔孫輒率費人以襲魯國人敗諸姑蔑二子奔齊也

（釋）夫音符　子張問仁於孔子孔子曰能行五者於天下爲仁矣請問之曰恭寬信敏惠恭則不侮　孔曰不見侮慢　寬則得衆信則人任焉敏則有功　孔曰應事疾則多成功　惠則足以使人

（疏）子張至使人　正義曰此章明仁也子張問仁於孔子者問何如斯可謂之仁也孔子曰能行五者於天下爲仁矣者言爲仁之道有五也請

問之者子張復請問五者之目也曰恭寬信敏惠者此孔子略言爲仁五者之名也恭則不侮者此下孔子又歷說五者之事也言已若恭以接人人亦恭以待已故不見侮慢寬則得衆者言行能寬簡則爲衆所歸也信則人任焉者言而有信則人所委任也敏則有功者敏疾也應事敏疾則多成功也惠則足以使人者有恩惠則人忘其勞也佛肸召子欲往孔曰晉大夫趙簡子之邑宰釋佛音弼肸許密反子路曰昔者由也聞諸夫子曰親於其身爲不善者君子不入也孔曰不入其國佛肸以中牟畔子之往也如之何子曰然有是言也不曰堅乎磨而不磷不曰白乎涅而不緇孔曰磷薄也涅可以染皁言至堅者磨之而不薄至白者染之於涅而不

黑喻君子雖在濁　釋　磨末多反磷力刃反涅乃結反說文云
亂濁亂不能汚　謂黑土在水中者也緇則其反皁才早
反汚汚辱之汚　吾豈匏瓜也哉焉能繫而不
音烏又烏故反
食　匏瓠也言瓠瓜得繫一處者不食故也吾自食
物當東西南北不得如不食之物繫滯一處　疏　佛肸召子
欲往子路
曰昔者由也聞諸夫子曰親於其身至能繫而不食　正義曰此
章亦言孔子欲不擇地而治也佛肸召子欲往者佛肸爲晉大夫
趙簡子之中牟邑宰以中牟畔來召孔子孔子欲往從之也子路
曰昔者由也聞諸夫子曰親於其身爲不善者君子不入也者言
君子不入不善之國也佛肸以中牟畔子之往也如之何者言今
佛肸以中牟畔則是身爲不善而子欲往如前言何子曰然有是
言也者孔子荅云雖有此不入不善之言也不曰堅乎磨而不磷
不曰白乎涅而不緇者孔子之意雖言不入不善緣君子見幾而
作亦有可入之理故謂之作譬磷薄也涅水中黑土可以染皁緇
黑色也今豈不曰至堅者磨之而不薄至白者染之於涅而不

黒以喻君子雖居濁亂濁亂不能汚也吾豈匏瓜也哉焉能繫而不食者孔子亦以為言其欲往之意也匏瓠也匏瓜得繫一處者不食故也吾自食物當東西南北不得如不食之物繫滯一處江熙云夫子豈實之公山佛肸乎欲往之意以示無係以觀門人之意如欲居九夷乘桴浮于海耳子路見形而不及道故問乘桴而喜聞之公山而不說升堂而未入室安得聖〻之趣也

〔釋〕匏薄交反瓜古花反焉於虔反瓠戶故反處昌慮反下同

子曰由也女聞六言六蔽矣乎六言六蔽者謂下六事仁知信直勇剛也〔釋〕蔽必世反

對曰未也居吾語女孔曰子路起對故使還坐〔釋〕語魚據反

好仁不好學其蔽也愚孔曰仁者愛物不知所以裁之則愚〔釋〕好呼報反下同

好知不好學其蔽也蕩孔曰蕩無所適守〔釋〕知音智適丁歷反

好信不好學其

蔽也賊孔曰父子不知相爲隱之輩【釋】爲于僞反好直不好學其
蔽也絞好勇不好學其蔽也亂好剛不好
學其蔽也狂孔曰狂妄抵觸人【疏】子曰至也狂　正義曰此章勸學也子曰由也女聞
六言六蔽矣乎者蔽謂蔽塞不自見其過也孔子呼子路而問之
曰汝嘗聞六言不學而皆蔽塞者乎對曰未也者子路對言未曾
聞也居吾語女者居猶坐也禮君子問更端則起子路起對故使
還坐吾將語女也好仁不好學其蔽也愚者此下歷說六言六蔽
之事也學者覺也所以覺寤未知也人之爲行學則不固是以愛
物好與曰仁若但好仁不知所以裁之所施不當則如愚人也好
知不好學其蔽也蕩者明照於事曰知若不學以裁之則其蔽在
於蕩逸無所適守也好信不好學其蔽也賊者人言不欺爲信則
當信義若但好信而不學以裁之其蔽在於賊害父子不知相爲
隱之輩也好直不好學其蔽也絞絞者絞切也正人之曲曰直若好

直不好學則失於譏刺太切好勇不好學其蔽也亂者勇謂果敢當學以知義若好勇而不好學則是有勇而無義則爲賊亂好剛不好學其蔽也狂者狂猶妄也剛者無欲不爲曲求若好恃其剛不學以制之則其蔽也妄抵觸人 釋 絞交卯反抵下禮反

子曰小子何莫學夫詩包曰小子門人也 釋 夫音符 詩可以興孔曰興引譬連類 釋 興許應反注同 可以觀鄭曰觀風俗之盛衰 釋 觀如字 可以羣孔曰羣居相切磋 釋 磋七何反 可以怨孔曰怨刺上政 釋 刺七賜反 邇之事父遠之事君孔曰邇近也 釋 邇音爾 多識於鳥獸草木之名 子謂伯魚曰女爲周南召南矣乎人而不爲周南召南其猶正牆面

而立也與馬曰周南召南國風之始樂得淑女以配君子三綱之首王教之端故人而不爲如向牆而立

疏子曰至也與○正義曰此章勸人學詩也子曰小子何莫學夫詩者小子門人也莫不也孔子呼門人曰何不學夫詩也詩可以興者又爲說其學詩有益之理也若能學詩詩可以令人能引譬連類以爲比興也可以觀者詩有諸國之風俗盛衰可以觀覽知之也可以羣者詩有如切如磋可以羣居相切磋也可以怨者詩有君政不善則風刺之言之者無罪聞之者足以戒故可以怨刺上政邇之事父遠之事君者邇近也詩有凱風白華相戒以養是有近之事父之養也又有雅頌君臣之法是有遠之事君之道也言事父與君皆有其道也多識於鳥獸草木之名者言詩人多託鳥獸草木之名以爲比興則因又多識於此鳥獸草木之名也子謂伯魚曰女爲周南召南矣乎者爲猶學也孔子謂其子伯魚曰女爲周南召南之詩矣乎人而不爲周南召南其猶正牆面而立也與者又爲說宜學周南召南之意也牆面面向牆也周南召南國風之始三綱之首王教之端故人若學之則可以觀興

人而不爲則如面正向牆而立無所覩見也　注周南至而立

正義曰云周南召南國風之始者詩序云然則關雎麟趾之化王者之風故繫之周公南言化自北而南也鵲巢騶虞之德諸侯之風也先王之所以教故繫之召公周南召南正始之道王化之基是以周南召南二十五篇謂之正國風爲十五國風之始也云樂得淑女以配君子者亦詩關雎序也言二南皆是正始之道先美家内之化是以關雎之篇說后妃心之所樂樂得此賢善之女以配己之君子也云三綱之首王教之端者白虎通云三綱者何謂君臣父子夫婦也君爲臣綱父爲子綱夫爲妻綱有夫婦然後有父子有父子然後有君臣二南之詩首論夫婦文王刑于寡妻至于兄弟以御于家邦是故二國之詩以后妃夫人之德爲首終以麟趾騶虞言后妃夫人有斯德興助其君子皆可以成功至于致嘉瑞故爲三綱之首王教之端也

釋　召上照反下及注同與音餘淑受六反下如字向又作鄉同許亮反

子曰禮云禮云玉帛云乎哉　鄭曰玉圭璋之屬帛束帛之屬言禮非但崇此玉帛

而已所貴者乃貴乎安上治民**樂云樂云鍾鼓云乎哉**馬曰樂之所貴者移風易俗非謂鍾鼓而已

（疏）子曰至乎哉　正義曰此章辨禮樂之本也曰禮云禮云玉帛云乎哉者玉圭璋之屬帛束帛之屬皆行禮之物也言禮之所云豈在此玉帛云乎者哉言非但崇此玉帛而已所貴者在於安上治民樂云樂云鍾鼓云乎哉者鍾鼓樂之器也樂之所貴者貴其移風易俗非謂貴此鍾鼓鏗鏘而已故孔子歎之重言之者深明禮樂之本不在玉帛鍾鼓也

子曰色厲而内荏孔曰荏柔也爲外自矜厲而内柔佞（釋）荏而審反**譬諸小人其猶穿窬之盜也與**孔曰爲人如此猶小人之有盜心穿穿壁窬窬牆

（疏）子曰色厲而内荏譬諸小人其猶穿窬之盜也與　正義曰此章疾時人體與情反也厲矜莊也荏柔佞也穿穿壁窬窬牆也言外自矜厲而内柔佞爲人如此譬之猶小人外雖持正内常有穿壁窬牆竊盜之心也與（釋）

窬音瑜本又作踰音同說文作窬穿木戶郭璞云門邊小竇音豆 與音餘

子曰鄉原德之賊也周曰所至之鄉輒原其人情而爲意以待之是賊亂德也一曰鄉向也古字同謂人不能剛毅而見人輒原其趣向容媚而合之言此所以賊德

疏子曰鄉原德之賊也 正義曰此章疾時人之詭隨也舊解有二周曰所至之鄉輒原其人情而爲意以待之是賊亂德也何晏云一曰鄉向也古字同謂人不能剛毅而見人輒原其趣向容媚而合之言此所以賊德也

釋鄉如字又許亮反賊亂或作敗亂趣向本作鄉許亮反

子曰道聽而塗說德之棄也馬曰聞之於道路則傳而說之

疏子曰道聽而塗說德之棄也 正義曰此章疾時人不習而傳之也塗亦道也言聞之於道路則於道路傳而說之必多謬妄爲有德者所棄也

釋傳直專切說音悅

子曰鄙夫可與事君也與哉孔曰言不可與事君

釋與哉音餘本或作歟

哉其未得之也患得之患得之者患不能得之楚俗言既得之患失之苟患失之無所不至矣鄭曰無所不至者言其邪媚無所不爲

疏子曰鄙夫至至矣　正義曰此章論鄙夫之行也子曰鄙夫可與事君也與哉者言凡鄙之人不可與之事君也其未得之也患得之者此下明鄙夫不可與事君之由也患得之者患不能得也言其初未得事君之時常患己不能得事君也既得之患失之者言不能任直守道常憂患失其祿位也苟患失之無所不至矣者苟誠也若誠憂失之則用心固惜竊位偷安言其邪媚無所不爲也以此故不可與事君也

釋邪似嗟反　媚或奥反

子曰古者民有三疾今也或是之亡也包曰言古者民疾與今時異古之狂也肆包曰肆極意敢言今之狂也蕩孔曰蕩無所據古之矜也廉馬曰有廉

隅 釋 魯讀廉爲貶今從古 今之矜也忿戾 孔曰惡理多怒 釋 戾力計反

古之愚也直今之愚也詐而已矣 疏 子曰至已矣

矣 正義曰此章論今人澆薄不如古人也子曰古者民有三疾

今也或是之亡也者亡無也言古者淳朴之時民之行有三疾今

也澆薄或是亦無也言古者民疾與今時異古之狂也肆者此下

歷言三疾也肆謂極意敢言多抵觸人也今之狂也蕩者謂曠蕩

無所依據古之矜也廉者謂有廉隅今之矜也忿戾者謂忿怒而

多咈戾惡理多怒古之愚也直者謂心直而無邪曲今之愚也詐

而已矣者謂多行欺詐自利也 子曰巧言令色鮮矣仁 王曰巧言無實令色

無質 疏 子曰巧言令色鮮矣仁 正義曰此章與學而篇同弟子各記所聞故重出之 子曰惡紫

之奪朱也 孔曰朱正色紫間色之好者惡其邪好而奪正色 釋 惡烏路反下同間間廁之間邪似嗟

反

惡鄭聲之亂雅樂也包曰鄭聲淫聲之哀者惡其亂雅樂惡利口之覆邦家者孔曰利口之人多言少實苟能悅媚時君傾覆國家也疏子曰至家者　正義曰此章記孔子惡邪奪正也惡紫之奪朱也者朱正色紫間色之好者惡其邪好而奪正色也惡鄭聲之亂雅樂也者鄭聲淫聲之哀者惡其淫聲亂正樂也惡利口之覆邦家者利口之人多言少實苟能悅媚時君傾覆國家也　注孔曰至正色　正義曰玄朱正色紫間色者皇氏云正謂青赤黃白黑五方正色也不正謂五方間色綠紅碧紫騮黃色是也青是東方正綠是東方間東爲木木色青木刻土土色黃並以所刻爲間故綠色青黃也朱是南方正紅是南方間南爲火火色赤火刻金金色白故紅色赤白也白是西方正碧是西方間西爲金金色白金刻木故碧色青白也黑是北方正紫是北方間北方水水色黑水刻火火色赤故紫色赤黑也黃是中央正騮黃是中央間中央土土色黃土刻水水色黑故騮黃色黃黑也釋覆方服反注同悅本亦作

說音悅

子曰予欲無言子貢曰子如不言則小子何述焉言之為益少故欲無言子曰天何言哉四時行焉百物生焉天何言哉

疏 子曰至言哉 正義曰此章戒人慎言也子曰予欲無言者君子訥於言而敏於行以談之為益少故欲無言子貢曰子如不言則小子何述焉者小子弟子也子貢聞孔子不欲言故告曰夫子若不言則弟子等何所傳述子曰天何言哉四時行焉百物生焉天何言哉白此孔子舉天亦不言而令行以為譬也天何嘗有言語哉而四時之令遞行焉百物皆依時而生焉天何嘗有言語教命哉以喻人若無言但有其行不亦可乎

孺悲欲見孔子孔子辭以疾將命者出戶取瑟而歌使之聞之孺悲魯人也孔子不欲見故辭之以疾為其將命者不已故歌

令將命者悟所以令孺悲思之（疏）孺悲至聞之　正義曰此章蓋言孔子疾惡也孺悲欲見孔子孔子辭以疾者孺悲魯人也來欲見孔子孔子不欲見故辭之以疾也將命者出戶取瑟而歌使之聞之者將猶奉也奉命者主人傳辭出入人也初將命者來入戶言孺悲求見夫子辭之以疾又爲將命者不已故取瑟而歌令將命者聞之而悟已無疾但不欲見之所以令孺悲思之〇（釋）天何言哉魯讀天爲夫今從古孺而樹反字亦作孺爲于僞反令力呈反

宰我問三年之喪期已久矣君子三年不爲禮禮必壞三年不爲樂樂必崩舊穀既没新穀既升鑽燧改火期可已矣馬曰周書月令有更火之文春取榆柳之火夏取棗杏之火季夏取桑柘之火秋取柞楢之火冬取槐檀之火一年之中鑽火各異木故曰改火也（釋）期音基下同一本作其鑽子官反燧音遂柞吾

宜反切更古衡反一音古孟反柘音章夜反柞子各反楢羊久反又音由槐音懷子曰食夫稻衣夫錦於女安乎曰安女安則爲之夫君子之居喪食旨不甘聞樂不樂居處不安故不爲也今女安則爲之孔曰旨美也責其無仁恩於親故再言女安則爲之

釋食夫食音嗣夫音符下同衣於旣反不樂音洛

宰我出子曰予之不仁也子生三年然後免於父母之懷馬曰子生未三歲爲父母所懷抱夫三年之喪天下之通喪也孔曰自天子達於庶人子也有三年之愛於其父母乎孔曰言子之於父母欲報之恩昊天罔極

而子也有三【疏】宰我至毋乎　正義曰此章論三年喪禮也宰
年之愛乎　我問三年之喪期已久矣者禮喪服爲至親者
三年宰我嫌其期日大遠故問於夫子曰三年之喪期已久矣乎
君子三年不爲禮禮必壞三年不爲樂樂必崩者此宰我又說喪
不可三年之義也言禮檢人迹樂和人心君子不可斯須去身惟
在喪則皆不爲也不爲既久故禮壞而樂崩也舊穀既没新穀既
升鑽燧改火期可已矣者宰我又言三年之喪一期爲足之意也
夫人之變迁本依天道一期之閒則舊穀已没新穀已成鑽木出
火謂之燧言鑽燧者又已改徧出火之木天道万物既已改新則
人情亦宜從舊故喪禮但一期而除亦可已矣子曰食夫稻衣夫
錦於女安乎者孔子見宰我言至親之喪欲以期斷故問之言禮
爲父母之喪既殯食粥居倚廬斬衰三年期而小祥食菜果居堊
室練冠縓緣要絰不除今女既期之後食稻衣錦於女之心得安
否乎曰安者宰我言既期除喪即食稻衣錦其心安也女安則爲
之者孔子言女心安則自爲之夫君子之居喪食旨不甘聞樂不
樂居處不安故不爲也今女安則爲之者孔子又爲說不可安之

禮言美也言君子之居喪也疾即飲酒食肉雖食美味不以爲甘
雖聞樂聲不以爲樂寢苫枕塊居處不求安也故不爲食稻衣錦
之事今女既心安則任自爲之責其無仁恩於親故再言女安則
爲之宰我出子曰予之不仁也子生三年然後免於父母之懷者
予宰我名宰我方當愚執夫子不欲面斥其過故宰我既問而出去
孔子對二三子言曰夫宰予不仁於父母也凡人子生未三歲常
爲父母所懷抱既三年然後免離父母之懷是以聖人制喪禮爲
父母三年夫三年之喪天下之通喪也者通達也謂上自天子下
達庶人皆爲父母三年故曰通喪也予也有三年之愛於其父母
乎者爲父母愛已故喪三年今予也不欲行三年之服是有三年
之恩愛於父母乎　注馬曰至火也　正義曰云周書月令有更
火之文云云者周書孔子所刪尚書百篇之餘也晉太康中得之
汲冢有月令篇其辭今亡案周禮司爟掌行火之政令四時變國
火以救時疾鄭玄注云行猶用也變猶易也鄭司農說以鄹子曰
春取榆柳之火夏取棗杏之火季夏取桑柘之火秋取柞楢之火
冬取槐檀之火其文與此正同釋者云榆柳青故春用之棗杏赤

故夏用之桑柘黄故季夏用之柞楢白故秋用之槐檀黑故冬用之　注孔曰自天子達於庶人　正義曰禮記三年問云夫三年之喪天下之通喪也鄭玄云達謂自天子至於庶人喪服四制曰此喪之所以三年賢者不得過不肖者不得不及檀弓曰先王制禮也過之者俯而就之不至焉者跂而及之也聖人雖以三年爲文其實二十五月而畢若駟之過隙然而遂之則是無窮也故先王焉爲之立中制節壹使足以成文理則釋之矣喪服四制曰始死三日不怠三月不解期悲哀三年憂恩之殺也故孔子云子生三年然後免於父母之懷夫三年之喪天下之通喪也所以喪必三年爲制也　注孔子曰至愛乎　正義曰云欲報之德昊天罔極者小雅蓼莪文鄭箋云之猶是也我欲報父母是德昊天乎我心無極云子也有三年之愛乎者言宰子不欲服喪三年是無三年之愛也繆協云爾時禮壞樂崩三年不行宰我大懼其往以爲聖人無微言以戒將來故假時人之謂啓憤於夫子義在屈己以明道　釋　昊胡老反

子曰飽食終日無所用心難矣

哉不有博弈者乎爲之猶賢乎已馬曰爲其無
所據樂善生
淫（疏）子曰至乎已　正義曰此章疾人之不學也子曰飽食終
欲　日無所用心難矣哉者言人飽食終日於善道無所用心
則難以爲處矣哉不有博弈者乎爲之猶賢乎已者賢勝也已止
也傳說文作簙局戲也六著十二棊也古者烏曹作簙圍棊謂之
弈說文弈從廾言竦兩手而執之棊者所執之子以子圍而相殺
故謂之圍棊圍棊稱弈者又取其落弈之義也夫子爲其飽食之
人無所據樂善生淫欲故教之曰不有博弈之戲者乎（釋）弈音
若其爲之猶勝乎止也欲令據此爲樂則不生淫欲也　亦爲
其于僞反樂五教反又音落
慾音欲又羊住反本今作欲子路曰君子尚勇乎子
曰君子義以爲上君子有勇而無義爲亂
小人有勇而無義爲盜（疏）子路至爲盜　正義曰
此章抑子路也子路曰

君子尚勇乎者子路有勇意謂勇可崇尚故問於夫子曰君子當尚勇乎子曰君子義以爲上者言君子不尚勇而上義也上則尚也君子有勇而無義爲亂小人有勇而無義爲盜者君子指在位者合宜爲義言在位之人有勇而無義則爲亂逆在下小人有勇而無義必爲盜賊

子貢曰君子亦有惡乎子曰有惡惡稱人之惡者包曰好稱說人之惡所以爲惡 釋 惡烏路反除稱人之惡注爲惡三字餘皆同音好呼報反 惡居下流而訕上者孔曰訕謗毀 釋 訕所諫反 惡勇而無禮者惡果敢而窒者馬曰窒窒塞也 釋 窒珍栗反魯讀窒爲室今從古 曰賜也亦有惡乎惡徼以爲知者孔曰徼抄也抄人之意以爲已有 釋 徼古堯反鄭本作絞古卯反知音智抄初交反 惡不孫以爲勇

者惡訐以爲直者包曰訐謂攻發人之陰也疏子貢至直者正義曰此章論人有惡行可憎惡也子貢曰君子亦有惡乎者君子謂夫子也子貢問夫子之意亦有憎惡者乎子曰有惡者答言有所憎惡也惡稱人之惡者謂好稱說人之惡所以惡之惡居下流而訕上者訕謗毀也謂人居下位而謗毀在上所以惡之也惡勇而無禮者勇而無禮義爲亂所以惡之也惡果敢而窒者窒謂窒塞謂好爲果敢窒塞人之善道所以惡之也曰賜也亦有惡乎者子貢言賜也亦有所憎惡也惡徼以爲知者徼抄也禮毋抄說若抄爲之意以爲已有所以惡之惡不孫以爲勇者孫順也君子義以爲勇若以不順爲勇者亦可惡也惡訐以爲直者訐謂攻發人之陰私也人之爲直當自直已若攻發他人陰私之事以成已之直者亦可惡也

釋孫音遜下同訐居謁反說文云面相斥字許紀列反

子曰唯女子與小人爲難養也近之則不孫遠之則怨疏子曰唯至則怨

正義曰此章言女子與小人皆無正性難畜養所以難養者以其親近之則多不孫順疏遠之則好生怨恨此言女子舉其大率耳若其禀性賢明若文母之類則非所論也

子曰年四十而見惡焉其終也已

鄭曰年在不惑而爲人所惡終無善行

疏　子曰至也已　正義曰此章言人年四十猶爲惡行而見憎惡於人者則是其終無善行也已以其年在不惑而猶爲人所惡必不能追改故也

微子第十八

疏　正義曰此篇論天下無道禮壞樂崩君子仁人或去或死否則隱淪嵓野周流四方因記周公戒魯公之語四乳生八士之名以前篇言羣小在位則必致仁人失所故以此篇次之

微子去之箕子爲之奴比干諫而死

馬曰微箕二國

名子爵也微子紂之庶兄箕子比干紂之諸父微子〔釋文〕紂直又反
見紂無道早去之箕子佯狂爲奴比干以諫見殺
孔子曰殷有三仁焉 仁者愛人三人行異而同稱仁以其俱在憂亂寧民〔疏〕
微子至仁焉 正義曰此章論殷有三仁志同行異也微子去之
箕子爲之奴比干諫而死者微子紂之庶兄箕子比干紂之諸父
見紂無道微子去之箕子佯狂爲奴比干以諫見殺孔子曰殷有
三仁焉者愛人謂之仁三人所行異而同稱仁以其俱在憂亂寧民
也 注馬曰至見殺 正義曰云微箕二國名子爵也者孔安國
云微圻內國名子爵爲紂卿士去無道鄭玄以爲微與箕俱在圻
內孔雖不言箕亦當在圻內王肅云微國名子爵入爲王卿士肅
意蓋以微爲圻外故言入也微子名啓世家作開辟漢景帝名也
微子紂之庶兄箕子比干紂之諸父者啓與其弟仲衍皆紂之同
毋庶兄也呂氏春秋仲冬紀云紂之母生微子啓與仲衍其時猶
尚爲妾改而爲妻後生紂紂之父欲立微子啓爲太子太史據法
而爭曰有妻之子不可立妾之子故立紂爲後徧撿書傳不見箕

子之名惟司馬彪注莊子云箕子名胥余不知出何書也家語云比干是紂之親則諸父知比干是紂之諸父耳箕子則無文宋世家云箕子者紂之親戚也止言親戚不知爲父爲兄也鄭玄王肅皆以箕子爲紂之諸父服虔杜預以爲紂之庶兄既無正文各以意言之耳云微子見紂無道早去之箕子佯狂爲奴比干以諫見殺者尚書微子篇備有去殷之事本紀云西伯既卒周武王之東伐至盟津諸侯叛殷會周者八百諸侯皆曰紂可伐矣武王曰爾未知天命乃復歸紂愈淫亂不止微子數諫不聽乃與太師謀遂去比干曰爲人臣者不得不以死爭乃強諫紂紂怒曰吾聞聖人心有七竅剖比干觀其心箕子懼乃佯狂爲奴紂又囚之是也

釋行下孟反

柳下惠爲士師孔曰士師典獄之官三黜人曰子未可以去乎曰直道而事人焉往而不三黜孔曰苟直道以事人所至之國俱當復三黜

釋三息暫反又如字黜勑律反焉於虔反復扶又反

枉道而事人何必去父母之邦疏柳下惠至之邦正義曰此一章論柳下惠之行也柳下惠爲士師者士師典獄之官也三黜者時柳下惠爲魯典獄之官任其直道羣邪醜直故三被黜退人曰子未可以去乎者或人謂柳下惠曰吾子數被黜辱未可以去離魯乎曰直道而事人焉往而不三黜枉道而事人何必去父母之邦者荅或人不去之意也焉何也枉曲也時世皆邪已用直道以事於人則何往而不三黜乎言苟直道以事人所至之國俱當復三黜若舍其直道而曲以事人則在魯亦不見黜何必去父母所居之國也　注士師典獄之官　正義曰士師即周禮司寇之屬有士師鄉士皆以士爲官名鄭玄云士察也主察獄訟之事是士師爲典獄之官也

齊景公待孔子曰若季氏則吾不能以季孟之閒待之孔曰魯三卿季氏爲上卿最貴孟氏爲下卿不用事言待之以二者之閒釋枉紆往反曰吾老

矣不能用也孔子行以聖道難成故云吾老不能用疏齊景至子行○正義
曰此章言孔子失所也齊景公待孔子者待遇也謂以祿位接遇
孔子也曰若季氏則吾不能以季孟之閒待之者魯三卿季氏爲
上卿最貴孟氏爲下卿不用事景公言我待孔子以上卿之位若
魯季氏則不能以其有田氏專政故也又不可使其位卑若魯孟
氏故欲待之以季孟二者之閒曰吾老矣不能用也者時景公爲
臣下所制雖說孔子之道而終不能用故託云聖道難成吾老不
能用也孔子行者去齊而歸魯也　注以聖道難成故云吾老不
能用　正義曰案世家云魯昭公奔齊頃之魯亂孔子適齊景公
數問政景公說將以尼谿田封孔子晏嬰諫而止之異日景公止
孔子曰奉子以季氏吾不能以季孟之閒待之齊大夫欲害孔子
孔子聞之景公曰吾老矣弗能用
也孔子遂行反乎魯是其事也齊人歸女樂季桓
子受之三日不朝孔子行孔曰桓子季孫斯也使定公受齊之女樂君臣

相與觀之廢朝禮三日。

疏 齊人歸女樂季桓子受之三日不朝孔子行

正義曰此章言孔子去無道也桓子季孫斯也

使定公受齊之女樂君臣相與觀之廢朝禮三日孔子遂行案世家定公十四年孔子年五十六由大司寇行攝相事於是誅魯大夫亂政者少正卯與聞國政三月粥羔豚者弗飾賈男女行者別於塗塗不拾遺四方之客至乎邑者不求有司皆予之以歸齊人聞之而懼曰孔子爲政必霸霸則吾地近焉我之爲先并矣盍致地焉犂鉏曰請先嘗沮之沮之而不可則致地庸遲乎於是選齊國中女子好者八十人皆衣文衣而舞康樂文馬三十駟遺魯君陳女樂文馬於魯城南高門外季桓子微服往觀再三將受乃語魯君爲周道游往觀終日怠於政事子路曰夫子可以行矣孔子曰魯今且郊如致膰乎大夫則吾猶可以止桓子卒受齊女樂三日不聽政郊又不致膰俎於大夫孔子遂行宿乎屯而師己送曰夫子則非罪孔子曰吾歌可夫歌曰彼婦人之口可以出走彼婦人之謁可以死敗蓋優哉游哉維以卒歲師己反桓子曰孔子亦何言師己以實告桓子喟然歎曰夫子罪我以羣婢故也孔子遂適衛

【釋】歸如字鄭作饋其貴反女樂並如字注同朝直遥反注同楚狂接輿歌而過孔子孔曰接輿楚人佯狂而來歌欲以感切孔子【釋】輿音餘下同曰鳳兮鳳兮何德之衰孔曰比孔子於鳳鳥鳳鳥待聖君乃見非孔子周行求合故曰衰【釋】見賢遍反往者不可諫孔曰已往所行不可復諫止【釋】復扶又反下同來者猶可追孔曰自今已來可追自止辟亂隱居【釋】辟音避下同已而已而今之從政者殆而孔曰已而已而者言世亂已甚不可復治也再言之者傷之深【釋】魯讀期斯已矣今之從政者殆今從古孔子下欲與之言趨而辟之不得與之言包曰下下車【疏】楚狂至之言　正義曰此章記接輿佯狂感切孔子也楚狂接輿歌而過孔子者接輿楚人姓

陸名通字接輿也昭王時政令無常乃被髮佯狂不仕時人謂之楚狂也時孔子適楚與接輿相遇而接輿行歌從孔子邊過欲感切孔子也曰鳳兮鳳兮何德之衰往者不可諫來者猶可追已而已而今之從政者殆而者此其歌辭也知孔子有聖德故比孔子於鳳鳥待聖君乃見今孔子周行求合諸國而每不合是鳳德之衰也諫止也言已往所行者不可復諫止也自今已來猶可追而自止欲勸孔子辟亂隱居也已而已而者言世亂已甚不可復治也再言之者傷之深也殆危也言今之從政者皆無德自將危亡無日故曰殆而而皆語辭也孔子下欲與之言者下謂下車孔子感其言故下車欲與之語趨而辟之不得與之言者趨謂疾行也疾行以辟孔子故孔子不得與之言也

釋 鄭云下堂出門也

長沮桀溺耦而耕孔子過之使子路問津焉鄭曰長沮桀溺隱者也耜廣五寸二耜為耦津濟渡處

釋 沮七余反溺乃歷反耦五口反廣古曠反

長沮曰夫執輿者為誰

子路曰爲孔丘曰是魯孔丘與曰是也曰是知津矣馬曰言數周流自知津處釋夫音符與音餘數所角反處昌慮反下同本亦作處也問於桀溺桀溺曰子爲誰曰爲仲由曰是魯孔丘之徒與對曰然曰滔滔者天下皆是也而誰以易之孔曰滔滔周流之貌言當今天下治亂同空舍此適彼故曰誰以易之釋孔子之徒與一本作子是本今作孔丘之徒與與音餘滔滔鄭本作悠悠滔吐刀反治直吏反舍音捨且而與其從辟人之士也豈若從辟世之士哉士有辟人之法有辟世之法長沮桀溺謂孔子爲士從辟人之法己之爲士則從辟世之法釋辟音避注同耰而

不輟鄭曰耰覆種也輟止也覆種不止不以津告釋耰音憂輟章劣反種章勇反下字同子路
行以告夫子憮然爲其不達己意而便非己也釋憮音呼又音武曰鳥
獸不可與同羣孔曰隱於山林是同羣吾非斯人之徒與
而誰與孔曰吾自當與此天下人同羣安能去人從鳥獸居乎釋與並如字又並音餘天下
有道丘不與易也言凡天下有道者丘皆不與易也己大而人小故疏長沮至易
也　正義曰此章記孔子周流爲隱者所譏也長沮桀溺耦而耕
孔子過之使子路問津焉者長沮桀溺隱者也耜耕器也二耜爲
耦津濟渡之處也長沮桀溺並二耜而耕孔子道行於彼過之使
子路往問濟渡之處也長沮曰夫執輿者爲誰者執輿謂執轡在
車也時子路爲御既使問津孔子代之而執轡故長沮見而問子
路曰夫執轡者爲誰人子路曰爲孔丘者子路以其師名聞於天

下故舉師之姓名以荅長沮也曰是魯孔丘與者長沮舊聞夫子之名見子路之荅又恐非是故復問之曰是魯國之孔丘與與是疑而未定之辭曰是也者子路言是魯孔丘也曰是知津矣者長沮言旣是魯孔丘是人數周流天下自知津處故乃不告問於桀溺者長沮不告津處故子路復問桀溺桀溺曰子爲誰者不識子路故問之曰爲仲由者子路稱姓名以荅也曰是魯孔丘之徒與者桀溺舊聞魯孔丘之門徒有仲由又恐是非故復問之曰是與曰然者然猶是也子路言曰是魯孔丘之徒也曰滔滔者天下皆是也而誰以易之者此譏孔子周流天下也滔滔周流之皃言孔子何事滔滔然周流者乎當今天下治亂同皆是無道也空舍此適彼誰以易之爲有道者也且而與其從辟人之士也豈若從辟世之士哉者士有辟人辟世之法謂孔子從辟人之法長沮桀溺自謂從辟世之法且而皆語辭與猶等也旣言天下皆亂無以易之則賢者皆合隱辟且等其隱辟從辟人之法則有周流之勞從辟世之法則有安逸之樂意令孔子如已也耰而不輟者耰覆種也輟止也覆種不止不以津告子路行以告者子路以長沮桀溺之

言告夫子夫子憮然者憮失意皃爲其不達己意而便非己也曰鳥獸不可與同羣者孔子言其不可隱居辟世之意也山林多鳥獸不可與同羣若隱於山林是同羣也吾非斯人之徒與而誰與者與謂相親與我非天下人之徒衆相親與而更誰親與言吾自當與此天下人同羣安能去人從鳥獸居乎天下有道丘不與易者言凡天下有道者我皆不與易也爲其已大而人小故也 注耜廣五寸二耜爲耦 正義曰此周禮考工記文也鄭注云古者耜一金兩人並發之今之耜歧頭兩金象古之耦也月令云脩耒耜鄭注云耜者耒之金

子路從而後遇丈人以杖荷蓧 包曰丈人老人也蓧竹器 釋 從才用反荷何可反又音何蓧徒弔反本又作條又音滌

子路問曰子見夫子乎丈人曰四體不勤五穀不分孰爲夫子 包曰丈人云不勤勞四體不分殖五穀誰爲夫子而索之邪 釋 分包云如字鄭扶問反云猶理

索所白反植其杖而芸孔曰植倚也除草曰芸釋植音值又市力反芸音云多作耘字芸香草也倚其綺反子路拱而立未知所以荅釋拱居勇反止子路宿殺雞爲黍而食之見其二子焉明日子路行以告子曰隱者也使子路反見之至則行矣孔曰子路反至其家丈人出行不在釋食音嗣見其賢遍反子路曰不仕無義鄭曰留言以語丈人之二子釋語魚據反長幼之節不可廢也君臣之義如之何其廢之孔曰言女知父子相養不可廢反可廢君臣之義邪釋長丁丈反欲絜其身而亂大倫包曰倫道理也君子之

仕也行其義也道之不行已知之矣包曰言君子之仕所以行君臣之義不必自已道得行孔子道不見用自已知之

【疏】子路至之矣○正義曰此章記隱者與子路相識之語也子路從而後遇丈人以杖荷蓧者子路隨從夫子行不相及而獨在後逢老人以杖檐荷竹器子路問曰子見夫子乎者夫子孔子也丈人曰四體不勤五穀不分孰為夫子者丈人責子路云不勤勞四體不分殖五穀誰為夫子而來問我求索之邪植其杖而芸者植倚立也芸除草也丈人既責子路至於田中倚其荷蓧之杖而芸其苗子路拱而立者子路未知所以荅故隨至田中拱手而立也止子路宿殺雞為黍而食之見其二子焉者丈人留子路宿殺雞為黍以食之丈人知子路賢故又以二子見於子路也明日子路行以告者既宿之明日子路行去遂及夫子以丈人所言及雞黍見子之事告之也子曰隱者也使子路反見之至則行矣者夫子言此丈人必賢人之隱者也使子路反求見之欲語以已道子路反至其家則丈人出行不在也子路曰不仕無義者丈

人既不在留言以語丈人之二子令其父還則述之此下之言皆
孔子之意言父子之道天性也君臣之義義也人生則皆當有之若
其不仕是無君臣之義也長幼之節不可廢也君臣之義如之何
其廢之者言女知父子相養是知長幼之節不可廢也反可廢君
臣之義而不仕乎欲絜其身而亂大倫者倫道理也言女不仕濁
世欲清絜其身則亂於君臣之義大道理也君子之仕也行其義
也道之不行已知之矣者言君子之仕非茍利祿而已所以行君
臣之義亦不必自已道謂行孔子道不見用自已知之也　注蓧
竹器　正義曰說文作莜玄田器也 (釋) 已音紀一音以 逸民伯夷叔齊虞仲
夷逸朱張柳下惠少連 逸民者節行超逸也包曰此七人皆逸民之賢者
(釋) 朱張並如字衆家亦爲人姓名王弼注朱張字子弓荀卿以此孔子鄭作侏張云音陟留反少詩照反下同 子
曰不降其志不辱其身伯夷叔齊與 鄭曰言其直已

之志不入庸君之朝 釋 與音餘朝直遥反 謂柳下惠少連降志辱
身矣言中倫行中慮其斯而已矣 孔曰但能言應倫理行應
思慮如此而已 釋 中丁仲反下同應應對之應下同思息嗣反又如字 謂虞仲夷逸隱
居放言 包曰放置也不復言世務 釋 復扶又反 身中清廢中權 馬曰
清純絜也遭世亂自廢弃以免患合於權 釋 廢方肺反鄭作發動貌 我則異於是無
可無不可 馬曰亦不必進亦不必退唯義所在 疏 逸民至不可 正義曰此章論逸民賢者之行也逸
民伯夷叔齊虞仲夷逸朱張柳下惠少連者逸民謂民之節行超
逸者也此七人皆逸民之賢者也子曰不降其志不辱其身伯夷
叔齊與者此下孔子論其逸民之行也言其直已之心不降志也
不入庸君之朝不辱身也惟伯夷叔齊有此行也謂柳下惠少連

降志辱身矣言中倫行中慮其斯而已矣者又論此二人食祿亂朝是降志辱身也倫理也中慮也但能言應倫理行應思慮如此而已不以世務嬰心故亦謂之逸民謂虞仲夷逸隱居放言身中清廢中權者放置也清純絜也權反常合道也孔子又論此二人隱遯退居放置言語不復言其世務其身不仕濁世應於純絜遭世亂自廢弃以免患應於權也我則異於是無可無不可者孔子言我之所行則與此逸民異亦不必進亦不必退唯義所在故曰無可無不可也不論朱張之行者王弼云朱張字子弓荀卿以比孔子言其行與孔子同故不論也

大師摯適齊亞飯干適楚孔曰亞次也次飯樂師也摯干皆名釋大音太亞於嫁反摯音至飯扶晚反下同三飯繚適蔡四飯缺適秦包曰三飯四飯樂章名各異師繚缺皆名也釋繚音了缺窺悅反鼓方叔入於河包曰鼓擊鼓者方叔名入謂居其河內播鼗武入於漢孔曰

搖也武名也〔釋〕播彼佐反鼗徒刀反亦作鞉 少師陽擊磬襄入於海
孔曰魯哀公時禮壞樂崩樂人皆去陽襄皆名〔疏〕大師至於海　正義曰此章記魯哀公時禮壞樂崩樂人皆去也大師摯適齊者大師樂官之長名摯去魯而適齊也亞飯干適楚者亞次也天子諸侯每食奏樂樂章各異各有樂師次飯樂師名干往楚三飯樂師名繚往蔡四飯樂師名缺往秦鼓方叔入於河者擊鼓者名方叔入於河內也播鼗武入於漢者播搖也鼗如鼓而小有兩耳持其柄搖之旁耳還自擊搖鼗者名武入居於漢中也少師陽擊磬襄入於海者陽襄皆名二人入居於海內也〔釋〕少詩照反

周公謂魯公 孔曰魯公周公之子伯禽封於魯 曰君子不施其親 孔曰施易也不以他人之親易己之親〔釋〕弛舊音絁又詩紙反又詩豉反孔一本以支反一音尺紙反落也並不及舊音本今作施易音亦下同 不使大臣怨乎不以 孔曰以用也怨不見聽用

故舊無大故則不棄也無求備於一人孔曰大故謂惡逆之事疏周公至一人　正義曰此一章記周公戒魯公之語也周公謂魯公曰魯公周公之子伯禽封於魯將之國周公戒之也曰君子不施其親者施猶易也言君子爲國不以他人之親易己之親當行博愛廣敬也不使大臣怨乎不以者以用也既任爲大臣則當聽用之不得令大臣怨不見聽用也故舊無大故則不棄者大故謂惡逆之事言故舊朋友無此惡逆之事則不可遺棄也無求備於一人者求責也任人當隨其才無得責備於一人也

周有八士伯達伯适仲突仲忽叔夜叔夏季隨季騧包曰周時四乳生八子皆爲顯士故記之耳疏周有八士伯達伯适仲突仲忽叔夜叔夏季隨季騧　正義曰此章記異也周時有人四乳生子而乳之每乳皆二子凡八子皆爲顯士故記之鄭玄以爲成王時劉向馬融皆以爲宣王時

論語註疏卷第九

論語注疏卷第十

子張第十九

疏 正義曰此篇記士行交情仁人勉學或接聞夫子之語或辨揚聖師之德以其皆弟子所言故差次諸篇之後也

子張曰士見危致命孔曰致命不愛其身見得思義祭思敬喪思哀其可已矣疏 子張曰至已矣○正義曰此章言士行也士者有德之稱自卿大夫已下皆是致命謂不愛其身子張言爲士者見君有危難不愛其身致命以救之見得利禄思義然後取有祭事思盡其敬有喪事當盡其哀有此行者其可以爲士已矣

子張曰執德不弘信道不篤焉能爲有焉能爲亡孔曰言無所輕重疏 子張至

亡 正義曰此章言人行之不備者弘大也篤厚也亡無也言執守其德不能弘大雖信善道不能篤厚人之若此雖存於世何能爲有而重雖没於世何能爲無而輕言於世無所輕重也【釋】焉於虔反下同亡如字無也子夏之

門人問交於子張孔曰問與人交接之道子張曰子夏云何對曰子夏曰可者與之其不可者拒之子張曰異乎吾所聞君子尊賢而容衆嘉善而矜不能我之大賢與於人何所不容我之不賢與人將拒我如之何其拒人也包曰友交當如子夏汎交當如子張【疏】子夏至人也 正義曰此章[illegible]與人結交之道子夏之門人[illegible]子[illegible]謂

弟子問交謂與人交接之道子張曰子夏云何[illegible]之門人女師嘗說結交之道云何乎對曰子夏曰可者[illegible]之其不可者拒之者子夏弟子對子張述子夏之言也子夏言結交之道若彼人賢可與交者則與之交若彼人不賢不可與之交者則拒之而不交子張曰異乎吾所聞者言已之所聞結交之道與子夏所說異也君子尊賢而容衆嘉善而矜不能者此所聞之異者也言君子之人見彼賢則尊重之雖衆多亦容納之人有善行者則嘉美之不能者則哀矜之我之大賢與於人何所不容我之不賢與人將拒我如之何其拒人也者既陳其所聞又論其不可拒人之事誠如子夏所說可者與之不可者拒之設若我之大賢則所在見容也我若不賢則人將拒我不與已交又何暇拒他人乎然二子所言各是其見論交之道不可相非友交當如子夏汎交當如子張

(釋)矜居陵反賢與音餘下同拒本亦作距具呂反汎芳劒反交

子夏曰雖小道必有可觀者焉小道謂異端致遠恐泥包曰泥難不通是以君

子不爲也疏子夏至不爲也　正義曰此章勉人學爲大道正典也小道謂異端之說百家語也雖曰小道亦必有少理可觀覽者焉然致遠經久則恐泥難不通是以君子不學也子夏曰日知其所亡孔曰日知其所未聞月無忘其所能可謂好學也已矣疏子夏曰至已矣　正義曰此章勸學也亡無也舊無聞者當學之使日知其所未聞舊已能者當温尋之使月無忘也能如此者可以謂之好學子夏曰博學而篤志孔曰廣學而厚識之切問而近思切問者切問於已所學未悟之事近思者思已所未能及之事汎問所未學遠思所未達則其所習者不精所思者不解釋解音蟹仁在其中矣疏子夏至中矣　正義曰此章論好學近於仁也博廣也篤厚也志識也言廣學而厚識之使不忘切問者親切問於己所學未悟之事不汎[illegible]問[illegible]也[illegible]者

思已所未能及之事不遠思也若汎問所未學遠思所未達則於所習者不精所思者不解仁者之性純篤今學者既能篤志近思故曰仁在其中矣

子夏曰百工居肆以成其事君子學以致其道 包曰言百工處其肆則事成猶君子學以致其道 疏 子夏至其道 正義曰此章亦勉人學舉百工以爲喻也審曲面勢以飭五材以辨民器謂之百工五材各有工言百衆言之也肆謂官府造作之處也致至也言百工處其肆則能成其事猶君子勤於學則能至於道也

子夏曰小人之過也必文 孔曰文飾其過不言情實 疏 子夏曰小人之過也必文 正義曰此章言小人不能改過也小人之有過也必文飾其過強爲辭理不言情實也

子夏曰君子有三變望之儼然即之也溫聽其言也厲 鄭曰厲嚴正 疏 子夏至也厲 正義曰此章論

君子之德也望之即之及聽其言也有此三者變易常人之事也
厲嚴正也常人遠望之則多懈惰即近之則顏色猛厲聽其言則
多佞邪惟君子則不然人遠望之則正其衣冠尊其瞻視常儼然
也就近之則顏色溫和及聽其言辭則嚴正而無佞邪也
（釋）儼魚撿反本或作嚴音同厲如字下厲己同 子夏曰君子信而後勞
其民未信則以爲厲己也 王曰厲猶病也（釋）厲鄭讀爲賴恃賴也
信而後諫未信則以爲謗己也 己居上反下同（疏）子夏
至己也 正義曰此章論君子使下事上之法也厲猶病也言君
子若在上位當先示信於民然後勞役其民則民忘其苦也若未
嘗施信而便勞役之則民以爲從欲崇侈妄加困病於己也若爲
人臣當先盡忠於君待君信己而後可諫君之失若君未信己而
便稱君過失以諫諍之則君以爲謗讟於己也（釋）謗布浪反
子夏曰大德不踰閑

孔曰閑猶法也小德出入可也孔曰小德不能不踰法故曰出入可疏子夏至可也

正義曰此章論人之德有小大而行亦不同也閑猶法也大德之人謂上賢也所行皆不越法則也小有德者謂次賢之人不能不踰法有時踰法而出旋能入守其法不責其備故曰可也

子游曰子夏之門人小子當洒埽應對進退則可矣抑末也本之則無如之何包曰言子夏弟子但當對賓客修威儀禮節之事則可然此但是人之末事耳不可無其本故云本之則無如之何釋洒色賣反又所綺反正作灑經典[illegible]掃素報反本今作埽應抑證反末本末之末字或作味非也

子夏聞之曰噫孔曰噫心不平之聲釋噫於其反言游過矣君子之道孰先傳焉孰後倦焉包曰言先傳業者必先猒倦故我門

人先教以小事後將教以大道（釋）傳直專反倦其眷反厭於豔反譬諸草木區以別矣馬曰言大道與小道殊異譬如草木異類區別言學當以次（釋）區羌千反別彼列反君子之道焉可誣也馬曰君子之道焉可使誣言我門人但能洒埽而已（釋）焉於虔反誣音無有始有卒者其唯聖人乎孔曰終始如一唯聖人耳（疏）子游至人乎　正義曰此章論人學業有先後之法也子游曰子夏之門人小子當洒埽應對進退則可矣抑末也本之則無如之何者子游言偃也門人小子謂弟子也應當也抑語辭也本謂先王之道言偃有時許論子夏之弟子但當對賓客修威儀禮節之事則可然此但是人之末事耳不可無其本今子夏弟子於其本先王之道則無有不可奈何故云如之何也子夏聞之曰噫者噫心不平之聲子夏既聞子游之言中心不平之故曰噫言游過矣者謂言偃所說爲過失也君子之道孰先傳焉孰後倦焉者言君子教人之道先傳業

者必先厭倦誰有先傳而後倦者乎子夏言我之意恐門人聞大道而厭倦故先教以小事後將教以大道也譬諸草木區以別矣者諸之也言大道與小道殊異譬之草木異類區別言學當以次也君子之道焉可誣也者言君子之道當知學業以次安可便誣罔言我門人但能洒埽而已有始有卒者其唯聖人乎者卒猶終也言人之學道靡不有初鮮克有終能終始如一不厭倦者其唯聖人耳〔釋〕卒子恤反

子夏曰仕而優則學　馬曰行有餘力則以學文〔釋〕優音憂行下孟反

學而優則仕〔疏〕子夏至則仕　正義曰此章勸學也言人之仕官行已職而優閑有餘力則以學先王之遺文也若學而德業優長者則當仕進以行君臣之義也

子游曰喪致乎哀而止　孔曰毀不滅性〔疏〕子游曰喪致乎哀而止　正義曰此章言居喪之禮也言人有父母之喪當致極哀戚不得過毀以至滅性滅性則非孝　注毀不滅性　正義曰此孝經文也注云不食三日哀毀過情滅性而死皆虧孝道故

聖人制禮施教不令至於隕滅

子游曰吾友張也爲難能也包曰言子張容儀之難及然而未仁疏子游至未仁　正義曰此章論子張材德也子游言吾同志之友子張其容儀爲難能及也然而其德未仁

曾子曰堂堂乎張也難與並爲仁矣鄭曰言子張容儀盛而於仁道薄也疏曾子至仁矣　正義曰此章亦論子張材德也堂堂容儀盛貌曾子言子張容儀堂堂然盛於仁道則薄故難並爲仁矣

曾子曰吾聞諸夫子人未有自致者也必也親喪乎馬曰言人雖未能自致盡於他事至於親喪必自致盡疏曾子至喪乎　正義曰此章論人致誠之事也諸之也曾子言我聞之夫子言人雖未能自致盡其誠於他事至於親喪必自致盡也

曾子曰吾聞諸夫子孟莊子之孝

也其他可能也其不改父之臣與父之政是難能也馬曰孟莊子魯大夫仲孫速也謂在諒陰之中父臣及父政雖有不善者不忍改也疏曾子至能也　正義曰此章論魯大夫仲孫速之孝行也言其他哭泣之哀齊斬之情饘粥之食也人可能及之也其在諒陰之中父臣及父政雖有不善者不忍改之也是他人難能也

孟氏使陽膚爲士師包曰陽膚曾子弟子士師典獄之官釋膚方于反問於曾子曾子曰上失其道民散久矣如得其情則哀矜而勿喜馬曰民之離散爲輕漂犯法乃上之所爲非民之過當哀矜之勿自喜能得其情疏孟氏使陽膚爲士師至勿喜　正義曰此意論典獄之法也孟氏使陽膚爲士師者陽膚曾子弟子士師典獄之官問於曾子者問其師求典獄之法也曾子曰上失其道民

散久矣如得其情則哀矜而勿喜者言上失爲君之道民人離散爲輕易漂掠犯於刑法亦已久矣乃上之失政所爲非民之過女若求得其情當哀矜之勿自喜也 〔釋〕漂匹照反

子貢曰紂之不善不如是之甚也是以君子惡居下流天下之惡皆歸焉 孔曰紂爲不善以喪天下後世憎甚之皆以天下之惡歸之於紂 〔疏〕子貢曰至歸焉 正義曰此章戒人爲惡也紂名辛字受德商末世之主也爲惡不道周武王所殺謚法殘義損善曰紂言商紂雖爲不善以喪天下亦不如此之甚也乃後人憎甚之耳下流者謂爲惡行而處人下若地形卑下則衆流所歸人之爲惡處下衆惡所歸是以君子常爲善不爲惡惡居下流故也紂爲惡行惡居下流則人皆以天下之惡歸之於紂也 〔釋〕惡居烏路反 喪息浪反

子貢曰君子之過也如日月之食焉過也人皆

見之更也人皆仰之孔曰更改也疏子貢至仰之　正義曰此章論君子之過似日月食也更改也言君子苟有過也則爲衆所知如日月正當食時則萬物皆覩也及其改過之時則人皆復仰其德如日月明生之後則萬物亦皆仰其明衛公孫朝馬曰公孫朝衛大夫問於子貢曰仲尼焉學子貢曰文武之道未墜於地在人賢者識其大者不賢者識其小者莫不有文武之道焉夫子焉不學孔曰文武之道未墜落於地賢與不賢各有所識夫子無所不從學釋焉學於虔反下焉不學同墜直類反而亦何常師之有孔曰無所不從學故無常師疏衛公至之有　正義曰此章論仲尼之德也衛公孫朝者衛大夫也問於子貢曰仲尼焉學者

問子貢仲尼何所從學而得成此聖也意謂孔子生知無師所從學也子貢曰文武之道未墜於地在人賢者識其大者不賢者識其小者莫不有文武之道焉夫子焉不學者焉猶安也言文武之道未墜落於地行之在人賢與不賢各有所識夫子皆從而學安得不學乎而亦何常師之有者言夫子無所不從學故無常師

叔孫武叔語大夫於朝馬曰魯大夫叔孫州仇武謚釋語魚據反朝直遥反仇音求曰子貢賢於仲尼子服景伯以告子貢子貢曰譬之宮牆賜之牆也及肩闚見室家之好夫子之牆數仞不得其門而入不見宗廟之美百官之富得其門者或寡矣包曰七尺曰仞釋闚棄規反好如字舊呼報反數

色主反仞又作刃音同夫子之云不亦宜乎包曰夫子謂武叔疏叔孫至宜乎　正義曰此章亦明仲尼之德也叔孫武叔語大夫於朝曰子貢賢於仲尼者叔孫武叔魯大夫有時告語諸大夫於朝中曰子貢賢于過於仲尼子服景伯以告子貢者景伯亦魯大夫子服何也以武叔之言告之子貢也子貢曰譬之宮牆賜之牆也及肩見室家之好夫子之牆數仞不得其門而入不見宗廟之美百官之富者子貢聞武叔之言已賢於仲尼此由君子之道不可小知故致武叔有此言乃為之舉喻曰譬如人居之宮四面各有牆牆卑則可闚見其在內之美猶小人之道可以小知也牆高則不可闚見在內之美猶君子之道不可小知也今賜之牆也纔及人肩則人闚見宮內室家之美好夫子之牆高乃數仞七尺曰仞若不得其門而入則不見宗廟之美備百官之富盛也得其門者或寡矣者言夫聖闕非凡可及故得其門而入者或少矣夫子之云不亦宜乎者夫子謂武叔以此論之即武叔云子貢賢於仲尼亦其宜也不足怪焉　注馬曰魯大夫叔孫州仇武謚　正義曰案世

本州仇公子叔牙六世孫叔孫不敢子也春秋定十年秋叔孫州仇仲孫何忌帥師圍郈左傳曰武叔懿子圍郈是知叔孫武叔即州仇也謚法云剛彊直理曰武

叔孫武叔毀仲尼子貢曰無以爲也仲尼不可毀也他人之賢者丘陵也猶可踰也仲尼日月也無得而踰焉人雖欲自絕其何傷於日月乎多見其不知量也

言人雖自絕棄於日月其何能傷之乎適足自見其不知量也

疏 叔孫至量也○正義曰此章亦明仲尼也叔孫武叔毀仲尼者嘗毀孔子之德也子貢曰無以爲也仲尼不可毀也者言無用爲此毀訾夫仲尼之德不可毀也他人之賢者丘陵也猶可踰也仲尼日月也無得而踰焉者子貢又爲設譬也言他人之賢譬如丘陵雖曰高顯猶可踰越至於仲尼之賢則如日月

貞明麗天不可得而踰也人雖欲自絶其何傷於日月乎者言人毁仲尼猶毁日月雖欲絶棄於日月其何能傷之乎猶雖欲絶毁仲尼亦不能傷其賢也多見其不知量也多猶適也言非但不能毁仲尼又適足自見其不知量也　注言人至量也　正義曰云適足自見其不知量也者案此注意似訓多爲適所以多得爲適者古人多祇同音多見其不知量猶襄二十九年左傳云多見疏也服虔本作祇見疏解云祇適也晉宋杜本皆作多張衡西京賦云炙炮夥清酤多皇恩溥洪德施施與多爲韻此類衆矣故以多爲適也【釋】量音亮

陳子禽謂子貢曰子爲恭也仲尼豈賢於子乎子貢曰君子一言以爲知一言以爲不知言不可不愼也夫子之不可及也猶天之不可階而升也夫子之得

邦家者孔曰謂爲諸侯若卿大夫 釋 知音智下同 所謂立之斯立道之斯行綏之斯來動之斯和其生也榮其死也哀如之何其可及也孔曰綏安也言孔子爲政其立教則無不立道之則莫不與行安之則遠者來至動之則莫不和睦故能生則榮顯死則哀痛 疏 陳子至及也 ○正義曰此章亦明仲尼之德也陳子禽謂子貢曰子爲恭也仲尼豈賢於子乎者此子禽必非陳亢當題其姓字耳見其子貢每事稱譽其師故謂子貢云當是子爲恭孫故也其實仲尼才德豈賢於子乎子貢曰君子一言以爲知一言以爲不知言不可不愼也者子貢聞子禽之言以此言拒而非之也言君子出一言是則人以爲有知出一言非則人以爲不知知與不知既由一言則其言不可不愼也今乃云仲尼豈賢於子乎則是女不愼其言且爲不知也夫子之不可及也如天之不可階而升也者又爲設譬言夫子之德不可及也他

人之賢猶他物之高者可設階梯而外上之至於仲尼之德猶天之高不可以階梯而外上之夫子之得邦家者所謂立之斯立道之斯行綏之斯來動之斯和其生也榮其死也哀如之何其可及也者又爲廣言仲尼爲政之德也得邦謂爲諸侯得家謂爲卿大夫綏安也言孔子爲政其立教則無不立道之則莫不興行安之則遠者來至動之則莫不和睦故能生則榮顯死則哀痛故如之何其可及也〔釋〕道音導綏音雖

堯曰第二十

〔疏〕正義曰此篇記二帝三王及孔子之語明天命政化之美皆是聖人之道可以垂訓將來故以殿諸篇非所次也

堯曰咨爾舜天之曆數在爾躬曆數謂列次也允執其中四海困窮天祿永終包曰允信也困極也永長也言爲政信執其中

則能窮極四海天祿所以長終舜亦以命禹孔曰舜亦以堯命已之辭命禹曰予小子履敢用玄牡敢昭告于皇皇后帝孔曰履殷湯名此伐桀告天之文殷家尚白未變夏禮故用玄牡皇太后君也大大君帝謂天帝也墨子引湯誓其辭若此有罪不敢赦包曰順天奉法有罪者不敢擅赦釋擅市戰反帝臣不蔽簡在帝心言桀居帝臣之位罪過不可隱蔽以其簡在天心故釋蔽必世反朕躬有罪無以萬方萬方有罪罪在朕躬孔曰無以萬方萬方不與也萬方有罪我身之過釋與音預周有大賚善人是富周周家賚賜也言周家受天大賜富於善人有亂臣十人是也釋賚力代反雖有周親不如仁人孔曰親而不賢不忠則誅之管

紂是也仁人謂箕子微子來則用之百姓有過在予一人謹權量審法度修廢官四方之政行焉包曰權秤也量斗斛也釋量音亮注同秤尺證反興滅國繼絕世舉逸民天下之民歸心焉所重民食喪祭孔曰重民國之本也重食民之命也重喪所以盡哀重祭所以致敬寬則得衆信則民任焉敏則有功公則說孔曰言政教公平則民說矣凡此二帝三王所以治也故傳以示後世疏堯曰至則說　正義曰此章明二帝三王之道凡有五節初自堯曰至天祿永終記堯命舜之辭也二舜亦以命禹一句舜亦以堯命已之辭命禹也三自曰予小子履罪在朕躬記湯伐桀告天之辭也四自周有大賚至在予一人言周家受天命伐紂告天之辭也五自謹權量至公則說揔明二

帝三王政化之法也堯曰咨爾舜天之曆數在爾躬者此下是堯
命舜以天命之辭也咨咨嗟也爾汝也曆數謂列次也堯姓伊祁
名放勛舜姓姚名重華謚法云翼善傳聖曰堯仁義盛明曰舜堯
子丹朱不肖不堪嗣位虞舜側微堯聞之聰明將使嗣位故先咨
嗟歎而命之欲使重其事言天位之列次當在汝身故我今命授
於女也允執其中四海困窮天祿永終者此堯戒舜以爲君之法
也允信也困極也永長也言爲政信執其中則能窮極四海天之
祿籍所以長終汝身舜亦以命禹者舜有子商均亦不肖禹有治
水大功故舜禪位與禹故亦以堯命己之辭命禹也曰予小子履
敢用玄牡敢昭告于皇皇后帝者此下湯伐桀告天辭也禹受舜
禪傳位子孫至桀無道湯有聖德應天順人舉干戈而伐之遂放
桀於南巢自立爲天子而以此辭告天也履殷湯名稱小子謙也
玄牡黑牲也殷尚白而用黑牲者未變夏禮故也昭明也皇大也
后君也天大君帝謂天帝也謂殺牲明告天帝以伐桀之意有罪
不敢赦者言已順天奉法有罪者不敢擅放赦也帝臣不蔽簡在
帝心者帝天也帝臣謂桀也桀是天子天子事天猶臣事君故謂

桀爲帝臣也言桀居帝臣之位罪過不可隱蔽以其簡閱在天心故也朕躬有罪無以萬方萬方有罪罪在朕躬者言我身有罪無用汝萬方萬方不與也萬方有罪過在我身自責化不至也周有大賚善人是富者周周家也文王武王居岐周而王天下故曰周家賚賜也周家受天大賜富於善人有亂臣十人是也雖有周親不如仁人百姓有過在予一人者此武王誅紂誓衆之辭湯亦傳位子孫至末孫帝紂無道周武王伐而滅之而以此辭誓衆言雖有周親不賢不忠則誅之若管蔡是也不如有仁德之人賢而且忠若箕子微子來則用之也百姓謂天下衆民也言若不教百姓使有罪過當在我一人之化不至也謹權量審法度修廢官四方之政行焉者此下揔言二帝三王所以行政法也權秤也量斗斛也謹飭之使鈞平法度謂車服旌旗之禮儀也審察之使貴賤有別無僭偪也官有廢闕復修治之使無曠也如此則四方之政化興行焉興滅國繼絶世舉逸民天下之民歸心焉者諸侯之國爲人非理滅之者復興立之賢者當世祀爲人非理絶之者則求其子孫使復繼之節行超逸之民隱居未仕者則舉用之政化若此

則天下之民歸心焉而不離析也所重民食喪祭者言帝王所重
有此四事重民國之本也重食民之命也重喪所以盡哀重祭所
以致敬寬則得衆信則民任焉敏則有功公則說者又言帝王之
德務在寬簡示信敏速公平也寬則人所歸附故得衆信則民聽
不惑皆爲已任用焉敏則事無不成故有功政教公平則民說凡
此上事二帝三王所以治也故傳之以示後世此章有二帝三王
之事錄者採合以成章檢大禹謨湯誥與泰誓武成則此章其文
略矣　注曆數謂列次也　正義曰孔注尚書云謂天道謂天曆
數之運帝王易姓而興故言曆數謂天道鄭玄以曆數在汝身謂
有圖錄之名何云列次以義得兩通　注孔曰至若此　正義曰云
履殷湯名者案世本湯名天乙者安國意蓋以湯受命之王依殷
法以乙日生名天乙至將爲王故名履故二名也亦可安國不信
世本無天乙之名皇甫謐巧欲傅會云以乙日生故名履字天乙
又云祖乙亦云乙日生復名乙引易緯孔子所謂天之錫命故可
同名旣以天乙爲字何云同名乎斯又妄矣云墨子引湯誓其辭
若此者以其尚書湯誓無此文而湯誥有之又與此小異唯墨子

引湯誓其辭與此正同其言之所以謚此爲湯伐桀告天之文也
○注以其簡在天心故　正義曰鄭玄云簡閱在天心言天簡閱
其善惡也　注孔曰至用之　正義曰云親而不賢不忠則誅之
管蔡是也者金縢云武王既喪管叔及其羣弟乃流言於國曰公
將不利於孺子周公乃致辟管叔于商囚蔡叔于郭鄰所謂殺管
叔而繫蔡叔也云仁人謂箕子微子來則用之者箕子紂之諸父
書洪範序云以箕子歸作洪範宋世家云微子開者殷帝乙之首
子而帝紂之庶兄周武王克殷微子乃持其祭器造於軍門肉袒
面縛左牽羊右把茅膝行而前以告於是武王乃釋微子復其位
成王誅武庚乃命微子代殷之後於宋是言雖有管叔蔡叔爲周
親不如箕子微子之仁人也案周書泰誓云雖有周親不如仁人
是武王往伐紂次于河朔誓衆之辭也孔傳云周至也言紂至親
雖多不如周家之少仁人此文與彼正同而孔注與彼異者蓋孔
意以彼爲伐紂誓衆之辭此汎言周家政治之法欲兩通其義故
不同也　注權秤量斗斛　正義曰漢書律曆志云權者銖兩斤
鈞石也所以稱物平施知輕重也本起於黃鍾之重一籥容千二

百黍重十二銖兩之爲兩二十四銖爲兩十六兩爲斤三十斤爲
鈞四鈞爲石五權謹矣量者龠合升斗斛也所以量多少也本起
於黄鍾之龠用度數審其容以子穀秬黍中者千有二百實其龠
十龠爲合十合爲升十升爲斗十斗爲斛而五量嘉矣志又云度
者分寸尺丈引也所以度長短也本起黄鍾之長以子穀秬黍中
者一黍之廣爲一分十分爲寸十寸爲尺十尺爲丈十丈爲引而
五度審矣而此不言度者從可知也〔釋〕說音悅注同傳直專反子張問於孔子曰
何如斯可以從政矣子曰尊五美屏四惡
斯可以從政矣孔曰屏除也子張曰何謂五美子
曰君子惠而不費勞而不怨欲而不貪泰
而不驕威而不猛子張曰何謂惠而不費

子曰因民之所利而利之斯不亦惠而不費乎（王曰利民在政無費於財）【釋】（費芳味反下同）擇可勞而勞之又誰怨欲仁而得仁又焉貪君子無衆寡無小大無敢慢（孔曰言君子不以寡小而慢之）【釋】（慢武諫反）斯不亦泰而不驕乎君子正其衣冠尊其瞻視儼然人望而畏之斯不亦威而不猛乎子張曰何謂四惡子曰不教而殺謂之虐不戒視成謂之暴（馬曰不宿戒而責目前成爲視成）【釋】（儼魚撿反）慢令致期謂之賊

孔曰與民無信而虚刻期猶之與人也出納之吝謂之有司孔曰謂財物俱當與人而吝嗇於出納惜難之此有司之任耳非人君之道疏子張至有司　正義曰此章論政之理也

子張問於孔子曰何如斯可以從政矣子曰尊五美屏四惡斯可以從政矣者屏除也子張問其政孔子答言當尊五種美事屏除四種惡事則可也子張曰何謂五美者未知其目故復問之子曰君子惠而不費勞而不怨欲而不貪泰而不驕威而不猛者此孔子爲述五美之目也子張曰何謂惠而不費者子張雖聞其目猶未達其理故復問之子曰因民之所利而利之斯不亦惠而不費乎者此孔子爲說惠而不費之一美也民因五土所利不同山者利其禽獸渚者利其魚鹽中原利其五穀人君因其所利使各在其所安不易其利則是惠愛利民在政且不費於財也擇可勞而勞之又誰怨者孔子知子張未能盡述故既荅惠而不費又須其問即爲陳其餘者此說勞而不怨也擇可勞而勞之謂使民以時則又誰怨恨哉欲仁而得仁又焉貪者此說欲而不貪也言常人

欲失在於貪財我則欲仁而仁斯至矣又安得為貪乎
寡無小大無敢慢斯不亦泰而不驕乎者此説泰而[illegible]
之情敬衆大而慢寡小則不以寡小而慢之也此不亦是君子安[illegible]
泰而不驕乎君子正其衣冠尊其瞻視儼然人望而畏之斯不亦
威而不猛乎者此説威而不猛也言君子當正其衣冠尊重其瞻
視端居儼然人則望而畏之斯不亦雖有威嚴而不猛厲者乎子
張曰何謂四惡者子張復問四惡之義也子曰不教而殺謂之虐
者此下孔子歷荅四惡也為政之法當先施教令於民猶復丁寧
申勑之教令既治而民不從後乃誅也若未嘗教告而即殺之謂
之殘虐一惡也不戒視成謂之暴者謂不宿戒而責目前謂之卒
暴二惡也慢令致期謂之賊者謂與民無信而虛刻期期而不至
則罪罰之謂之賊害三惡也猶之與人也出納之吝謂之有司者
君與人物必不得止故云猶之與人也會應與人物而吝嗇於出
納則與主吏典物無異有司謂主典物人也樣庫吏之屬雖有官
物而不得容易擅與人君若與人又有吝惜則與主吏同也又非
人君之道是四惡也　正義曰此已上五美四惡是子張所[illegible]

政之篇序云以堯曰下章子張問以爲一篇有兩子張[illegible]
子張問士見危致命二是子張問政故有兩子張也 釋
出尺遂反又如字注同內如字又音納注同大[illegible] 子曰不知
今作納吝力忍反舊力慎反難乃旦反又如字
命無以爲君子也 孔曰命謂窮達之分 釋文魯論無此章今從古分扶問反 不
知禮無以立也不知言無以知人也 馬曰聽言則別其是非也

疏 窮者貧賤也達者富貴也並稟於天命也 正義曰此章明君子之進退合時也孔子曰不知命無以爲君子也者孔子非不敢能爲而不爲若知天命也若不知天命妄動干求非君子也不知禮無以立也者禮主恭敬是立身之本人若不知禮則無以立其身也夫禮在國則奉宗廟列貴賤於家則父子親兄弟和長幼序去相鼠有體人而無禮胡不遄死不知言無以知人也者若不知言則不知人之情淺深猶短綆不能測深前云一言以爲智一言以爲不智是可聞其言則曉識旨也

師顧堂叢書已刊書目

儀禮圖　〔清〕張惠言 撰

覆宋嚴州本儀禮鄭注　〔漢〕鄭玄 注

武英殿聚珍版儀禮識誤　〔宋〕張淳 撰

張敦仁本儀禮疏　〔漢〕鄭玄 注　〔唐〕賈公彦 疏

景宋單疏本周易正義　〔唐〕孔穎達 疏

鉅宋廣韻　〔宋〕陳彭年 修

儀禮正義　〔清〕胡培翬 撰　〔清〕胡肇昕 楊大堉 補

景宋蜀刻本孟子趙注　〔漢〕趙岐 注

張敦仁本鹽鐵論　〔漢〕桓寬 撰

宋蜀刻本論語注疏　〔魏〕何晏 集解　〔唐〕陸德明 音義　〔宋〕邢昺 疏